사계절이 행복한 PDC 초등교실

# 학급긍정훈육법

학급긍정훈육 실천 시리즈 03

사계절이 행복한 PDC 초등교실

# 학급긍정훈육법

강상희 · 권보람 · 김민영 · 김상우 · 김성환 · 김지성
김하중 · 김해정 · 김현경 · 나미연 · 박현웅 · 방보경
신수형 · 안미영 · 예일희 · 이선경 · 정민재 · 진선미 지음

초등
실천편

다블북

# 이 책을 열면 학급긍정훈육PDC의
# 사계절이 펼쳐져요!

교실 문을 여는 것이 힘든가요?

아이들과 함께하는 시간이 기쁘지 않고 그저 시간이 빨리 지나
갔으면 하는 마음만 있나요?

처음 마음처럼 아이들에게 좋은 영향을 주는 선생님이 되고 싶
나요?

이왕 가는 교사의 길, 꿋꿋하게 나아가고 싶나요?

2013년에 저는 교실 문을 여는 것이 두려웠고, 교사로서 그런
실패를 받아들이는 것이 너무도 힘들었습니다. 그때 PDC$^{Positive}$
$^{Discipline\ in\ the\ Classroom}$ 책을 만났습니다. 원서를 찬찬히 읽어 가는 동
안에도 많은 생각이 뇌리에 맴돌았습니다.

'과연 이 책이 나에게 다시 용기를 줄까? 해결책이 될까? 그리고
아이들에게 도움이 될 수 있을까?'

책의 마지막 장을 덮는 순간 제 안에는 설렘과 용기가 가득 차올
랐습니다. 거기서 더 나아가기 위해 저자 제인 넬슨에게 메일을 보

냈고, 그렇게 PDC와의 인연이 시작되었습니다.

이후 10년 동안 학급긍정훈육 관련 책을 번역하고, 학급긍정훈육을 연구하고 실천하였습니다. 그리고 2025년, 대한민국에서 PDC를 실천한 초등 선생님들이 함께 모여 우리만의 책을 만들었습니다. PDC를 실천한 이야기, 새로운 활동, 그리고 업데이트한 초등 PDC 활동을 여러분들에게 소개합니다. PDC 철학을 담은 교실 속 실천, 교사의 기술, 활동 진행에 필요한 팁, 가슴에 남는 PDC 문장을 체계적으로 정리하였습니다.

'만나는 봄', '단단해지는 여름', '연중 향긋한 학급회의', '하나 되는 가을', '성장하는 겨울'로 큰 목차를 나누었습니다.

'만나는 봄'에서는 긍정훈육의 원리에 기반해 학급의 기초를 세우고 관계를 형성하는 방법과 활동을 다룹니다.

'단단해지는 여름'에서는 자기 조절, 의사소통, 상호 존중, 문제 해결, 실수에서 회복하는 방법 등 사회적 기술을 다룹니다.

'연중 향긋한 학급회의'에서는 PDC 학급회의가 잘 이뤄지는 교실을 만드는 방법, 안건에 따라 학급회의를 이끄는 방법, 학급회의를 실천하면서 부딪치는 여러 고민들을 해결해 가는 내용이 담겨 있습니다.

'하나 되는 가을'에서는 학부모 상담, 학생 사이 갈등, 학생들의 문제 행동을 바라보는 관점과 해결책 등을 다룹니다.

'성장하는 겨울'에는 서로의 성장을 축하하고 격려하는 활동과 다음해를 준비하는 이야기가 담겨 있습니다.

책 순서에 따라 아이들과 한 걸음씩 실천하길 바라는 마음으로 계절별로 구성하였습니다. 계절에 맞게 실천하며 철이 나고 철이 드는 아이들을 만나기를, 질서 있는 교실을 만들어 가기를, 무엇보다 선생님 스스로가 교사로서의 삶이 기쁨으로 가득하기를 응원합니다.

김성환 (PDC, PD 트레이너, EC 리드 트레이너,
(사)한국긍정훈육협회 이사장)

## PDC에, 가르칠 수 있는
## 용기를 담아 전합니다

이 책을 펼치면 비발디의 선율처럼 PDC 교실의 사계가 펼쳐집니다. 봄에는 모두가 바라는 학급으로 시작하고, 여름에는 자신을 조절하고 의사소통하며, 가을에는 어긋난 목표 행동을 이해하고 격려하고, 겨울에는 성찰하고 마무리하는 PDC 교사들의 교실 이야기를 들려줍니다.

희망이 되는 이야기를 들려주는 것만이 아니라 이처럼 행복하고 성장하는 학급을 만들어 갈 수 있는 구체적인 활동들도 소개합니다. 이것이 바로 PDC의 큰 장점입니다. 단순히 이론만 제시하거나 잘 해낸 몇몇의 사례만 보여 주는 것이 아니라, 탄탄한 이론에 기반한 구체적인 활동까지 안내하여 누구나 실천하고 성장할 수 있도록 돕습니다.

2014년 한국에 처음 소개된 PDC는 전국의 다양한 학교급의 교사들에게 전해져 '가르칠 수 있는 용기'를 주었습니다. 그동안 많은 열매를 맺었고 이 책은 그 열매 중에서도 특별합니다. 교사의 한해 살이를 PDC 활동으로 각 계절마다 실천할 수 있도록 안내하고 있거든요. 비발디의 사계에 젖어들 듯, 많은 선생님들께서 이 책을 읽고 실천하며 PDC에 젖어들기를, 행복한 교실을 만들어 가기를 기대합니다.

정유진(사람과교육연구소장, 건신대학원 대안교육학과 겸임교수)

## PDC 교사들의 10년 구슬땀이 담겨 있는 보물과 같은 이야기

10년이라는 시간 동안 꾸준히 실천하고 자료를 쌓아 오는 일은 쉽지 않습니다. 그런데 그 오랜 시간 쌓은 자료를 연구하고 실천하여 정리한 책을 만날 수 있다니요! 학교 현장에 있는 교사들에게는 엄청난 축복이 아닐 수 없습니다. PDC를 한국 교육 현장에 맞도록 긴 시간 동안 연구하고 결과물을 쌓아 온 선생님들에게 존경심이 올라옵니다.

책 속에 자주 등장하는 '이해, 존중, 경청, 협력, 격려, 친절, 감사, 응원', 이 모든 것들과 관련된 프로그램 기록은 학생들을 위한 선생님들의 따뜻한 마음으로 가득 차 있습니다. 이 책은 PDC를 기반으로 학급 운영을 준비하는 선생님에게 도움이 될 것입니다. 학급의 기초를 세우고 관계 형성에서부터 문제 해결, 어떻게 학생의 성장을 돕고, 또한 학생을 어떻게 지지해야 할지 등 교실 속 학급살이에 대한 현실적인 가이드라인이 될 것입니다. 따뜻한 선생님 그리고 따뜻하고 행복한 교실을 꿈꾸는 선생님에게 용기와 열정의 씨앗을 심어 주는 데 큰 역할을 할 것입니다.　　서준호(『교사의 자존감』 저자)

## 읽으면 해 보고 싶어집니다!

　사람은 소외를 경험하면 고통을 느낍니다. 그래서 대부분의 사람들은 타인과 함께 어울려 지내고 싶어 하지요. 그만큼 친밀한 관계 추구는 모든 인간이 가지는 보편적 특성입니다.

　훈육이란, 바로 이 친밀한 관계를 추구하는 개인이 자신을 둘러싼 모든 타인과 함께 어울려 사는 법을 가르치는 일이라 할 수 있습니다. 이를 위해 공동체의 한 구성원으로서 아이들 각자가 자신이 가진 가능성을 인식하고 이를 발현할 수 있는 환경을 만드는 체계적이고 다양한 활동을 이 책은 소개하고 있습니다. 이 책은 읽으면 해 보고 싶다는 마음을 불러일으킵니다. 저도 계절별로 소개하는 여러 활동 중에서 마음에 드는 활동을 월 별로 하나씩 준비해서 해 보고 싶더라고요. 아이들이 어떻게 성장해 갈지 기대되거든요. 아이들이 바람직한 변화를 할수록 제가 교사로 살아가는 이유가 더 분명해질 테니까요. 이 책이 선생님들이 교단에 선 이유를 다시금 깨닫게 할 거라 기대합니다. 천경호(실천교육교사 모임 회장, 교사)

## 학급의 사계절을 PDC와 함께하세요!

교사는 1년 차든 30년 차든 동일한 일을 하는 사람입니다. 같은 일을 수십 년 하면 해가 갈수록 쉬워져야 하는데 오히려 갈수록 어려워지는 느낌입니다. 언제나 아이들의 성장과 변화를 이해하고, 그들의 필요를 채우기 위해서는 새로운 시각과 노력이 필요합니다.

이 책은 교실 안에서 긍정적인 훈육을 기반으로 교사와 학생 모두에게 더 나은 환경을 제시하는 데 도움을 줄 것입니다. 학급의 사계절을 따라 세심하게 구성된 이 책은, 교사의 고민에 공감하고, 실천 가능한 대안을 제공하며, 교직의 여정에 따뜻한 격려와 용기를 더합니다.

교사의 손을 잡아 주는 이 책을 마음을 다해 추천합니다.

김차명(참쌤스쿨 대표, 경기실천교육교사모임 회장,
(전)경기도교육청 장학사)

# 학급긍정훈육<sup>PDC</sup>의 여정에 당신을 초대합니다!

아이들과 만나고 함께하는 일상을 살면서 우리는 늘 고민합니다. 아이들의 성장을 어떻게 도울 수 있을지, 내가 한 말과 행동이 아이들에게 긍정적인 작용을 했는지, 바른 가치를 공유하며 같은 방향으로 나아가고 있는지 말입니다. 이러한 고민을 가지고 매일 고군분투하는 선생님들께 이 'PDC'(학급긍정훈육)는 분명 선물 같은 여정이 될 것입니다.

PDC는 가정에서 부모가 자녀들에게 실천하도록 고안된 긍정훈육을 교실에 적용한 것입니다. 긍정훈육이라는 용어를 창시하고 협회를 설립한 제인 넬슨과 린 롯은 아들러 심리학을 기반으로 한 양육 방식에 동의하였지요. 이후 아들러의 제자 루돌프 드라이커스와 함께 공부하며 긍정훈육의 원칙과 훈육 기술들을 정리하였습니다. 그들과 함께 긍정훈육의 매력에 빠진 여러 교사가 뜻과 지혜를 모아 긍정훈육의 원리가 담긴 여러 교실 활동과 도구들을 개발한 것이 바로 PDC입니다. 그리고 PDC를 실천하는 전 세계 수많은 교사들은 서로의 실천 사례와 연구물들을 공유하면서 새로운 활동들을 개발해 오고 있습니다.

학급긍정훈육에서 '훈육'<sup>訓育</sup>의 한자어를 보면, 가르침을 선명하게 담아 잘 길러 낸다는 뜻으로, 훈육은 곧 교육입니다. 다만 훈육에는 '훈련'과 '연습'을 통한 '양육'의 의미가 진하게 담겨 있지요. 단, 긍정훈육은 '이끌어 주는 방식과 절차가 훈육 대상자인 아이들을 존중하고 격려하는 방식'이라는 점입니다. 긍정훈육은 아이들의 주체성과 자율성을 강조하는 것이지요.

알프레드 아들러는 문제를 일으키는 아이들은 '용기를 잃은, 낙담한 상태'라고 말합니다. 그래서 그들을 격려하여 용기를 회복하도록 도우면, 아이들은 나은 선택을 하게 됩니다. 그렇게 스스로 문제 행동에서 벗어날 수 있습니다. 아울러 그는, 교육의 목표는 개인의 건강한 자립과 동시에, 사회에 연결되고 공헌하려는 마음인 '공동체 감각'을 기르는 것이라고 말합니다. 공동체 감각을 가진 사람은 사회와 자신의 연결성을 늘 생각하기 때문에 어긋난 행동을 할 가능성이 낮지요.

또한 우리 아이들은 크고 작은 사회 속에서 상호 존중하고 협력하는 관계를 맺으며 살아야 안정감을 느낍니다. 그 안정감 속에서 꾸준히 성장하여, 나아가 사회에 기여하는 한 사람이 되지요. 우리 아이들이 그렇게 자랄 수 있도록 돕는 방식이 바로 긍정훈육이며, 이를 위해 다음 다섯 가지 원칙을 가지고 있습니다.

# 1. 친절하며 동시에 단호한가?

긍정훈육은 학생들을 친절하면서 동시에 단호한 태도로 대하라고 요청합니다. 학생들을 친절하게 대한다는 것은, 학생들의 인격을 존중하며 귀하게 대하는 것을 말합니다. 또한 학생들이 느끼는 감정을 있는 그대로 존중하고 수용한다는 의미입니다. 학생들을 단호하게 대한다는 것은 교사 자신의 인격뿐 아니라 교사가 가진 책임과 권한을 교사 스스로가 존중하며 지키는 것입니다. 이뿐 아니라 주어진 상황(다수가 모인 교실 상황), 정해진 교육과정과 학교의 모든 일과 시간을 존중한다는 의미입니다.

사람이면 누구나 친절한 면을 가지고 있고, 또 누구나 상황에 따라 단호하게 대처할 수 있습니다. 이 원칙에서 놓치면 안 되는 키워드는 '동시에'입니다. 친절함의 영역과 단호함의 영역을 각각 인지하고, 훈육하는 모든 순간에 이 두 가지가 명확하게 드러나는 태도로 훈육해야 하는 것이지요.

교사와 학생이 대화하는 상황을 예로 들어 본다면, 학생들이 느낀 감정을 억누르거나 무시하지 않고, 있는 그대로 수용해 주고 공감하는 것은 친절한 태도입니다. 동시에 그 감정에 사로잡혀 타인이나 자신에게 피해를 주는 행동이 있다면 묵인하지 않고 잘못이라고 알려 주고 그 행동을 멈추고 조절할 수 있도록 이끌어 줌으로써 단호함을 보이는 것이지요.

상대를 존중하면서 동시에 나 자신과 상황도 존중하는 태도를 몸소 보이는, 친절하며 동시에 단호한 모습이 바로 긍정훈육의 첫 번째 원칙입니다.

## 2. 학생들이 소속감과 존재감을 느끼도록 돕는가?

긍정훈육은 '학생들이 학급에서 내가 이 공동체 구성원의 일부로서 서로에게 연결되어 있다'고 느끼고, 또한 '나는 의미 있고 중요한 존재'라고 느끼도록 교사가 도와야 한다고 말합니다.

**소속감**Sense of Belonging : 구성원과 의미 있게 연결된 느낌, 공동체에 속한 느낌
**존재감**Sense of Significance : 소속된 곳에서 중요한 존재로 여겨지는 느낌

학급 안에 안전하게 소속되어 있고 서로와 의미 있게 연결되어 있다고 느낄 때, 학생들은 정서적 안정감을 느끼며 자신의 과업에 집중할 수 있습니다. 우리 반에 소속감을 느낀 학생은 친구들과 함께 생활하는 것이 즐겁고, 그 누구의 눈치도 보지 않습니다. 나를 지지해 주고 도와줄 누군가가 있다는 믿음 덕분이지요. 사회생활의 첫 경험지인 학교에서 이러한 소속감을 느끼는 것은 매우 중요합니다. 건강한 인간관계의 첫 토대가 되기 때문입니다.

내가 속한 곳에서 내가 가진 능력을 발휘했을 때 그리고 그것이 공동체에 도움이 되었을 때 사람은 건강한 존재감을 느낍니다. 나의 행동이 학급에 도움이 되면 나는 이곳에 필요한 존재로 자리매김합니다. 구성원들과 연결될 뿐 아니라 내가 구성원들에게 의미 있는 존재라고 여겨지면 기꺼이 공동체에 기여하고 싶은 마음이 생깁니다. 서로에게 기쁨과 유익이 되고자 하고 더 나은 행동을 하고 싶어 하는 학생들이 많아진다면, 그 학급의 분위기는 당연히 협력적으로 바뀔 것입니다.

## 3. 장기적인 효과를 고려하는가?

우리 학생들이 올바른 판단력과 결단력을 기르기까지는 부단히 연습해야 하고 그러는 사이 수많은 시행착오도 겪습니다. 하지만 그렇게 체화된 판단력과 결단력은 학생 마음에 단단히 새겨져 그 효과가 오래 지속됩니다.

그런데 안타깝게도 교사들은 처벌적인 방식을 쉽게 내려놓지 못합니다. 이런 방식을 써서라도 옳은 행동을 가르치지 않으면 무책임하고 방임하는 것이라고 여겨 기를 쓰고 혼을 냅니다. 하지만 긍정훈육에는 존중과 격려가 깃든 정교한 훈육의 기술들이 있습니다. 장기적인 영향을 고려하면서 훈육할 수 있는 다양한 방법들이 있으니 교사가 학생들을 믿으면서 꾸준히 실천하면 됩니다.

## 4. 건강한 인격 형성의 밑거름이 되는
## 사회적 기술을 가르치는가?

학교는 학문을 가르치고 배우는 곳이지요? 그런데 학생이 학문
적 성장을 이루기 위해서는 원만한 관계를 맺는 데 필요한 사회적
기술을 갖추어야 합니다. 초등학교에서 가르칠 수 있는 사회적 기
술에는 상호 존중하는 법, 배려하는 태도, 여러 다른 성향의 친구들
을 있는 그대로 수용하기, 맡은 일을 책임 있게 완수하기, 공동의
목표를 이루기 위해 협력하기 등 아주 많습니다. 긍정훈육에서 제
안하는 여러 학급 활동들을 실천한다면, 이러한 사회적 기술을 자
연스레 배울 수 있습니다.

## 5. 학생이 자기 능력을 발견하고,
## 건설적으로 사용하도록 돕는가?

긍정훈육과 함께하는 여정의 최종 목적지는 학생들이 책임감,
존중, 능력을 갖춘 성숙한 시민이 되는 것입니다. 학생들에게는 무
한한 가능성과 수많은 능력이 숨겨져 있습니다. 우리는 그 가능성
을 확신하며 학생들을 대해야 합니다. 아직 어리고 미숙해서 능력
을 나타내지 못하고, 용기가 부족해서 첫 한 걸음 떼기가 어려운 학
생들을 응원해 주세요. 학생 스스로가 자기 능력을 발견하고, 자신

감을 얻으며, 건강한 자아상을 형성해 가도록 도와 주세요.

자신이 가진 힘과 능력으로 다른 누군가를 유익하게 만들 수 있으며, 그것이 곧 학생 자신에게 달려 있음을 깨우쳐 주세요. 그러면 학생들은 자기 능력을 건설적인 방법으로 쓰게 됩니다. 내 능력이 인정받고, 그 능력을 통해 우리 학급이 더 나은 공동체로 거듭나는 것을 경험한다면, 이후 어른이 되어서도 자신이 속한 여러 공동체나 사회에서 자기 능력을 건설적으로 사용할 수 있습니다.

이 책에서 소개하는 여러 PDC 활동에는 위의 원칙들이 담겨 있습니다. 그래서 따라 하기만 해도 긍정훈육의 원리가 학급에 자동 실행되고 반영되는 장점이 있습니다. 책을 읽으면서 위 다섯 가지 가운데 어떤 것을 위해서 이 활동들이 만들어졌는지를 확인하고 적용하며 실천해 보기를 권합니다. 그렇게 한다면 단순히 활동을 흉내 내는 것에 그치지 않고, 원칙이 있는 PDC 교사로서 당당하게 학생들을 이끌 수 있을 것입니다.

저자 일동

| 차례 |

## 1부   만나는 봄

**일러두기**

1. 일화에 나오는 학생 이름은 모두 가명입니다.
2. 책 속 명언은 아들러와 드라이커스가 쓴 문장들에서
발췌했습니다.

# 1부

## 만나는 봄

# 1장
# 어떤 1년을 원하니?

모두가 바라는 학급 함께 세우기

(3월 첫날)

1반 선생님 : 선생님, 오늘 어땠어요?

2반 선생님 : 정신없었죠. 선생님 반은 어땠어요?

1반 선생님 : 올해는 뭔가 기대가 돼요. 차분하게 집중도 잘하고 왠
　　　　　　지 올해는 작년보다 나을 것 같아요.

2반 선생님 : 정말? 우와, 좋겠다! 우리 학년 애들이 괜찮다고 했
　　　　　　어요.

(일주일 후)

1반 선생님 : (잔뜩 찡그린 얼굴로) 애들이 수업 시간에 앉아 있질 않아
　　　　　　요! 화장실 간다, 보건실 간다, 물 마시러 간다……. 정
　　　　　　신이 하나도 없어요.

2반 선생님 : 어머나! 지난번에 애들 괜찮다고 하지 않았어요?

1반 선생님 : 쉬는 시간에는 서로 놀리고, 잡기 놀이하고, 작년보다
　　　　　　더한 것 같아요.

각자 다른 삶을 살아온 스무 명 남짓의 아이들이 모여 1년을 살아가는 곳이 교실입니다. 한배에 탄 우리가 서로 바라는 방향이 다르다면 우리의 항해는 길을 잃을지도 모릅니다. 같은 방향을 바라보아야 어떤 활동을 하든지 결이 맞습니다. 혹여 맞지 않더라도 어떤 부분을 더 노력하면 되는지 점검이 가능합니다. 이를 위해 교사가 중요하다고 생각하는 방향과 가치를 학생들에게 제시하여 이끌 수도 있습니다. 하지만 우리 반 학급살이의 방향을 교사와 함께 학생들이 직접 참여해서 만든다면, 학생들은 그것을 더 소중하게 생각하고 적극적으로 실천할 것입니다. 또한 교사는 학기 초에 방향을 설정하는 아이들의 모습을 관찰하며 한 해를 살아갈 여러 가지 정보를 얻을 수 있습니다.

아이들과 함께 학급 살이의 방향을 정하려고 할 때 여러 가지 걱정이 떠오릅니다. 첫 번째는 아이들이 과연 적절한 방향을 잘 세울 수 있을까? 그리고 두 번째는 아이들과 함께 학급살이의 방향을 만드는 과정이 귀찮고 복잡하지는 않을까?

학년 초에 학급살이의 방향을 학생들과 함께 세우는 절차를 차근차근 알려 드리겠습니다. 이 절차 속에는 긍정훈육의 원리가 담겨 있습니다. 자신과 타인의 바람을 존중하여 이를 반영할 수 있고, 참여하는 모두가 공동체 구성원으로서 소속감과 주인 의식을 경험할 수 있습니다. 학급의 방향을 설정하는 활동이므로 3월 2주 차 안에 하는 것이 효과적입니다.

# '과거 그리고 현재'로 새로운
# 우리 반에 대한 기대감 느끼기

첫 활동은 '과거 그리고 현재'(활동명은 '과거와 현재', 또는 '비우기 채우기'로도 가능) 활동입니다. 학교나 학급에서 지내면서 과거 불편하거나 힘들었던 경험을 발표하게 합니다. 그리고 교사는 칠판 또는 큰 종이에 모두의 의견을 한두 단어로 정리하여 적습니다(학생 각자가 붙임쪽지에 적어 모아도 됨). 이때 불편을 준 사람을 특정하여 이야기하지 않고, 불편했던 행동이나 상황만 말하도록 안내합니다.

*"여러분 과거에 학교나 반에서 불편했던 적이 있었나요?*
*어떤 점이 불편했는지 떠올려 보고 말해 줄 수 있나요?"*

학생들이 제시한 '과거'의 예시

> 기분 나쁜 말, 욕설, 뒤에서 흉보기, 청소 시간에 장난치기, 수업 시간에 떠들기, 친구와 다툼, 거짓 소문내기, 줄서 있을 때 밀치기, 남의 물건 함부로 만지기, 핑계 대기, 때리고 도망가기

학생들이 말하는 단어들을 들으면서 교사는 이전에 아이들이 어떤 점이 불편했는지, 올해에는 어떤 점을 중점적으로 신경 써야 할지 정보를 얻을 수 있습니다. 예를 들어, 따돌림이 불편했다는 이야기가 많이 나온다면 올해에는 학생들과의 관계에 더욱 신경을

써야겠다는 생각을 할 수 있지요. 의견이 다 나오면 그동안 아이들이 경험했던 불편했던 점들에 공감한 후 우리 반의 '미래'가 어떤 모습이었으면 좋을지 이야기 나눕니다. 마찬가지 방식으로 칠판 또는 큰 종이에 아이들의 의견을 적습니다.

*"여러분 과거에 이런 어려운 일들이 있었군요. 그렇다면 올 한 해 우리가 함께 만들어 갈 반이 어떤 모습이기를 바라나요?"*

학생들이 제시한 '미래'의 예시

재미있는 수업, 고운 말 쓰기, 적극적으로 참여하기, 사과 잘하기, 친구 돕기, 약속 지키기, 체육 잘하기, 수업에 집중하기, 공감하기, 질서 잘 지키기, 뛰지 않고 걷기, 실내에서 조용하게 말하기, 친구 존중하기

'미래'에서 나온 단어들을 살펴보며 교사는 학생들이 어떤 반을 바라는지, 학생 자신에게 어떤 기대를 품고 있는지 알 수 있습니다. 그러면 이런 미래를 만들기 위해 함께 노력하자고 말할 수 있겠지요. 이 활동을 할 때마다 우리 반의 모습이 교사가 기대하는 학급의 모습과 아이들이 기대하는 모습이 크게 다르지 않다는 것을 느낍니다. '우리는 같은 편'이라는 생각이 드는 순간입니다. 또한 학생들은 선생님이 자신의 의견에 귀 기울여 주신다는 생각을 가지게 되고, 나아가 함께할 1년을 기대하게 됩니다.

# 동의와 가이드라인으로 우리 반 방향 정하기

다음으로 학급살이 방향을 세우는 중요한 활동은 '동의와 가이드라인'입니다. 이름에서 알 수 있듯이 가이드라인을 정하는 과정에서 구성원의 '동의'는 매우 중요합니다. 가이드라인으로 정해지려면 꼭 구성원 모두가 동의해야 합니다.

## 활동

### 동의와 가이드라인

- 활동 목표 : 우리가 바라는 학급살이의 방향을 정하고 합의한다.
- 활동 시간 : 80~120분
- 준비물 : 붙임쪽지, 4절 도화지 네 장, 매직
- 활동 방법

"어딘가를 여행할 때는 안내서가 필요하지요? 그래서 이 시간에는 우리가 함께 1년을 살아가는 데 안내서가 될 가이드라인을 만들어 볼 거예요."

**1) 우리 반에 대한 바람 쓰기**
- 어떤 반이 되었으면 좋겠는지 자신의 생각을 쓰게 한다.
  - 이전 활동인 '미래'에서 작성한 내용 참고 가능
  - 붙임쪽지에 각자 쓰고 칠판에 붙이면 다음 단계에서 의견을 모으고 분류하기 좋다.

**2) 제목 정하기**
- 붙임쪽지에 적힌 글귀를 하나하나 읽으면서 아이들의 의견에

따라 비슷한 것끼리 모으고, 그 내용을 포괄할 수 있는 제목(또는 어구, 문장)을 정한다.

　– 3~5가지 영역 정도로 분류하면 모둠별로 작성하기가 편하다.

### 3) 가이드라인 작성하기

- 학생들을 몇 개의 모둠으로 나누어 한 모둠당 하나의 주제로 가이드라인을 작성하게 한다. 자신이 쓴 붙임쪽지가 포함된 제목의 모둠으로 이동하라고 하면 쉽게 모둠을 구성할 수 있고, 자신이 제시한 주제어라서 편안하게 작성에 참여할 수 있다.
- 모둠별로 종이에 가이드라인을 작성할 템플릿을 그린다(28쪽 표 참고).
- 상단 줄에는 2)에서 정한 제목이나 어구를 쓴다.
- 중앙에는 세로줄로 나누어 '이렇게 말해요', '이렇게 행동해요'를 구분하여 작성한다.

　– 구체적인 말과 행동을 쓰기 어려워한다면 예시 가이드라인을 보여 주거나 교사가 몇 가지 말과 행동을 제시한다.

- 맨 밑 줄에는 "우리 반은 ~ 합니다. 왜냐하면 ~이기 때문입니다"의 형태로 해당 가이드라인을 정리하는 문장을 적는다.

"믿음은 격려의 기초다. 다른 사람을 믿는다는 것은
단순히 그들의 가능성을 믿는 것이 아니라,
그들을 있는 그대로를 믿는 것이다."

| 우리의 바람은 ＿＿＿＿＿＿＿＿＿ 입니다. | |
|---|---|
| 이렇게 말해요. | 이렇게 행동해요. |
| | |

우리는 ＿＿＿＿＿＿＿＿＿ 합니다.

왜냐하면 ＿＿＿＿＿＿＿＿＿ 때문입니다.

▲ 가이드라인 템플릿

### 4) 발표하기

- 모둠별로 작성한 가이드라인을 발표한다. 모둠 중 1인이 나와 발표해도 되고, 전체가 나와 고루 발언하며 발표할 수도 있다.

### 5) 동의하기

- 각 모둠의 발표를 듣고 나서 동의하는 학생은 엄지를 위로 한다. 질문이 있는 학생들은 가이드라인에 대해 질문하고 의견을 제시할 수 있다.
- 질문하는 과정에서 가이드라인을 수정하고 다시 동의하는 과정을 거친다.
- 모든 모둠이 위와 같은 발표와 동의의 과정을 반복한다.

### 6) 서명하기

- 동의를 확인하는 의미로 각각의 가이드라인에 아이들의 서명을 남긴다.

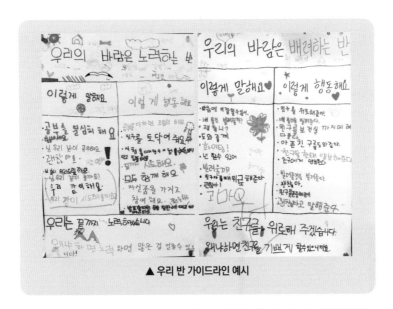

▲ 우리 반 가이드라인 예시

| Tip | 가이드라인 변형 예시 |
| --- | --- |
| **1) 교과용 가이드라인** | **2) 저학년용 가이드라인** |
| 교과 시간에도 반별로 교과 수업을 위한 가이드라인을 만들 수 있다. | 글을 잘 모르는 저학년을 위해서는 그림으로 표현한다. |

| 3) Do, Don't | 4) 나무 형태로 개인과 학급의 가이드라인 만들기 |
|---|---|
| 가이드라인을 쓸 때 '이렇게 말해요, 이렇게 행동해요.' 대신에 '해야 할 것(DO), 하지 말아야 할 것(Don't)'으로 쓰는 방법도 있습니다. | 나무로 그림을 그려 나 자신이 1년 동안 이루고 싶은 것을 적어 봅니다.<br>1. 뿌리 – 현재 내가 생각하는 나의 모습<br>2. 열매 – 한 해 동안 이루고 싶은 모습<br>3. 줄기 – 뿌리에서 열매까지 닿기 위해 필요한 말과 행동들<br>4. 개인적으로 쓴 말과 행동들을 붙임쪽지에 모아 우리 반 가이드라인으로 정한다. |
|  |  |

## 동의와 가이드라인 활동을 할 때 고려할 점

동의와 가이드라인을 만들 때 교사는 다음 사항을 고려합니다.

첫째, 가이드라인은 나와 우리 반의 지향점을 점검하는 도구입니다. 가이드라인은 이것을 지키거나 지키지 못했을 때 상과 벌을 내리는 기준이 아니라, 바른 방향을 향해 가는지 점검하는 길잡이 역할을 할 것입니다.

이 가이드라인을 교실에 게시하여 학생들이 수시로 보면서 활용하는 것이 중요합니다. 아이들이 더 나은 말과 행동을 선택하고 실천하기 위해서는 1년 내내 끊임없이 안내하고 연습할 수 있어야 합니다. 가이드라인 속 문장 몇 가지를 날마다 알림장에 적어 주거나 노래로 만들어 함께 부르고, 하루를 마감하는 시간에 자신이 실천한 가이드라인 한 가지씩 나누면 도움이 됩니다.

둘째, 가이드라인은 격려의 도구로 쓸 때 더 효과적입니다. 드라이커스는 '식물이 물을 필요로 하듯이 인간은 격려가 필요하다'라고 했습니다. 가이드라인 속 말과 행동을 실천하는 학생은 꼭 격려해 줍니다. 그러면 아이들은 더 잘하고 싶은 용기가 생깁니다. 예를 들어, 아이들이 가이드라인을 잘 지키지 못했을 때 "우리 줄을 잘 서기로 했는데 왜 가이드라인을 안 지키죠?"라고 말하는 것보다 가이드라인을 잘 지킨 순간에 "가이드라인에 줄을 잘 서기가 있었는데 약속 잘 지켜 주어서 고마워요"라고 말하는 것이 더 효과적입니다.

셋째, 가이드라인은 절차를 거쳐 언제든지 수정·점검할 수 있습니다. 점검이 필요하거나 바꿀 내용이 있다면 학급회의를 통해 바꿉니다. 보통은 한 학기 정도 생활하고 나면 다음 학기에 새롭게 가이드라인을 작성합니다. 2학기에 새롭게 가이드라인을 작성하고 점검하는 방법은 '가을'의 '뻔해도 다시 한 번' 편을 보아 주세요.

# '격려의 말'로 하루 시작하기

아들러는 교사의 가장 중요한 임무는, '학교에서 학생들이 좌절을 경험하지 않게 하는 것'이라고 했습니다. 이미 좌절한 학생이라면, 학생이 자존감을 회복하도록 도와야 한다고도 덧붙였습니다. 그 방법 가운데 하나가 '격려하기'입니다. 격려는 용기를 불어넣는 행위로, 행동 및 관계 개선에 가장 큰 영향을 미칩니다.

격려받으면 남과 비교하지 않게 되고 자신의 힘을 믿게 됩니다. 격려는 칭찬보다 훨씬 강력하지요. 결과가 아쉽거나 실패를 겪은 상황일지라도 격려를 받으면, 다시 일어설 힘과 도전하려는 의지가 생겨납니다. 격려에는 상대를 지지하며, 고마워하는 마음이 담겨 있기 때문입니다. 학생 각자의 성장을 믿고 기다리며 적절히 격려한다면 분명 학생의 내면이 더욱 단단해지고 자존감도 크게 향상될 수 있습니다.

격려하기의 첫 단계는 '자기 자신 격려하기'입니다. 그래서 '아침 격려 말하기'를 반 학생들과 함께 진행할 때 가장 먼저 '나 격려하기'를 하고, 친구에게 '격려의 말 건네기'로 확장하면 더욱 효과적입니다.

PDC의 '우리를 성장으로 이끄는 7가지 믿음'과 '격려의 한마디' 포스터를 학급 게시판에 게시해 두기를 권합니다. 오고 가며 보면서 친숙해진 포스터 속 표현을 활용하여 학급 친구들에게 언제든지 적절한 격려의 말을 건넬 수 있어 좋습니다. 학기 초에는 학생들과 함께 7가지 믿음의 문장들을 하루에 한 문장씩 읽으며 문장이 의미하는 것과 내가 실천할 수 있는 것들에 대해서 생각해 보며 이 야기를 나누면 좋습니다.

'우리를 성장으로 이끄는 7가지 믿음'은 긍정훈육이 추구하는 7가지 인식과 기술의 핵심 내용을 학생들의 입장에서 자기 긍정 확언의 문장으로 정리한 것입니다.

---

**활동**

### 아침 격려 말하기

- **활동 목표** : 하루를 시작하는 나와 친구들에게 용기를 주기 위해 적당한 '격려의 말'을 골라 말한다.
- **활동 시간** : 10분
- **준비물** : 우리를 성장으로 이끄는 7가지 믿음 포스터, 격려의 말 포스터, 싱잉 보울$^{singing\ bowl}$(있으면 더 효과적이나 없어도 무 방함)
- **활동 방법**
1) 오늘의 하루지기가 매일 아침 1교시 시작 전에 아침 활동으로 격려 말하기를 시작한다고 알린다.
2) 칠판 앞으로 나와서 "오늘 아침 격려 인사를 시작하겠습니다"라 고 말하고 싱잉 보울을 천천히 세 번 치면 학급 아이들이 PDC '우리를 성장으로 이끄는 7가지 믿음'을 함께 읽는다. 싱잉 보울 없이 인사 이끔이의 격려 말하기로 시작할 수도 있다.

---

## 우리를 성장으로 이끄는 **7**가지 **믿음**

1. 🙂 는 능력이 있다.
2. 🙂 는 꼭 필요한 사람이며 의미있는 도움을 준다.
3. 🙂 의 결정은 나와 학급에 일어나는 문제에 긍정적인 영향을 미친다.
4. 🙂 는 원칙이 있고, 자기 조절력이 있다.
5. 🙂 는 다른 사람을 존중하며 행동한다.
6. 🙂 는 내 행동이 다른 사람에게 영향을 미친다는 것을 안다.
7. 🙂 는 지혜와 판단력을 기르기 위해 꾸준히 연습한다.

PDKorea

# 토닥토닥,
# 힘을 주는 격려의 한마디

| | |
|---|---|
| 너의 고민을 함께 해결해줄게 | 너가 더욱 생각나 |
| 홀로 멋지게 빛나는 너가 좋아 | 넌 이미 충분해 |
| **친구들이 널 좋아해** | 넌 이미 아름다운 빛을 가지고 있어 |
| 오해해서 미안해 | 뭔가바라는 것이 있을 때 소원을 빌어봐 |
| **실패보다 두려운 것은 후회야** | 너의 말은 진실해 |
| **넌 참 편안해**　고마워 | 널 걱정하고 있어 |
| 너의 마음을 이해해 | **널 보면 미소가 지어져** |
| 너의 용기를 지켜볼게 | 난 너의 이야기가 궁금해 |
| 난 널 믿어　**넌 나의 친구야** | 언제든 널 돕고 싶어 |
| 지금보다 더 행복하길 바래 | **이걸 선물로 줄게** |
| **하늘을 보면 지금처럼 기분이 좋아질거야** | 너가 참 좋아 |
| 너가 화난 이유를 들어줄게　**넌 특별해** | 같이 놀자 |
| **넌 소중해**　넌 멋진 빛을 가지고 있어 | 사랑해 |
| 넌 너만의 매력이 있어　**나랑 같이 갈래?** | 내가 도와줄게 |

3) 앉은 자리에서 순서대로 자신이나 친구들에게 하고 싶은 격려의 말을 간단히 한 문장으로 말한다. 처음부터 끝까지 학생들이 격려의 말을 모두 하면, 교사도 함께 격려의 말을 하며 아침 격려 말하기를 마무리한다.
▶ 생일을 맞은 학생이나 교사가 생각하기에 좀 더 격려가 필요한 학생에게는 그 학생이 듣고 싶은 격려의 말을 해 주는 것도 좋다.

## 학문과 삶의 기술을 동시에 가르치기

교사가 규칙을 정해 주면 될 일을 가이드라인을 만드느라 너무 시간을 많이 쓰는 것 아니냐고 생각할 수도 있습니다. 또한 매일 아침 격려 인사 나누기가 비효율적으로 보일 수도 있습니다. 맞습니다. 시간이 필요합니다. 그래서 교육과정 재구성 등을 통해 시간을 확보하려는 의지가 필요합니다. 중요한 것은 이 활동을 왜 하는지, 그 활동의 의미와 가치를 아는 것입니다.

아들러는 '이상적인 학교는 학문과 삶의 기술을 동시에 가르치는 공간이다'라고 했습니다. 책임감, 존중, 능력을 갖춘 성숙한 시민을 기르기 위해 학교는 이에 필요한 여러 지식을 가르쳐야 합니다. 동시에 민주적인 절차와 과정을 경험하면서 삶의 기술까지 가르쳐야 하고요. 앎과 삶이 연결되는 진정한 배움이 우리 교실에서 실현되기를 바란다면 말입니다.

따라서 우리 반의 1년살이 방향을 민주적인 절차를 경험하며 함께 만드는 동의와 가이드라인 활동은 그 자체로 시간을 투자할 가치가 있는 일입니다. 그리고 하루의 시작마다 하는 활동은 그날의 학급살이에 대한 첫인상입니다. 격려의 말로 하루를 시작하기로 하는 것은 우리가 자기 자신과 서로에게 용기를 북돋아 주는 일을 중요하게 여긴다는 것이고 우리가 세운 가이드라인 안에서 잘 살아가도록 서로를 응원하는 반이라는 인식을 갖게 합니다. 나아가는 방향이 학생들의 마음결에 선명하게 새겨질 때 온화하고 단단한 학급은 세워져 갑니다.

| Tip | 활용하면 좋은 그림책 |
|---|---|

『**다다다 다른 별 학교**』(윤진현, 천 개의 바람) 가이드라인이 왜 필요한지, 저마다 생각이 다를 수 있고, 그래서 서로의 의견을 존중해야 한다는 이야기를 할 수 있다.

『**검피 아저씨의 뱃놀이**』(존 버닝햄, 시공주니어) 어려움을 겪고도, 누구도 비난하지 않는 모습, 따뜻하게 다음을 기약하는 모습에서 교실 공동체가 나아갈 방향을 살피게 해 준다.

# 2장
# 선생님, 다음에 뭐해요?

학급 일과가 만드는 안정감

　쉬는 시간, 한숨 돌리려고 자리에 앉아 있으면 쪼르르 달려와 "선생님, 다음에 뭐해요?"라고 질문하는 아이들이 있다. 처음에는 일일이 대답해 주다가 몇몇이 돌아가며 똑같은 질문을 해 오면 '이건 아닌데' 싶다.

　수업 시작하고 채 5분도 안 지났는데, "선생님, 화장실에 가고 싶어요" 하는 아이들이 있다. "왜 쉬는 시간에 안 갔니?" 하고 물으면 "화장실 가는 거 깜빡했어요"라는 답이 돌아온다.

　'당연히 알겠지'라는 생각에 기본 생활이나 기본 학급 일과를 제대로 가르치지 않았구나, 하는 깨달음이 왔다.

# 학급살이에 안정감을 주는 학급 일과

1학년이 아니고는 대부분 학생들이 학교생활에 익숙할 것이라고 생각하기 쉽습니다. 그래서 학급에서 반복적으로 이루어지는 일과와 절차를 알려 주지 않지요. 그런데 의외로 반복되는 일과를 명확하게 인식하지 못하는 학생들이 많습니다. 그렇다 보니 학생마다 다르게 행동하기도 하고, 미리 해야 하는 일을 놓쳐서 허둥대기도 합니다. 그런가 하면 어떤 학생들은 모든 과정마다 과하다 싶게 질문을 퍼부을 때도 있습니다.

예를 들어 쉬는 시간에 화장실을 가지 않고, 다음 시간 교과서를 준비하지 않습니다. 그러다 수업 시작종이 울리면 그제야 당황해하며 화장실에 가겠다고 하거나 교과서를 꺼냅니다. 어떤 학생은 자유로운 쉬는 시간임에도 '자리에서 일어나도 돼요?, 화장실 가도 돼요?, 물 먹어도 돼요?, 친구하고 이야기해도 돼요?, 책 읽어도 돼요?' 일일이 다 물어봅니다.

그래서 학급 일과를 학급 구성원 모두가 같이 인식하고 정해진 절차대로 움직일 수 있도록 합의하는 과정이 필요합니다. 쉬는 시간에 화장실을 다녀오는 당연한 것도 '쉬는 시간'의 일과로 정리해 두면 '동의한 약속'으로써 힘을 발휘합니다. 학급 일과를 탄탄하게 다져 놓으면 교사는 잔소리할 일이 줄어들고, 학생들은 편안한 마음으로 교실 생활을 할 수 있습니다.

# 학급 일과 구분하기

먼저 등교부터 하교까지 학생들이 보내는 시간을 구분하고, 해당 시간별로 해야 하거나 할 수 있는 활동들을 살펴봅니다. 아침 시간, 수업 시간, 쉬는 시간, 급식 시간, 교과 수업 시간, 하교 시간 등으로 나눌 수 있습니다. 필요에 따라 등교 시간, 이동 시간 등을 더 넣을 수도 있습니다. 시간별 일과뿐 아니라 장소별로, 상황별로도 합의해야 할 일과와 절차가 있을 수 있습니다.

아래 표는 시간대별로 학급 일과의 종류를 브레인스토밍한 것입니다. 만약 교사가 특정 시간에 정기적으로 하고 싶은 일과가 있다면 제안하고 동의를 구하면 좋습니다. 예를 들어 아침 시간에 하루 열기 활동을 하고 싶다면, 활동 취지를 설명하고 아이들의 생각은 어떤지 동의를 구한 후, 진행 절차를 구체적으로 설명한 다음 실천하면 됩니다.

| 시간대별 학급 일과 종류 | |
| --- | --- |
| **아침 시간** | 아침 인사하기, 시간표 확인하기, 교과서 정리하기, 책 읽기 등 |
| **수업 시간** | 교과서 펼치기, 공부할 문제 적기, 집중하기, 발표하기, 공책에 정리하기 등 |
| **쉬는 시간** | 교과서 넣고 꺼내기, 복도 통행 방법, 화장실 가기, 물 마시기, 이동 시 줄서기 등 |
| **급식 시간** | 손 씻기, 줄서기, 급식실로 이동하기, 배식 선생님께 인사하기, 조용히 급식 먹기, 잔반 버리기, 교실로 이동하기 등 |

| 교과 시간 | 교과 선생님께 인사하기, 교과서 펼치기, 집중하기, 발표하기 등 |
|---|---|
| 하교 시간 | 교과서 정리하기, 가방 정리하기, 청소하기, 인사하기, 질서 지켜 이동하기 등 |

## 학급 일과 활동은 이렇게

학급 일과 활동을 할 때, 저학년은 교사가 주도해서 진행하면 좀 더 안정감이 있습니다. 아직 글자를 쓸 수 없는 1학년이라면 학생들의 발표를 듣고 교사가 칠판에 정리하면서 진행합니다.

**활동**

### 학급 일과 – 전체 활동 버전

• 활동 목표 : 학급에서 매일 생활하는 데 필요한 일과를 찾고 일과의 절차를 함께 정한다.

• 활동 시간 : 80분

• 준비물 : 붙임쪽지, 매직, 이젤 패드나 색지 한 장

• 활동 방법

1) 아침에 학교에서 보내는 시간을 아침 시간, 수업 시간, 쉬는 시간, 점심시간, 교과 시간으로 크게 나누고 칠판에 적는다. (필요한 경우 세분화해서 적는다.)

2) 아침 시간, 수업 시간, 쉬는 시간, 점심시간, 교과 시간에 하는 각각의 활동을 적는다. (붙임쪽지를 학생마다 두세 장씩 배부하고 붙임쪽지 한 장당 한 가지씩 쓰게 한다.)

3) 학생들이 적은 붙임쪽지를 해당 시간 아래 붙이되, 시간대별로 나열하여 차례대로 붙인다. (같은 활동이 적힌 붙임쪽지는 옆으로 나란히 붙인다.)

4) 살펴보고 빠진 활동이 있다면 붙임쪽지에 보충하여 더 적는다.

5) 칠판에 붙인 붙임쪽지 내용을 교사와 함께 읽어 가면서 살펴보고 빠진 활동이 없는지, 시간대별로 잘 나열했는지 확인한다.

6) 각각의 활동 시간대별로 정리가 다 되었으면 날마다 하는 활동 가운데 교실에서 잘 안 되는 활동이나 연습이 필요한 활동은 역할극으로 연습한다.

7) 역할극을 하고 나서 수정할 것이 더 없으면 모둠별로 아침 시간, 수업 시간, 쉬는 시간, 점심시간, 교과 수업 시간, 하교 시간 중 한 가지씩 맡아서 이젤 패드나 색지에 정리한다. 기록한 것을 교실에 게시한다.

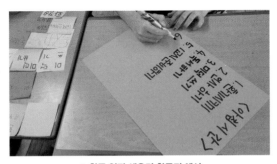

▲ 학급 일과 세우기 활동지 예시

▲ 학급 일과 세우기 활동지 예시

3학년 이상인 경우, 교사가 학급 일과 활동 안내 후에 모둠 활동으로 학급 일과를 진행하면 효율적입니다. 각 반 학생의 활동 수행 정도 등에 따라 교사 주도하에 전체적으로 활동할 것인지, 아니면 모둠으로 활동할 것인지를 선택하면 됩니다.

활동

### 학급 일과 – 모둠 활동 버전

• 활동 목표 : 학급에서 매일 생활하는 데 필요한 일과를 찾고 일과 수행의 절차를 함께 정한다.

• 활동 시간 : 80분

• 준비물 : 매직, 이젤 패드 또는 8절지 다섯 장

1) 학교에서 보내는 시간을 아침 시간, 수업시간, 쉬는 시간, 점심시간,

교과 수업 시간, 하교 시간으로 크게 나눈다.

2) 이젤 패드나 색지에 각 활동 시간별 이름을 적는다.

3) 모둠별로 한 가지씩 맡아서 각 활동 시간에 해야 할 일들을 브레인스토밍하여 쓰되 가급적 시간순으로 적는다.

4) 모둠별 발표를 들으면서 빠졌거나 고쳐야 할 것이 있는지 의견을 나눈다.

5) 학교에서 해야 할 일 가운데 잘 안 되거나 연습이 필요한 활동에 무엇이 있는지 의논하고, 그 부분을 역할극으로 해 본다.

6) 역할극으로 해 보고 잘 안 되는 부분이나 어색한 부분이 있으면 함께 이야기를 나눠 보고 수정한다.

7) 완성된 것을 교사가 한 장의 종이에 정리하여 게시하거나, 모둠별로 학생들이 정리한 것을 게시해도 된다.

## ▼ 학급 일과 예시

| 아침 | 하교 시간 |
|---|---|
| 1. 아침 걷기 | 1. 가방 싸기, 청소하기 |
| 2. 감정 출석부 - 선생님께 인사 | 2. 교과서 파일 꽂이에 갖다 놓기 |
| 3. 배성장, 우체통, 필통 - 서랍 오른쪽에 | 3. 물통 챙기기 |
| 4. 오늘 교과서 챙겨 - 서랍 왼쪽에 | 4. 파이팅하고 헤어지기 |
| 5. 가방 - 사물함, 물통 - 사물함 위에 | 5. 내 실내화 바르게 놓기 |
| 6. 성장 신념, 비우기 - 채우기 쓰기 | 6. 의미 있는 역할 점검 |
| 7. 제출 : 스북, 두날, 각종 신청서 | 7. 계단에서 걸어가기 |
| 8. 아침 활동 : 독서 등 | 8. 조용히 하교하기 |
| 9. 1교시 교과서 펴 놓기 | |

| 이동 시간 | 수업 시간 |
|---|---|
| 1. 5분 전에 갈 준비하기 | 1. 선생님 말씀에 집중, 경청하기 |
| 2. 복도에 조용히 줄서기 | 2. 친구들 발표 경청하기 |
| 3. 천천히 걷기 | 3. 하루에 발표 2번 이상 하기 |
| 4. 계단은 한 칸씩 | 4. 모둠 활동할 때 소곤소곤 말하기 |
| 5. 줄 맞춰서 이동하기 | 5. 발표할 때는 크게 말하기 |
| 6. 장난 금지 | 6. 수업에 관련된 말만 하기 |

| 교과 수업 | |
|---|---|
| 1. 체육 수업 때 곧바로 줄서서 체조하기 |  |
| 2. 선생님 말씀 경청하기 | |
| 3. 수업 놀이 할 때 조용히 차분히 하기 | |
| 4. 다치지 않게 조심하기 | |
| 5. 교과서, 필기구 잘 챙기기 | |

## 학급 일과를 역할극으로 연습하기

실제로 행위를 하면서 배우면 활동에 대한 흥미도 높아지고 더 잘 기억합니다. 그래서 학생들과 함께 정리한 학급 일과를 역할극으로 연습해 보면 좋습니다. 학급 일과 가운데 잘되지 않는 것이 무엇인지, 또는 연습해 보고 싶은 학급 일과가 있는지 학생들에게 물어보고, 그것을 수행합니다. 만약 다른 곳으로 이동하기가 잘 안 된다고 할 경우, 학급에서 정한 줄 서는 위치에서 줄 서기를 연습합니다. 그리고 실제 목적지를 향해 이동합니다.

혹은 시간대별로 학급 일과를 연결하여 총체적으로 연습해 볼 수도 있습니다. 예를 들면, 아침 시간에 교실에 들어오면서 아침 인사를 나누고 자리에 가서 시간표를 확인한 후 교과서 준비를 하고 책을 읽는다고 했을 때, 아침 시간에 할 수 있는 활동들을 쭉 연결해서 연습해 보는 것입니다. 그렇게 역할극으로 해 보고 매끄럽지 않거나 수정이 필요한 부분은 수정하고 빠진 부분은 보충하면 됩니다. 매일 하는 학급 일과를 굳이 연습까지 할 필요가 있겠나 싶을 수도 있습니다. 하지만 이 연습 과정은 학급 일과를 익히고 정착시키는 아주 중요한 열쇠가 됩니다.

## 일과를 지속시키는 '다섯 가지 R'

학급 일과를 약속대로 잘 지키면 더할 나위 없이 좋겠지만, 때때로 그렇지 못할 때가 있습니다. 이럴 때는 점검이 필요한데, 이를 위해 '다섯 가지 R'을 활용할 수 있습니다.

> 1 약속 확인 Review : "OO 시간에 우리의 약속이 무엇이었나요?"
> 2 되돌아보기 Reflection : "우리가 어떻게 하고 있나요?"
> 3 책임 확인 Responsibility : "일과를 더 잘할 수 있는 방법은 무엇인가요?"
> 4 결과 확인 Results : "일과를 잘해냈다는 것을 어떻게 알 수 있나요?"
> 5 다시 해 보기 Rehearse : "역할극으로 해 보면 도움이 될까요? 아니면 우리가 각자 한번 연습해 볼까요?"

학급 일과에서 잘되지 않은 부분을 발견하면 '다섯 가지 R' 질문을 하면서 학생들과 소통하고 다시 연습해 봅니다. '다섯 가지 R' 질문을 다 활용할 필요는 없습니다. 상황에 따라 필요한 부분만 선택하여 학급 일과에 대한 부분을 점검해 볼 수 있습니다. 예를 들어 급식실로 이동할 때를 생각해 봅시다. 학생들이 줄을 서기보다는 뒤를 돌아보고, 이야기 나누고 뛰어다니는 모습이 떠오를 것입니다. 이렇게 줄을 서지 않고 소란하거나 무질서하다면 '다섯 가지 R'을 이용할 수 있습니다.

"우리가 어떻게 하고 있나요?"라고 되돌아보기 질문을 하면서 이 상황을 점검합니다. 이 간단한 질문은 지속적이고 안정된 학급 일과를 유지하는 데 교사의 긴 잔소리보다 효과적입니다. 또 학급 일과에서 잘되지 않은 부분이 있다면 이 책 3부에서 다루는 학급 회의와 연결하여 해결책을 찾아볼 수도 있습니다. 학급 일과를 함께 정리하고 지속해서 점검해 나간다면 교사와 학생들 모두 더 안정적이고 편안한 환경에서 학교생활을 할 수 있습니다.

---

| Tip | 활용하면 좋은 그림책 |
| --- | --- |

『약속』(재미난책보 글, 어린이아현) 학급 일과 활동 후에, 학급 일과도 우리 학급의 약속임을 알려 주며 읽을 것을 추천한다.

『약속은 대단해』(선안나, 미세기) 학급 일과 활동 전에 우리 학급에서 약속을 정해 보자고 하면서 읽으면 좋다.

# 3장
# 쟤는 왜 저럴까?

다름을 이해하고 존중하기

단이 : (끙끙대며 공예품을 만들다가) 아, 잘 안 되네.

솔이 : (단이를 보고 지나간 후, 다른 친구에게) 내 것 좀 봐 봐. 이 부분이 좀
       덜렁이긴 하는데 그래도 괜찮겠지?

단이 : 솔아, 너 너무하지 않냐?

솔이 : 어? 갑자기? 내가 뭐가 너무하다는 거야?

단이 : 됐어. (엉엉 운다.)

솔이 : (매우 당황해하며) 단아, 왜 그래? 왜 울어? 지금 나 때문에 우는
       거야?

단이 : (계속 울다가 울음을 잠시 멈추며) 나는 네가 뭐가 잘 안 되면 도와
       주는데, 너는 내가 잘 안 된다고 하는데도 그냥 지나쳤잖아.

솔이 : 아, 그랬어? 나는 네가 도와주길 바라는지 몰랐어.

단이 : 네가 그럴 때마다 나는 정말 서운하다고.

솔이 : (이해가 안 된다는 표정으로) 그게 뭐가 서운한지.

## 다름은 차이일 뿐 틀린 것이 아닙니다

교실이라는 공간에서는 다양한 아이들이 만나 생활합니다. 생김새는 물론이고, 기질과 성향도, 성장 배경도 다르고 사고방식도 다릅니다. 그렇기에 '나는 안 그러는데 쟤는 왜 저럴까' 싶은 상황들이 종종 생깁니다.

단이와 솔이는 서로 단짝이지만, 성향은 다릅니다. 매번 친구의 상황을 살피고 도와주는 성향의 단이는 솔이가 자기 어려움을 보고 그냥 지나친 것이 너무도 서운합니다. 반면 솔이는 그런 걸 서운해하는 단이를 이해할 수가 없고요. 각자 만들기를 하고 있었고, 도움이 필요하면 도와 달라고 말하면 된다고 생각했기 때문입니다.

각자가 자신이 살아온 방식에 따라 해석하다 보면 오해와 갈등은 생겨나기 마련입니다. 사람들은 저마다 자기가 보고 싶은 것만 보고, 듣고 싶은 것만 듣습니다. 객관적인 사실을 보고도 각자의 경험을 바탕으로 주관적인 의미를 부여하고, 자신이 중요하다고 판단하는 것을 중심으로 움직입니다.

다름은 차이일 뿐 틀린 것이 아닙니다. 그런데 사람들은 종종 '나는 옳고, 너는 틀렸어'라는 말로 자신과 다른 남을 판단합니다. 민트초코를 좋아하는 친구에게 "너는 왜 그런 맛을 좋아해?"라고 이해할 수 없다는 듯이 말하면, 그 친구는 존중받는다는 느낌을 못 받겠지요. '너는 그렇구나'라며 타인의 특징이나 성향, 생각 등을 있는 그대로 받아들이는 것이 바로 '다름 존중'입니다.

타인과 자신을 있는 그대로 바라보면 친구 관계가 훨씬 편안해집니다. 또한 다른 사람의 관점을 듣고 그 시선으로 바라보는 경험이 쌓이면 공감 능력이 발달합니다. 다름을 인정하면 문화의 다양성을 이해하기도 쉬워집니다. 서로 다른 문화가 함께하는 공동체일수록 학생들은 더 잘 포용하고 빠르게 갈등 관계를 회복합니다.

다름을 이해하는 일은 어린 학생들에게 어려운 과제입니다. 그래서 학급에서 활동을 통해 이를 배우고 연습할 기회가 필요합니다.

## 정글 속 동물이 된다면?

타인의 처지를 이해하고 공감하려면 상당한 상상력이 필요합니다. 동물이 되어 보는 설정은 이러한 상상력을 자극해 주며 즐거움도 선사하지요.

네 가지 종류의 동물을 보여 주며 하루 동안 어떤 동물이 되어 보고 싶은지 고르게 합니다. 학생들의 선택은 각기 다르고, 혹여나 같은 동물을 선택했더라도 선택한 이유는 다 다릅니다. 각자의 선택과 이유를 들여다보면서 서로 다르다는 사실에 흥미로움을 느낍니다. 그리고 다름을 있는 그대로 인정하는 경험을 합니다.

## 정글 속의 다양한 동물

- 활동 목표 : 우리는 모두 다르다는 것을 이해한다. 다름을 이해 하는 것을 넘어 서로의 장점을 칭찬하고 격려할 수 있다.
- 활동 시간 : 30~45분
- 준비물 : 네 가지 동물 학습지 또는 아래 템플릿이 적힌 큰 종이, 네 가지 색 매직, 동물 인형 또는 사진(사자, 카멜레온, 독 수리, 거북)

| 사자가 되고 싶은 이유 | | |
| --- | --- | --- |
| | | |
| 아래 동물을 선택하지 않은 이유 | | |
| 카멜레온 | 독수리 | 거북 |
| | | |

- 활동 방법

1) 학생들에게 사자, 카멜레온, 독수리, 거북 네 마리 동물 사진을 보여 주면서 질문한다.

"하루 동안 한 가지 동물이 될 수 있다면, 어떤 동물이 되고 싶나 요?"(깊이 생각하지 않고 1분 정도 시간 후에 손을 들게 한다.)

2) 손을 든 대로 모둠을 구성한다. 교실을 네 부분으로 나누어 모둠 활동을 하도록 한다.

3) 같은 동물을 선택한 학생들끼리 모여서 위의 템플릿을 작성한다.
- '○○을 선택한 이유' 아래에 그 동물이 되고 싶은 이유를 적는다.
- '○○을 선택하지 않은 이유' 아래에 왜 되고 싶지 않은지 동물별로 그 이유를 적는다.
4) 다 작성하면 한 모둠씩 돌아가며 정리한 내용을 발표한다.
5) 듣는 사람들은, 발표자의 이야기를 들으면서 어떤 생각, 느낌, 결심이 생기는지 생각하면서 듣는다. (자신들이 선택한 동물들에 대해 친구들이 부정적으로 이야기할 때 반응하는 것이 발표에 지장이 없다면 반응을 표현하고 경험하게 한다.)
6) 한 팀의 발표가 끝나면 듣고 있던 다른 모둠 학생들의 생각, 느낌, 결심을 들어 본다.
7) 네 팀의 발표가 끝나고 아래 질문들을 던지며 이야기를 나누어 본다.

"자신이 선택한 동물에 대해 다른 팀이 부정적으로 이야기할 때 어땠나요?"

"우리가 모두 같은 동물을 선택한다면 정글은 어떻게 될까요?"

"우리 반 모두의 생각이 같다면 교실은 어떤 모습일까요?"

"우리가 서로 다른 것이 학급에서 함께 배우고 생활하는 데 어떤 도움이 되나요?"

"이 활동을 하는 목적은 무엇이라고 생각하나요?"

"수업이나 학급회의 시간에 친구가 나와 다른 생각을 발표할 때 어떤 마음가짐이 필요할까요?"

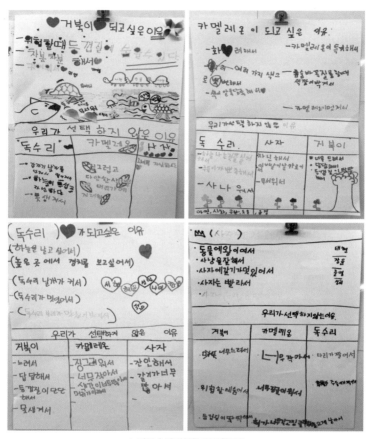

▲ 정글 속의 다양한 동물 활동지

　저학년과 이 활동을 할 때는 네 가지 동물에 관한 이야기를 충분히 브레인스토밍한 후에 어떤 동물이 되고 싶은지 선택하게 해야 합니다. 저학년의 경우 영향력이 있는 친구가 선택한 것을 따라 하는 성향이 강하기 때문에 '하루 동안 되고 싶은 동물' 이름을 붙임쪽지에 적게 하거나, 눈을 감게 하고 손을 들어 고르면 좋습니다.

정글 속 다양한 동물 활동 후에 '우리 반 모두의 생각이 똑같다면 교실의 모습은 어떠할지', '우리 반 친구들의 생김새와 성격, 좋아하는 것과 잘하는 것, 생각 등이 서로 다르면 어떤 점이 좋을지'에 대해 토론하면서 '다름 존중'의 의미를 내것으로 만드는 소중한 경험을 갖게 됩니다. 그 경험을 바탕으로 학급에서는 서로 다름을 존중하기 위해 우리가 '채워야 할 것'과 '비워야 할 것'을 모아서 존중의 약속으로 만들어 볼 수도 있습니다.

　또한 추가 활동으로 내가 고른 동물의 단점을 보완할 방법을 찾거나 다른 동물의 장점을 합쳐서 새로운 동물을 만들고 발표하는 방법도 있습니다. 예를 들면 날개 달린 거북이와 같은 것이죠. 이 거북이의 좋은 점은 육지, 바다, 하늘을 모두 아우르면서 자유롭게 날 수 있다는 것입니다. 나와 다른 친구의 성격, 생김새, 강점 가운데 내가 가지고 싶은 점을 내가 선택한 동물과 결합해 보는 활동을 통해 서로에게서 배울 점을 찾는 안목을 기르는 시간이 될 수 있습니다. 나와 다른 것이 불편하고 이상한 것이 아니라, 각자의 개성이고 또 강점이 될 수 있음을 배웁니다. 더불어 다양성을 존중하고 어우러져 살아가는 사회인으로 한 걸음 나아갈 수 있습니다.

날개 달린 거북이

# 다름 존중이 학급의 문화로 자리 잡기까지

다름 존중 활동을 한두 시간 지도했다고 해서 아이들이 곧바로 다름 존중을 실천하지는 않습니다. 학급살이 틈틈이 다음과 같이 소소한 활동을 통해 아이들에게 알아차리게 해 주면 좋습니다. 예를 들면 타고난 성격 차이로 사소한 오해가 생겼을 때, 두 친구를 불러 '혼자 팔짱 끼기'를 해 보도록 합니다. "우리가 팔짱을 끼면 오른팔이 위로 올라오는 게 편한 사람, 왼쪽 팔이 위로 올라오는 것이 편한 사람이 있어요. 이것은 서로 다른 것이지 누가 틀린 것은 아니죠"라고 말해 줄 수 있습니다. 서로 성향이나 행동 방식이 달라 생길 수 있는 오해일 뿐, 친구가 상대를 미워하거나 속상하게 하려고 일부러 한 행동이라고 해석할 필요가 없다는 것을 시각적으로 느끼도록 해 주는 것입니다.

특히 '공정과 평등' 활동은 친구의 다름에 대한 배려를 '편애'로 인식하지 않고 '포용'으로 인식할 수 있도록 지도하는 데 매우 효과적인 활동입니다. 칠판 위쪽 손이 잘 닿지 않는 곳에 카드를 부착한 뒤 '키가 작은 친구'와 '키가 큰 친구' 가운데 카드를 먼저 떼는 학생이 이기는 게임을 진행합니다. 아이들은 곧바로 "선생님, 이건 불공평해요"라고 말합니다. 다름을 인지했다면 이 상황에서 어떻게 판단하고 행동해야 하는지를 배울 수 있습니다. 공정과 평등의 개념을 선명하게 구분할 수 있도록 도와주는 이미지 사진을 첨부합니다.

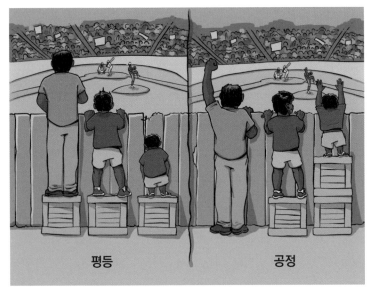

평등          공정

출처 : Illustrating Equaity VS Equity-by IISC

● 다름 존중에 관한 활동 예

• **미스터리 물건 추측하기** : 눈으로 보이는 것과 실제 느낌이 다른 특이한 물건을 상자에 넣고 돌아가며 손으로 만져 보고 맞추기

• **혼자 팔짱 끼기** : 팔짱을 낄 때 어느 손이 위로 올라오는지 말하기

• **깍지 끼기** : 왼손과 오른손을 동시에 깍지 낄 때 어느 손의 엄지가 위로 올라오는지 관찰하고 모둠 친구와 나누기

• **손톱을 깎을 때** : 어느 손가락을 먼저 깎는지 살펴보기

• **바지 입을 때** : 어느 발을 먼저 넣는지 말하기

• **공정과 평등** : 카드를 칠판 위에 붙여 놓고 키 큰 아이와 키 작은 아이가 같은 조건에서 떼게 하기

이처럼 다름이라는 것은 서로의 차이일 뿐이고 틀린 것이 아니라는 것, 그리고 다름을 존중하면 타인을 이해하는 나의 시선과 행동이 더 편안해진다는 것을 아이들은 학급살이를 하는 내내 조금씩 배우고, 연습해야 합니다. 특히 다름을 이해하고 실천하는 것은 내가 손해를 보는 것이 아니라, 긍정적인 교우관계 형성에 도움이 된다는 사실을 경험하는 것이 중요합니다. 교실 안에서 발생하는 많은 문제는 갈등이 아닌 자연스러운 현상으로 자리 잡게 되고, 이는 개별성과 다양성이 존중받는 문화 형성을 돕겠지요. 결국 다름 존중이란 나와 타인을 동시에 존중하고 아끼는 모습입니다.

| Tip | 활용하면 좋은 그림책 |
|---|---|

『틀린 게 아니라 다른 거야!』(최영미, 고래가 숨 쉬는 도서관) 친구의 생각이 자기 생각과 다르다고 해서 틀린 것이 아님을 생각할 수 있는 기회를 준다.

『이상한 집』(이지현, 이야기꽃) 사는 사람에 따라 다양한 모습을 가진 집들이 나온다. 집들의 모습은 그 속에 사는 사람만큼 다양하다. 이상한 집에 사는 사람들의 다양한 모습은 그냥 다를 뿐, 이상하지 않다는 것을 자연스럽게 깨닫게 해 준다.

"우리는 다르기 때문에 함께 성장한다."

# 4장
# 나는 우리 반 '매니저'야
의미 있는 역할이 주는 선물

1반 선생님 : 선생님들! 애들 1인 1역 잘해요? 우리 반은 잘 안 돼
서……. 시키는 것도 한두 번이고 하교 후에 제가 다하
고 있다니까요.

2반 선생님 : 아이고, 선생님이 다 짊어지고 하면 힘든데……. 저는
교실 게시판에다 점검표를 만들어 놓고 철저하게 시켜
요. 그냥 두면 애들이 안 하죠.

3반 선생님 : 아, 점검표를 누가 점검해요?

2반 선생님 : 반장도 하고, 저도 하고 그래요.

3반 선생님 : 저희 반은 그나마 잘 돌아가는 것 같아요. 자기들이 역
할에 직업 이름도 붙였다니까요. 자기가 하고 싶은 것
위주로 맡았더니 재미있게 하더라고요.

1반 선생님 : 하고 싶은 것 위주로 어떻게 맡겼어요?

학급이 잘 돌아가기 위해 우리 아이들이 교실에서 해야 할 일들이 꽤 있습니다. 칠판도 닦아야 하고, 학급 문고도 정리해야 하고, 재활용 쓰레기 분리 수거도 해야 하고, 게시판 관리에 교실 청소, 거기다 화분에 물도 주어야 하죠. 이것을 교사가 다 할 수는 없습니다. 그래서 함께 생활하는 모두가 공동의 책임을 지고 역할을 하도록 1인 1역을 배정합니다. 그런데 혹시 이 역할들을 교사가 일방적으로 정해 주지는 않나요? 학생들이 잘할 수 있고 좋아하는 역할이 아닌, 학급에 필요한 역할 위주로 배정하여 의무감만 강요하지는 않았을까요?

## 나와 학급 사이

학급은 학생이 만나는 첫 공동체이자 작은 사회입니다. 스무 명 남짓 구성원이 각자의 퍼즐 조각을 가지고 하나로 그림을 맞추어 가는 과정이 학급살이입니다. 자기 조각이 제자리를 잡고 하나의 그림을 완성해 가려면, 학급에 연결되려는 마음과 자기 몫으로 기여하려는 태도가 필요합니다. 이는 우리 학생들이 학급 안에서 획득해야 할 소속감, 존재감과 관련이 있습니다.

학생들은 학급에서 어떤 경험을 통해 소속감과 존재감을 획득할 수 있을까요? 교사로서 학급이라는 작은 사회를 담당하고, 부모로서 가정을 꾸릴 때 우리 아이들이 자기 몫의 역할을 하도록 기회를 주는 것은 중요합니다. 공동체의 일원으로서 어떤 역할을 맡아 기여해 본 경험이 많은 사람은, 학교에서는 물론 사회에 나가서 유능함과 책임감을 더 잘 발휘할 것이니까요.

## 의미 있는 역할 정하기

사회에 필요한 여러 직업이나 역할을 어느 한 사람이 일방적으로 정하지는 않습니다. 역할을 맡는 사람이 자발적으로 선택해야 하지요. 교실도 마찬가지입니다. 교사가 일방적으로 정해 놓은 1인 1역을 배당받는 대신 학생들 스스로 학급에 필요한 역할을 찾아서 제안하고 목록화하는 것이 좋습니다. 그런 다음에는 자기 능력을 발휘할 수 있는 역할을 선택하도록 합니다. 이렇게 하면 학생들이 동기를 얻어 실천하기에 훨씬 효과적입니다.

이를 위해 긍정훈육 방법으로 학급 안에서 소속감을 느끼면서 학급에 기여할 수 있는 '의미 있는 역할'을 고안하였습니다. 학생들을 역할 수행의 주체로서 참여시켜 소속감과 존재감을 경험할 수 있게 합니다. 이로써 학급 운영이 원활해지고, 공동체 의식도 자리를 잡아 갑니다.

많은 교사가 '1인 1역'과 '의미 있는 역할'을 혼동하거나 비슷하게 여깁니다. '학급에 필요한 일을 정해 놓고, 한 가지씩 맡아서 책임감 있게 해내는 것이 아닌가?' 싶지만 분명 둘은 다릅니다.

먼저 학급에 필요한 역할이 무엇인지 교사와 학생이 함께 생각을 나눕니다. 이 과정에서 학생들은 내가 잘할 수 있거나 도전해 보고 싶은 역할들을 무한히 생성해 냅니다. 때로는 교사가 미처 생각하지 못한 역할까지 찾아냅니다. 재미있는 반을 바라며 가이드라인을 짰다면 개그맨이라는 역할을 제안할 수도 있고, 음악에 진심인 학생은 디제이 역할이 있으면 좋겠다고 말합니다. 반면 이런 활동이 낯설고 취지를 잘 모르는 학생들은 역할을 찾는 것을 막막해하거나 청소 위주의 역할만 제시할 수도 있습니다. 이럴 때는 기존에 의미 있는 역할을 실천한 다른 학급의 예시를 보여 주면 도움이 됩니다. 이렇게 학생들이 의미 있는 역할의 목록을 생각해내는 것부터 하면 학급살이에 관심이 생깁니다. 아울러 함께 생각하고 결정한 역할들을 충실하게 해낼 당위성도 갖게 됩니다.

그렇게 작성한 역할들에 학생들과 함께 재미있고 독특한 직업명을 붙여 줍니다. 이름 짓기는 재미있을 뿐 아니라 역할에 대한 애착을 가지게 합니다. 각 직업을 어떻게 수행할지 직업 안내문도 모둠별로 나누어 작성합니다. 그냥 알아서 역할을 수행하라고 하면 하는 사람별로 활동이 천차만별일 것이지만, 나름의 직업 안내문을 정리하면 해당 직업을 수행할 때 무척 편합니다.

다음에는 각각의 직업을 맡을 사람을 정합니다. 직업을 희망하는 학생이 가져가는 것이 원칙이겠지만, 희망자가 많을 경우가 늘 고민이지요. 이 역할 수행을 통해 소속감과 존재감을 경험하도록 하려면 자신이 잘하는 것을 하는 것이 중요합니다. 그래서 내가 이

역할을 잘할 수 있다는 것을 피력하며 구성원들의 지지를 받는 과
정이 있습니다.

### 의미 있는 역할 정하기

- **활동 목표** : 학급에 필요한 역할을 직업으로 만들어 소속감을 느끼고 기여하게 한다.
- **활동 시간** : 80~160분
- **준비물** : 붙임쪽지, 매직, 이젤 패드나 전지 한 장
- **활동 방법**

1) 전지에 시간별 및 장소별로 구분한 후 교실 벽에 붙인다.
2) 각 시간과 장소에 필요한 역할을 붙임쪽지 한 장에 한 가지씩 적어 붙이도록 한다. (살펴보며 더 추가해야 할 역할이 있다면 보충하여 적는다.)
3) 위 자료들을 바탕으로 의미 있는 역할 목록을 정리하고, 각 역할에 어울리는 직업명을 함께 정한다.
4) 역할별로 해당 역할이 할 일, 시기와 장소, 필요 인원, 학급에 기여하는 점 등을 '직업 안내문'에 작성한다. 반 전체가 할 수도 있고 모둠별로 나누어 작성한 후 전체에게 공유하여 안내문 내용을 보완한다.
5) 희망하는 직업에 지원하기 위해 '의미 있는 역할 지원서'를 작성한다. 직업 수가 많다면 여러 직업을 신청할 수 있다.

"셰익스피어라는 유명한 작가는 '누구나 세상이라는 무대에서 한 가지 역할을 맡지 않으면 안 된다'라고 말했습니다. 우리 반이라는 무대에서 나는 어떤 역할에 흥미가 있는지, 어떤 역할을 맡으면 열심히 해서 공동체에 기여할 수 있을지 신중하게 고민한 뒤 지원서를 써 주세요."

6) 직업별로 희망자의 신청서를 보고 직업을 수행할 사람을 함께 선정한다. (공개 인터뷰를 통해 적임자를 선정할 수도 있고, 신청서를 비공개로 읽어 준 후 구성원들의 지지(투표 또는 눈 감고 거수)를 얻어 선정할 수도 있다.)

( Tip )  지원서 작성 전에 한 번씩 여러 역할을 경험해 보기 위해 인턴 기간을 가질 수 있다. 관심 있는 여러 역할을 한 번씩 수행해 봄으로써 내가 지원하고 싶은 역할을 탐색할 기회를 준다.

< 직업 만들기 >
■ 하는 일 / 인원 / 직업 이름

• 급식 검사 / 2 / 급식왕
• 복도 청소 / 2 / 복도의 제왕
• 웃겨 주고 위로해 주고 / 2 / 박나래
• 수업 사진 찍기 / 1 / 굴신
• 교실 바닥 청소 / 2 / 고벤저스
• 직업 활동 체크 / 2 / 스파이더 맨
• 창틀 청소 / 2 / 창틀맨
• 물건 주인 찾아 주기 / 1 / 명탐정 코난
• 신·사·서·가 체크 / 1 / 신·사·임·당
• 불, 난방 끄기 + 문 닫기 / 1 / 꼬부기
• 칠판 + 시간표 / 1 / 이로칠색조

• 고민, 걱정 들어주기 / 1 / 너의 고민은
• 야외 쓰레기 줍기 / 3 / 쓱쓱쓱
• 시간 알려주기 / 1 / 타임스톤
• 친구들 뛰지 않게 / 1 / 여기 뛰나 건다
• 전체 체크 / 1 / 비서
• 선생님께 환호 / 3 / 팬클럽
• 싸글 말림 / 2 / 마동석
• 1학년 돕기 / 2 / 내비게이션
• 게시판 / 1 / 게판
• 선생님 심부름 / 1 / 모티스

▲ 의미 있는 역할 이름 예시

(I) 명

## 공기 청정기/교실 환기

✏ 언제 / 무슨 일을
1. 학교올때마다
2. 매 시간마다
3. 창문열기

🐨 잘하려면 필요해요
1. 미세먼지나 날씨를 잘알
아야 됨

친구, 선생님에게
이런 도움이 돼요.
1. 교실안에 있는 바이러스가
빠져나가 쾌적해진다.

역대 선배들
1. 고나윤

나도 이렇게 성장해요.
1. 날씨를 잘알고 항상
시간마다 환기를 잘 시킬수
있다.

역대 경쟁률 / 난이도
1.

▲ 직업 안내문 예시

| 내 이름 : | 의미 있는 역할 지원서 |
|---|---|
| 내가 하고 싶은 역할은 무엇인가요? | |
| 이 역할에 어울리는 별칭(별명)은? | |
| 이 역할을 언제, 어떻게 할 계획인가요? | |
| 내가 이 역할을 잘할 수 있는 까닭은 무엇인가요? (경력, 경험) | |
| 이 역할이 우리 반에 도움 되는 점은? | |
| 이 역할을 통해 내가 성장하는 점은 무엇인가요? | |
| 주의할 점이나 친구들이 도와줄 점은 무엇인가요? | |
| 나를 이 역할로 추천한 사람은? | |

▲ 의미 있는 역할 지원서

## 이상과 현실 사이

모든 의미 있는 역할에 필요한 만큼 지원자가 나오면 좋겠지만 현실은 그렇지 않습니다. 역할을 정할 때는 신이 나서 만들지만, 막상 지원자를 받을 때는 힘들거나, 표 안 나는 사소한 일이라고 여겨지는 역할에는 지원자가 없기 일쑤입니다. 교실 청소가 대표적인데 꼭 필요한 역할이긴 하지만 시간과 에너지를 많이 들여야 하는 일인 데다 금세 지저분해지는 교실의 모습에 누구나 지치기 마련입니다. 처음 정할 때는 의욕적인 학생이 있다고 해도 다음 기수 역할을 정할 때 지원자가 뚝 떨어집니다.

자발성과 필요성 사이에서 많은 교사가 고민해서 내린 결론은 다음과 같습니다. 학생들 사이에 인기는 없고, 지원자가 없지만 꼭 필요한 직업은 의미 있는 역할에서 제외합니다. 모두가 함께해야 하는 일로 구분하여 당번제로 돌리는 것이지요. 자기 자리 청소는 일단 자기 몫이고, 그 밖에 청소 영역은 모둠별로 순서를 정하거나 무작위 뽑기로 담당을 정할 수도 있습니다. 운용의 미는 다양하게 나타날 수 있겠지요. 공동체의 일원으로서 책임감을 느끼고 모두가 돌아가며 수행하는 것도 필요하고, 이를 통해서도 소속감과 존재감은 길러집니다.

역할 담당 학생이 결석하면 이가 빠진 학급이 됩니다. 이런 경우를 대비해 예비 역할('대신 맨'이라고도 함)도 미리 세워 두면 효과적입니다. 빈자리를 채우며 서로의 역할에 고마움이 생깁니다. 그 학생은 결석한 친구가 없을 때는 매일 돌아가며 하나의 역할을 도와줄 수도 있습니다.

# 직업 변경 가능한가요?

의미 있는 역할 실천 주기를 정하는 데는 다양한 방식이 있습니다. 자리를 바꾸는 주기와 일치시켜 조정하기도 하고, 분기별, 학기별로 역할을 유지하기도 합니다. 학급이 여섯 모둠일 때 매주 모둠별로 한 바퀴 돌고 나면 6주가 되기에 6주 간격으로 직업을 변경하기도 합니다. 마지막 주간에 새로운 역할 교체를 위해 그동안의 활동들에 관한 소감을 공유합니다. 이미 있는 역할을 합친다거나 새로운 역할을 추가할 수 있고, 역할별 인원수를 조정하는 등 다양한 의견들이 나옵니다. 또 직업 활동을 하면서 느낀 점, 본인이 성장한 부분, 아쉬웠던 점을 발표하면서 자신의 실천을 되돌아보고, 최선을 다해 역할을 해낸 모두에게 고마움을 전합니다. 무엇보다도 공동체에 기여한 자신을 격려하는 시간은 꼭 있어야 합니다.

누군가는 직업이 유지될 수도 있고 또 변경될 수도 있습니다. 기존에 해당 직업을 했던 학생은 다양한 상황을 겪고 대응하면서 나름의 노하우가 있을 것입니다. 역할을 새롭게 교체하기 전에 전임자가 자기 노하우를 전수하면 다음 역할자에게 힘이 됩니다. 후임자를 배려하는 따뜻한 문화가 되겠지요.

"모든 사람은 공동체의 일원으로서 의미 있는 공헌을 할 수 있다."

# 존재 이유를 빛나게 해 주는 역할

존재 이유를 빛내는 역할도 있습니다. '팬클럽', '방청객', '헬퍼', '공예가', '사진작가'처럼 학급살이에 꼭 필요한 역할은 아니지만, 있으면 더 즐겁고 행복한 역할이지요. 그 아이들 덕분에 교과 전담 선생님이나 외부 강사님께서 수업하러 오실 때 열렬히 환호하고 환영해 주니 학급의 분위기가 유쾌해집니다. '방청객' 역할은 친구의 발표에 긍정적으로 반응해 주며 기를 살립니다. 손재주가 좋은 친구는 '공예가'가 되어 친구들에게 무언가를 만들어 주며 기쁨을 나눌 수 있습니다.

다문화 학생이 전학을 왔다면 낯선 교실에서 언어 소통이 되지 않아 소속감을 느끼기가 쉽지 않습니다. 이때 '의미 있는 역할'이 그 학생의 존재 이유를 찾게 도와줄 수 있습니다. 예를 들어 한국어가 서툰 다문화 학생에게 쉬운 단어를 반복적으로 볼 수 있는 역할을 배정해 주는 것입니다. 시간표와 게시물 교체를 맡으면, 시간표를 교체할 때마다 한글을 한 글자씩 읽으면서 교과와 연결 지을 수 있습니다. '주간급식 안내' 게시물도 관리하면서 급식 메뉴를 읽고 식단의 표현을 익히는 데 도움을 받을 수 있지요.

의미 있는 역할은 교실이 역동적으로 살아 숨 쉬게 하는 윤활제와 같습니다. 교사 혼자가 아니라 학생 개개인이 모두 교실의 주인이 되기 때문입니다. 주인이 된다는 것은 권리와 책임을 함께 가진다는 것을 의미합니다. 행복한 우리 학급의 주인이 되는 '권리'와 그 학급을 위해 스스로 역할을 맡아 공헌하는 '책임'을 가능하게 하는 것이 의미 있는 역할입니다. 학급이라는 작은 사회 속에서 공적 자아가 성장하는 경험을 갖게 되는 셈이죠. 학생 한 명 한 명이 빛나는 교실로 가는 길, 의미 있는 역할과 함께하면 가능합니다.

---

**Tip**　　　　　**활용하면 좋은 그림책**

『**치킨 마스크**』(우쓰기 미호, 책읽는곰) 자신감과 존재감이 부족한 아이들에게 따뜻한 격려의 마음을 담아 쓰고 그렸다. 의미 있는 역할 활동을 하기 전에 읽으면 좋다.

『**14마리의 겨울나기**』(이와무라 카즈오, 진선아이) 각자의 역할을 해내고 행복하게 살아가는 이 이야기는 역할 분담 전에 읽어도 좋다. 학기 중에 읽으면, 학생들이 '의미 있는 역할'의 중요성을 되새기는 데 도움이 된다.

---

# 5장
# 한배를 타고서

협력하는 관계 만들기

교사 : 이 활동은 모둠 친구들과 함께 해결해 보자. 자, 모둠 배치하세요.

진주 : 선생님, 발표 순서는 어떻게 해요? 역할은 어떻게 나눠요?

교사 : 모둠 1번부터 하면 되고요. 역할은 진행, 기록, 전체 발표, 자료 준비 총 네 가지니까 자기가 하고 싶은 역할 자원해서 하면 됩니다. 서로 잘 조율해서 맡아 보세요.

(몇 분 뒤)

하율 : 선생님! 제가 '기록이'를 하고 싶다고 먼저 말했고 다른 건 어려운데, 진주도 자기가 '기록이'를 하고 싶다고 하고 다른 건 절대 안 하고 싶대요. 그럼 어떡해요?

민찬 : 선생님, 우리 모둠에 유미는 아무 말도 안 해요. 무슨 말이라도 해 보라는데도 그냥 가만히만 있어서 지금 아무것도 못 정했어요.

세진 : 아니, 선생님! 이거 그냥 각자 알아서 하면 안 돼요? 여럿이 같이하려니까 더 어렵고 복잡해지는 것 같아요.

지후 : 무슨 소리야. 혼자 하기에는 너무 많아. 그리고 같이해야 재미있잖아. 저희 모둠은 잘되고 있어요. 이대로 해요, 선생님.

학생들은 낮 시간의 절반 이상을 학교에서 보냅니다. 학급 안에서 경험하는 많은 것들이 자기 생활에 큰 영향을 주지요. 한데 모여 함께 공부하고 생활하니 서로는 서로에게 성장을 촉진하는 고마운 존재입니다. 교사 역시 학생들이 서로 좋은 영향을 주고받으며 상호 협력하기를 꿈꿉니다. 그래서 서로를 위하고 의지하면서 잘 배워 나가도록 짝 활동을 시작으로 다양한 모둠 활동과 공동 작업을 진행합니다. 공동체 역량도 키우고 협업 능력이 향상되기를 기대하면서요.

하지만 모둠 활동이나 다수의 공동 작업은 생각처럼 쉽지 않습니다. 서로 다른 인격체들이 만나 다른 경험치를 가지고 활동하다 보니 역할 맡는 것부터 시작해서 함께 대화 나누고 정리하는 과정까지 모두 서툴고 삐걱거립니다. 하지만 힘들고 삐걱거린다고 여러 역량을 기를 수 있는 이 과정들을 포기할 수는 없겠지요. 새로운 시도가 잘 안 먹히는 이런 순간이야말로 긍정훈육의 지혜를 발휘할 수 있는 장면이 될 것입니다.


## 협력의 반대말은 무엇일까?


협력이라는 말은 정말 멋진 단어입니다. 한자어를 보면 힘을 합하여 서로 돕는다는 뜻을 담고 있고, 사람이 사는 모든 곳에서 이 협력은 정말로 필요하고 유용한 가치입니다. 어떤 말의 의미와 가치를 헤아려 보고자 할 때 그것과 반대되는 개념을 찾아보면 도움이 됩니다. 그래서 학생들에게나 또 교사들에게 협력과 반대되는 개념을 찾아보라고 물어보면, 대개는 경쟁이라는 단어를 답합니다. 언어적 관점에서 말하는 반대어 조건에 부합하는 단어는 아니지만, 개념 면에서 보자면 협력을 저해하는 요인으로 경쟁적인 요소가 분명히 있기는 합니다.

긍정훈육에서는 협력의 '력'力에 주목해서 비협력의 의미를 설명합니다. 협력은 힘을 합하는 행위인데, 협력이 안 된다는 것은 힘을 합하는 것이 아닌 자신의 힘을 홀로 드러내거나 과시하기 때문이라고 보는 것이지요. 그래서 자신의 힘으로 타인을 통제하려는 행동을 협력의 반대 개념으로 설정해서 다룹니다.

누군가의 통제와 간섭, 또는 지적받았을 때 함께하고 싶은 마음이 사라집니다. 내가 스스로 하려고 마음먹었던 나의 일조차 누군가가 하라고 지시하거나 독촉하면 마음에서 왠지 모를 저항감이 일어 열심히 안 하고 싶어집니다. 외부의 통제나 간섭에 공격적인 태도를 보이기도 하지요. 반면 내가 누군가를 통제하거나 간섭하고 싶은 상황이 있기도 할 것입니다. 그럴 때는 마음에 조바심이나 불안감이 들고 언짢거나 답답함을 느끼기도 합니다. 상대에 대한 불신이나 비판적인 관점이 자리 잡고 있음에도 스스로 알아차리지 못한 채 통제하려고 행동하는 것이지요. 결국 여러 사람이 함께 무언가를 하려고 할 때는 서로의 견해 차이나 다름에서 오는 역동을 건강하게 다루는 것이 중요합니다. 이 부분을 잘 해결해야 함께 협력을 이룰 수 있습니다.

　다음의 협력 탐구 활동을 하면서 아이들은 협력을 저해하는 상황, 즉 통제받게 되거나 통제를 하게 되는 상황들을 겪었던 기억을 떠올릴 수 있습니다. 그때 들었던 생각, 감정, 반응, 결심 등을 살펴보면서 우리 안에 숨겨져 있던 힘을 우리가 어떻게 사용하는지, 또 그에 대해 어떻게 반응하는지를 파악하게 됩니다. 그렇게 탐구하는 과정에서 자연스럽게 협력을 위해 어떤 태도를 가져야 하는지 깨닫게 되지요.

---

**활동**

### 협력 탐구

- **활동 목표** : 관계에서 우리가 어떻게 힘을 사용하고 반응하는지 살펴보고 힘이 균등하게 나누어져 있을 때 문제 해결과 협력에 효과적임을 발견한다.
- **활동 시간** : 40분
- **준비물** : 아래 차트가 그려진 큰 종이

| | 감정이나 생각 | 어떻게 반응하는지 /무엇을 하는가? | 배운 것/ 결정한 것 |
|---|---|---|---|
| 누군가가 나를 통제하려 할 때 | | | |

| 누군가를 통제하려 할 때 | | | |
|---|---|---|---|
| 함께 협력해서 일할 때 | | | |

● **활동 방법**

1) 위 차트를 준비하고, 첫 번째 행의 상황을 제시한 뒤 각 열의 질문을 해 가면서 학생들의 응답을 해당 칸에 기록한다.

"누군가가 나를 통제하려고 할 때, 어떤 생각과 감정이 드나요? 그리고 어떻게 반응하였나요? 그 상황에서 무엇을 배웠고, 혹은 어떤 것을 결심하였나요? 깨달은 점은 무엇인가요?"

2) 두 번째 행의 상황을 제시한 뒤 각 열의 질문을 해 가면서 학생들의 응답을 해당 칸에 기록한다.

"여러분이 다른 사람을 조정하거나 통제하려고 할 때, 어떤 생각과 감정이 드나요? 어떻게 반응하거나 행동하였나요? 그 상황에서 무엇을 배웠고, 혹은 어떤 것을 결심하였나요? 깨달은 점은 무엇인가요?"

3) 세 번째 행의 상황을 제시한 뒤 각 열의 질문을 해 가면서 학생들의 응답을 해당 칸에 기록한다.

"여러분이 친구들과 협력해서 과제를 완성할 때, 어떤 생각과 감정이 드나요? 어떻게 행동하나요? 무엇을 배웠고, 어떤 것을 결심하였나요? 그것에서 깨달은 점은 무엇인가요?"

4) 차트 기록을 다 마친 뒤 활동을 되돌아본다. 학년 수준에 맞게 질

문하며 각자가 깨달은 점들을 이야기 나눈다.

"통제나 조종에 관한 이야기를 하며 어떤 점을 알게 되었나요? 통제는 힘과 어떤 관련이 있나요? 차트를 보며 지금까지 우리가 함께 문제를 해결하는 가장 효과적인 방법이 무엇일까요? 효과적으로 협력하려면 우리에게 어떤 기술이 필요할까요?"

저학년 학생들과 이 활동을 할 때는 '통제'라는 단어를 이해하지 못해 어려움을 겪기도 합니다. 그럴 때는 '간섭'이라는 단어로 바꿔 말해 주면 의미를 잘 이해합니다. "내가 이것을 하려는데 자꾸 친구가 저것 하라고 간섭하면 어떤 느낌이 드나요?"라고 질문하면, 자신이나 친구들이 간섭하는 행동이 타인을 통제하고 조정하려는 의도가 있음을 인식할 수 있습니다. 한 친구가 자기 마음대로 하려고 하고, 나머지 친구들은 그것에 맞춰 주어야 하는 것이 불편했던 경험들을 공유하면, 그럴 때 어떻게 반응해야 할지, 또 나는 친구들에게 어땠는지 등을 돌아보면서 협력의 마인드를 형성할 수 있습니다.

교사의 수업 진행에 도움이 되는 학생들을 떠올려 보면 그 학생은 아마도 친구들과도 상호 협력을 잘하는 편일 것입니다. 단순히 누구의 말이나 잘 따르고 적응을 잘하는 것과는 분명 차이가 있습니다. 그 학생은 기본적으로 교사를 존중하고 수업에 협력하려는 태도를 보입니다. 무엇보다 학습에 대한 자발적인 의지도 분명 갖추고 있을 것입니다.

무언가를 시켜야만 겨우 하는 학생은 통제받는 것에 길들어 있을 가능성이 큽니다. 그래서 강한 통제가 없으면 스스로 선택해서 실행할 힘이 부족한지도 모릅니다. 그동안 받아 온 지나친 통제에 반항하는 마음이 학교생활 중 수업 시간이나 친구들과의 관계 속에서 툭툭 나타나는지도 모릅니다. 통제에 관한 생활 속 경험을 나누면서 스스로의 행동의 이유를 이해하고 나면 스스로의 행동을 다루기가 더 쉬워질 것입니다.

학생들에게 자발적 의지와 참여, 서로에 대한 존중이 있을 때 그 학급은 협력적인 분위기가 잘 형성될 것입니다. 부모나 교사가 아이들의 자발성을 저해하지 않고 자유 의지를 존중하면서, 꾸준히 나은 방향을 제안하고 요청하는 것이 중요합니다. 존중과 협력의 태도는 존중받는 경험과 협력을 정중하게 요청받는 경험에서 형성될 것이기 때문이지요.

## 협력에 필요한 요소

위 활동에 이어서 바로 해 보면 도움이 되는 매력적인 활동이 있습니다. 마치 놀이처럼 여겨져 더 흥미를 주는 협력 저글링입니다. 이 활동을 통해 협력에 필요한 요소들을 자연스럽게 경험해 볼 수 있습니다. 몇 명의 사람이 함께 '저글링'이라는 미션을 수행해 보면서 실패를 경험하고, 성공하기 위해서 어떤 것들이 필요한지 찾아본 후 이것들을 적용해서 다시 도전하고 연습해 보는 과정을 거칩니다. 흥미롭게도 이 과정에서 아이들은 꽤 현명하고 지혜롭게 협력하는 방법들을 찾고 자연스럽게 행동으로도 이어집니다. 이 작은 활동 하나로 미션을 이루기 위해 서로가 돕고 뜻을 모으는 '협력'을 경험하게 된다니, 놀라지 않을 수 없으실 거예요.

**활동**

## 협력 저글링

• 활동 목표 : 함께하는 저글링 활동을 통해 경쟁 대신 협력을 경험해 보며 협력에 필요한 요소를 파악한다. 또한 연습은 배움을 위해 꼭 필요하다는 것을 이해한다.
• 활동 시간 : 30분
• 준비물 : 5~7개 정도의 주머니 공, 치킨 고무 인형(이상한 물건), 큰 종이, 매직

• 활동 방법
**1) 준비하기**
• 교사가 두 개의 주머니 공을 던지며 저글링을 해 보인다. 이렇게 혼자 하는 저글링을 여러 명이 함께해 볼 것이라고 안내한다.
• 6명 정도의 학생을 원 중앙으로 초대한다. 나머지 학생들은 관찰자가 된다. 저글링을 할 학생들에게 여러 개의 공을 땅에 떨어뜨리지 않고 계속 공중에 떠 있게 하는 것이 목표라고 말한다.

### 2) 저글링 라운드 1

- 원으로 둘러선 학생들은 일반적인 방법(별다른 약속이나 소통 없이)으로 공을 던지기 시작한다.
- 이런저런 시도를 하면서 그룹에 혼란이 일어나면 이제 멈추라고 말한다.

### 3) 멈추기, 되돌아보고 계획 세우기

- 공을 다시 돌려받고, 저글링을 한번 해 봤는데 어땠는지 묻는다.
- 상황이 나아지려면 어떻게 해야 할지 묻는다.
- 저글링을 한 학생들에게 해결을 위해 아이디어를 내 보도록 제안한다. 나온 아이디어들을 종이에 기록한다. 패턴 만들기 (던지는 순서와 방향 정하기), 눈 마주치고 던지기, 던지기 전에 이름 부르기, 천천히 던지기, 포물선으로 던지기 등의 제안이 나올 수 있다. 학생들에게 패턴 만들기 제안이 나오지 않을 경우, 직접 제시하는 것이 중요하다.
- 나온 아이디어들을 다시 살펴보고 어떻게 적용할지 정리해 보도록 요청한다.

### 4) 저글링 라운드 2

- 학생들이 제안한 아이디어들을 적용하여 처음에는 공 하나로 패턴을 연습하게 한다.
- '각 학생은 한 번만 공을 가질 수 있다'라고 알려 준다. 쉬운 방법 가운데 하나로, 공을 받지 않는 사람은 손을 내밀고 있게 하고 공을 받았던 사람은 손을 내려놓게 한다.
- 공을 한 학생에게 주면서 시작한다.
- 마지막에 교사에게 다시 공이 돌아오면 한 패턴이 끝이 난다.

- 누가 누구에게 공을 줄 것인지를 잘 기억하는지 확인한다.

- 더 연습하고 싶은지 물어본다.

- 패턴을 이용하여 저글링을 한 번 더 하게 하고, 익숙해지면 공을 더 투입하여 재미를 높인다.

- 떨어뜨리지 않고 잘할 때까지 연습해 보라고 한다.

### 5) 멈추기, 다시 돌아보기 위해 질문하기

- "어떤 방법을 사용했나요?"

- "관찰한 친구들은 무엇을 알게 되었나요?"

- "이 과정을 통해서 무엇을 배웠나요?"

- "저글링을 하면서 여러분 중 몇 명이 성공했나요?"

- "우리가 연습하고 나서는 어떻게 되었나요?"

- "친구가 놓쳤을 때 어떤 생각이 들었나요? 비난을 들었나요? 기분이 어땠나요?"

- "내가 놓쳤을 때 어떤 생각이 들었나요? 친구들이 나를 어떻게 대해 줬으면 좋겠다고 생각했나요?"

- "연습을 끝낸 지금 혹시 협력 저글링을 더 잘할 수 있는 다른 방법이 있나요?"

### 6) 저글링 라운드 3

- 다시 협력 저글링을 잘할 수 있는 방법들을 사용해서 저글링을 해 보도록 한다.

- 중간에 교사가 주머니 공이 아닌 치킨 고무 인형(이상한 물건 어떤 것이라도 좋다)을 투입하여 저글링이 지속되도록 한다.

- 새롭게 투입된 물건 때문에 절차가 무너져 저글링이 안 되었

다면 멈추고 왜 안 되었는지 생각해 보게 한다.

- 익숙하지 않은 새 물건이 들어왔을 때도 저글링을 잘 유지하려면 무엇이 필요한지 나눈다. 멈추지 않고 저글링이 지속된다는 것은 절차와 시스템이 작동하는 덕분이라고 언급한다.
- 다시 저글링 시도를 할 때, 치킨 고무 인형을 재투입하더라도 저글링이 지속될 수 있기를 바란다는 응원을 함께 전한다.

### 7) 질문을 통해 배운 점 정리 및 소감 나누기

- "협력하여 더 잘하기 위해서는 무엇 무엇이 필요했나요?"
- "각자가 던지고 받는 기술이 달랐을 때 어떻게 맞추려고 노력했나요?"
- "저글링 활동을 우리 교실에 어떻게 적용해 볼 수 있을까요?"
- "만약에 교실에서 예상치 못한 상황이 생겼다면 우리는 어떻게 해결할 수 있을까요?"
- "자꾸 떨어뜨리는 친구에게 필요한 것은 무엇일까요?"
- "저글링이 성공적으로 이어지려면 서로의 실수를 어떻게 다루면 좋을까요?"
- "이 활동을 통해 깨달은 점, 느낀 점 등을 나누어 봅시다."

여럿이 만들어 가는 저글링이 성공하기 위해서는 모두가 잘 던지고 받는 기술이 필요합니다. 또한 타이밍을 맞추는 센스, 방향 및 힘 조절 능력도 있어야 하지요. 이것들을 바로 해내는 사람은 아무도 없겠지요. 또한 학생들에게는 예기치 못한 요소가 와도 흔들림 없이 끌고 갈 힘이 아직 부족합니다.

그러니 학교에서 새롭게 시도하고 경험하는 많은 활동이 처음부터 잘될 수는 없다는 것, 이 사실을 알고 부족한 나와 너를 인정하는 마음이 중요합니다. 누군가는 실수할 것 같다는 두려움, 잘 해내지 못해 공개적으로 망신을 당하지는 않을까 하는 염려를 극복해야 할 수 있습니다. 또 누군가는 나서고 싶거나 튀고 싶은 열망을 약간 눌러야 하는 어려움, 말과 에너지의 속도를 조절해야 하는 어려움을 잘 감당해 내야 할 수도 있습니다. 서로 다른 우리가 만나서 협력하여 하나의 과제를 달성하기 위해 말이지요.

모둠 활동에서 공동의 과제를 해결하기 위해 소통하는 모든 과정은 협력 저글링에서 공을 주고받는 행위와 비슷합니다. 누군가는 그 일이 익숙하고 쉽고(공을 잘 던지고 받는 것처럼), 그래서 강하게 의견을 내기도 하고(공을 세게 던지는 것처럼), 누군가는 소극적으로 반응하며 의견을 내는 것을 익숙지 않아 합니다(공을 잘 받지 못하고 놓치는 것처럼). 협력 저글링을 잘하는 방법을 모색할 때, 던지기 전에 "눈맞춤을 하자, 던지고 받는 순서를 정해서 같은 방향으로 계속 던지자" 등으로 의견을 앞장서서 낸 친구들이 분명히 있을 것입니다. 던지고 받는 연습을 하다가 떨어뜨렸을 때 "괜찮아. 다시 주워서 얼른 해"라고 격려하는 친구가 있는가 하면, "제대로 좀 보고 던져. 자꾸 떨어뜨리면 어떡해"라고 비난하고 핀잔 주는 친구도 있을 것입니다. 무엇이 서로의 마음을 모으게 하고, 어떤 말과 행동이 과제 수행을 원활하게 하는지를 저글링 활동을 하면서 배울 수 있게 합니다.

또한 모둠 속에서 자기 생각이 분명하고 목소리가 큰 친구라고 해서 다 리더로 인정받는 것은 아닙니다. 그 친구의 지시에 저항감을 느끼지 않고 호응해 주고 기꺼이 따라 주는 팔로워가 있어야 리더 역할도 자리매김할 수 있습니다. 리더 역할자가 모둠 구성원의 의견을 물어봐 주고 존중하는 말로 여러 친구의 생각을 모아 준다면 어떨까요? 모두가 편안하게 말도 할 수 있고, 리더가 제시한 의견에도 진심으로 귀를 기울이고 싶어질 것입니다.

협력 저글링 활동은 학생들의 모둠 활동을 비롯한 여러 공동 작업 활동을 하는 데 큰 방향을 제시해 줍니다. 활동 속에서 감각적으로 느낀 후 함께 생각과 감정을 정리한 내용들이 다 협력에 필요한 요소들로 습득될 것이기 때문입니다. 나중에 잊어버리거나 협력의 요소를 놓쳤더라도 이 활동을 떠올리게 하면 금방 자신이 취해야 할 바를 알아차리고 행동하게 될 것입니다.

## 협력에 재미 더하기

인간 매듭 풀기, 고리 옮기기, 모둠 풍선 띄우기, 공 옮기기, 막대 동시에 옮기기 등 협력을 경험할 수 있는 놀이는 많습니다. 이러한 협력 놀이를 통해서 사회적 기술을 배울 수 있다는 것은 교사 대부분이 잘 압니다. 관련 책이나 자료들을 참고하여 놀이를 학급 활동에서 적용한 후에는 저글링 활동에서처럼 놀이 후 몇 가지 질문들을 통해 협력의 의미를 정리해 보면 좋습니다.

지루한 일상에서 반 친구들과 재미있게 추억을 남기며 협력도 배울 수 있는 활동을 하나 소개합니다. 함께 협력하는 기쁨을 맛볼 뿐 아니라 모두의 도전 정신도 높여 줄 릴레이 도전 활동입니다.

활동

### 릴레이 도전

- 활동 목표 : 상호 협력을 통해 성취감을 맛본다.
- 활동 시간 : 30분
- 준비물 : 각 모둠 또는 학급에서 정한 미션에 따라 다름
- 활동 방법

**1) 도전 미션 정하기 :** 실내에서 할 수 있는 도전 과제를 정한다. 조별 협동 활동이냐 학급 협력 활동이냐에 따라 도전 미션이 달라질 수 있다.

예) '풍선'을 이용한 도전 미션

수행 인원 : 모둠원 네 명

수행 방법 : 1번 주자는 손가락 하나로 풍선 열 번 튕기기

2번 주자는 이마로 열 번 튕기기

3번 주자는 막대기로 튕기면서 반환점 돌아오기

4번 주자는 무릎으로 열 번 튕기기

**2) 연습하기 :** 각 미션 방법을 함께 확인하고, 제안한 학생 또는 잘하는 학생이 시범을 보여 준다. 그리고 각자 연습해서 자신의 미션을 익힌다.

**3) 미션 도전** : 정해진 위치에서 출발하여 각자 미션을 수행한다. 자신의 미션이 끝나면 다음 학생에게 미션을 전달한다. 모든 학생이 미션을 끝낸 시간을 측정한다.

**4) 새 미션 정하기** : "이것보다 더 빠르게 할 수 있겠니?" 또는 "더 길게 할 수 있겠니?"처럼 새로운 목표를 설정할 수 있도록 분위기를 조성하고 학생들이 새로운 목표를 정해서 실행하게 한다. 어디까지 갈 수 있는지 해 보자는 식으로 도전 욕구를 심어 주면 활동이 더욱 활발해진다.

**5) 감사 나누기** : 원으로 모여 앉아 릴레이 도전을 진행하면서 느낀 점, 고마웠던 친구, 미션 성공에 공헌한 친구에 대해 이야기를 나누는 시간을 갖는다.

이 활동의 의의는, 참여한 모두가 고루 성취감을 맛보게 하는 것입니다. 그래서 미션 선정 전후에 각자가 수행할 미션을 함께 논의해서 조정해 보면 좋습니다. 예를 들어 학생들의 평소 운동 능력을 고려하여 적당히 성공할 수 있도록 도전 미션을 정합니다(이때 너무 쉬우면 도전의 의미보다 장난에 가까운 활동이 되어 버리고, 너무 어려우면 도전을 하기도 전에 포기할 수 있습니다). 더불어 각자의 미션에 난이도를 주어서 운동 능력이 높은 학생이 어려운 것을 맡고, 운동 능력이 낮은 학생이 쉬운 것을 맡도록 조정하는 것이지요.

학생들 스스로 미션을 세워 보게 하는 것은 자신에 대해 고민하고, 공동체 안에서 어디까지 할 수 있는지 본인이 판단하도록 하는 일입니다. 그러므로 도전할 수 있는 수준의 미션을 세우는 것이 중요합니다. 그래서 미션의 규칙을 정하는 것, 새로운 도전에 대한 목표를 설정하는 것도 학생 자신에게 맡깁니다. 학생들은 각자가 도전할 만한 것이되 무리가 되지 않는 수준을 찾아 미션을 설정해 봄으로써 판단력을 기를 수 있습니다.

모둠에서 수행하는 미션이 가능해지면 두 모둠씩 합쳐서 미션을 재설정합니다. 더 나아가 학급 전체가 공동으로 할 수 있는 미션도 정해서 진행해 보면 좋습니다.

---

**Tip** **활용하면 좋은 그림책**

『**모두를 위한 케이크**』(데이비드 칼리, 미디어창비) 서로 도와 가며 생활하고, 상호의존하는 것의 가치를 자연스럽게 일깨워 준다. 협력 탐구 활동 전후에 활용하면 좋다.

『**다 같이 함께하면**』(브리타 테켄트럽, 미디어창비) 여럿이 협력하면 무엇이든 해 볼 만하다는 것을 느끼게 해 준다.

---

"인간은 협력을 통해 자신을 발견하고, 타인과 함께 성장한다."

# 6장
# 나 지금 누구에게 말하고 있니?

의사소통 기술 중 '경청'

선생님 : 수학책 132쪽 펴세요. 오늘은 평면도형의 둘레를 공부하겠
         습니다.

서진 : (수학 교과서에 그림을 그리고 있다.)

민준, 한솔 : (쉬는 시간에 나누던 이야기를 계속한다.)

지유 : (수학책을 펴고 선생님을 바라본다.)

선생님 : 얘들아! 책 펴자. 집중하자.

서진, 지유 : (수학책을 펴고 선생님을 바라본다.)

선생님 : 오늘, 이 내용을 다루기에 앞서…….

민준, 한솔 : (여전히 수다를 떨고 있다.)

선생님 : 선생님 말 안 들리니? 나 지금 누구에게 말하고 있니?

교실에서 흔히 보는 장면이지요? 이런 상황을 만났을 때 긍정훈육을 할 수 있는 기회로 여기면 어떨까요? 다른 사람의 말을 잘 듣는 것, '경청'은 중요한 삶의 기술 가운데 하나이므로 이를 잘 배우도록 이끌어야 합니다. 학기 초, 교사와 학생들은 어색한 상태에서 서로를 알아 가고, 함께 일 년의 방향을 세우는 여러 활동을 진행합니다. 이때 경청의 문화를 형성하는 것은 모든 것의 바탕이 됩니다.

## 경청하는 반 만들기

학생들은 가정에서나 학교에서나 경청하라는 말을 계속 듣고 자라는데요, 경청을 잘하려면 잘 듣는 법을 배워야 합니다. 경청이란, 기울 경傾과 들을 청聽으로 이루어진 한자어로 사전적 의미는 '귀를 기울여 열심히 듣다'입니다. '聽'자를 풀이해 보면 듣는 것耳은 왕王처럼 중요하고, 들을 때耳는 열十 개의 눈目이 있는 것처럼 상대방에게 집중하고, 상대와 마음心이 하나一가 되는 것이라는 의미입니다. 이처럼 '청'에는 귀로만 듣는 것이 아니라 눈과 마음을 다해 듣는다는 뜻이 담겨 있는 것이지요.

경청의 뜻, 필요성, 기술을 직접 경험함으로써 깨달을 수 있도록 고안된 활동이 있습니다. 비언어적 표현까지 포함된 일대일 경청 활동과 그룹 경청 두 가지 활동을 소개합니다.

- **활동명** : 일대일 경청
- **활동 목표** : 경청의 뜻과 필요성을 알고, 효과적인 경청 기술을 경험하고 연습한다.
- **준비물** : 타이머, '우리 반 경청 기술' 템플릿 양식(이미지 참고)
- **활동 시간** : 40~80분
- **활동 방법**

1) 두 명씩 짝을 정한다. 인원이 홀수라면, 세 명이 진행해도 된다.

2) 첫 번째 역할극 진행

- 1분 동안 교사가 제시한 주제(내가 좋아하는 음식)에 대해 짝과 '동시에' 이야기한다. (이때 서로 대화를 주고받는 것이 아니라 각자가 주제와 관련 있는 본인의 이야기를 동시에 한다.)
- 1분 뒤 서로 들은 내용에 관해 이야기해 본다. (서로 전혀 듣지 못했음을 확인한다).
"짝이 무슨 이야기를 했나요? 짝이 좋아하는 음식을 알게 됐나요?"

3) 두 번째 역할극 진행

- 같은 짝과 역할을 나눠 각각 1분씩 좋아하는 음식에 관해 이야기한다. (이때 한 명은 말하고 한 명은 딴청을 피우며 듣는다.)
- 모든 말하기 순서가 끝나면, 말하는 역할을 한 학생에게 활동하면서 어떤 느낌, 생각, 결심이 들었는지 물어본다.
"어떤 느낌이 들었나요? 어떤 생각이나 결심을 하게 되나요?"

4) 경청 기술 배우기

- 어떻게 들어야 잘 듣는 것인지 '경청 기술'에 대해 브레인스토밍

한다. 이때 말(언어)과 몸짓 언어(비언어) 모두 이야기한다.

"말하는 사람이 존중받으려면 듣는 사람은

어떻게 말하고 행동해야 할까요?

• 템플릿 양식에 따라 우리 반 경청 기술을 정리한다.

| 우리 반 경청 비법 | |
| --- | --- |
| 언어(말) | 비언어(눈빛, 행동, 말투 등) |
| • "그랬구나!"<br>• "정말로?"<br>• "오! 오~."<br>• "그렇구나. 대단하다!"<br>• "〜 해서 힘들었겠다."<br>• "〜 해서 슬펐겠다."<br>• "나 진짜 화장실이 급해. 미안해. 다녀올게."<br>• "〜 해서 기뻤겠다."<br>• "축하해!"<br>• "진짜?"<br>• "(하품) 미안해." | ◦ 상대방이 이야기하면 조용히 하고 듣기<br>◦ 상대방 이야기가 다 끝나면 내 이야기하기<br>◦ 눈 마주치기<br>◦ 감탄하기<br>◦ 다리 떨지 않기<br>◦ 얘기하다가 다른 곳으로 가지 않기<br>◦ 갑자기 다른 주제로 돌리지 않기<br>◦ (눈으로) 살짝 웃어 주기<br>◦ 갑자기 자리에서 벌떡 일어나지 않기<br>◦ 감탄, 호응하기<br>◦ 눈 크게 뜨기 |

▲ 우리 반 경청 기술 템플릿 양식

5) 실수 돌아보기 : 역할극이었지만 말하는 동안 무례하게 들은 것에 대해 사과한다.

"내가 너의 말을 잘 듣지 않아서 미안해. 이번엔 너의 말에

경청하려고 노력할게. 내 사과를 받아 줄래?"

6) 세 번째 역할극 진행
- 두 사람이 각각 1분씩 '우리 반 경청 기술'을 참고해 경청하며 대화를 진행한다.
- 이 활동을 통해 배운 점과 느낀 점을 나눈다.
7) 우리 반 경청 기술을 학급에 게시하고 학생들이 볼 수 있도록 한다.

활동할 때 대화 주제와 시간은 교사가 상황에 따라 조절합니다. 대화 주제는 TV 프로그램, 좋아하는 가수, 가족들과 놀러 가거나 여행 갔던 곳, 방학에 했던 일, 좋아하거나 싫어하는 음식 또는 주말에 했던 일 등 학생들이 쉽게 이야기할 수 있는 것이 좋습니다. 세 번째 역할극의 경우, 다른 짝을 만나 경청 기술을 두세 번 더 연습하게 하는 것도 좋습니다.

**활동**

- 활동명 : 그룹 경청
- 활동 목표 : 경청의 뜻과 필요성을 알고, 효과적인 경청 기술을 경험하고 연습한다.
- 준비물 : 타이머, 비경청 미션 쪽지, '우리 반 경청 기술' 템플릿 양식
- 활동 시간 : 40분

1) 모든 학생이 동시에 30초 동안 교사가 제시한 주제인 좋아하는 음식에 관해 이야기한다.

2) 이야기를 멈추고 학생 중 자신의 이야기가 전달되는 것을 느끼는 사람이 있는지 묻는다.

> "자신의 이야기가 친구들에게 잘 전달되었다고
> 느끼는 사람은 손 들어 주세요."

3) 한 학생이 앞에 나와 30초 동안 주제(좋아하는 음식)에 관해 이야기하고, 나머지 학생들은 비경청 미션 쪽지를 받고 그에 맞는 행동을 한다. (쪽지 내용 예시 : 갑자기 끼어들기, 다른 데 쳐다보기, 옆 친구에게 말 걸기, 돌아다니기, 지루한 표정 짓다가 고개 숙이기, 다른 물건 만지작거리기 등.)

4) 앞에 나와서 말한 학생에게 활동하면서 어떤 생각, 감정, 결심이 드는지 묻는다. 그 후 아래와 같이 질문한다.

> "효과적인 대화였나요? 효과적인 대화를 위해
> 어떻게 말하고(언어) 행동(비언어)하며 들어야 할까요?"
> "잘 듣기 위해 어떻게 해야 할까요?"
> "이 활동을 통해 무엇을 느끼고 배웠나요?"

5) 템플릿 양식에 따라 우리 반 경청 기술을 정리한다. (일대일 경청 활동과 동일)

6) 교실에 '우리 반 경청 기술'을 게시하고 학생들이 볼 수 있도록 한다.

7) 다시 한 번 주제를 말하는 학생은 나와서 이야기하고, 나머지 학생들은 위에서 정리한 경청 기술을 반영하여 잘 듣는다.

8) 앞에 나와서 말한 사람에게 어떤 생각, 감정, 결심이 드는지 묻는다.
9) 이 활동을 통해 배운 점이나 소감을 나눈다.

주마다 한 번씩 교실에 붙어 있는 '우리 반 경청 기술'을 보면서 얼마나 지키는지 함께 점검해 봅니다. '우리 반 경청 기술' 중에서 반 전체가 함께 지킬 '이달의 경청 약속' 항목을 투표로 정해 실천해 보는 것도 좋습니다.

서로의 말을 귀담아듣고 공감하는 '경청'이 되는 반은 타인의 말이 자신에게 들어오기 때문에 소통이 원활해집니다. 누구든 내 말을 잘 들어 준다는 믿음이 생기면 자기 표현이 서툴거나 소극적인 학생들도 안전하게 말할 수 있는 학급이 됩니다.

| Tip | 활용하면 좋은 그림책 |

『말이 너무너무 많은 아이』(트루디 루드위그, 책과콩나무)
자신이 하고 싶은 말만 끊임없이 하는 수다쟁이 오웬 맥피가 다른 사람들의 말을 경청하는 과정을 그렸다.

『내 말 좀 들어 주세요, 제발』(하인츠 야니쉬, 상상스쿨)
주인공이 만난 많은 이들은 주인공이 하는 말은 듣지도 않고 자신이 하고 싶은 말만 한다. 그러다 마침내 주인공의 말에 귀를 기울이는 작은 존재, 파리를 만난다.

『남의 말을 듣는 건 어려워』(마수드 가레바기, 풀빛)
아빠의 말을 귀담아듣지 않은 물총새가 위험에 빠지는데, 다른 이들의 말을 귀담아듣고 위험에서 빠져나오는 이야기.

**2부**

# 단단해지는 여름

# 1장
# 뚜껑이 열렸어요!

자기 조절

민성 : (신이 나서 초대장을 건네며) 준희야, 주말에 내 생일인데 너도 올
래?

준희 : 그럴까?

소희 : 민성아, 준희는 초대하지 마! 소라랑 성수 초대해.

준희 : 야, 박소희! 민성이가 나 오라잖아!

민성 : (짜증이 나는 말투로) 소희 네가 뭔데 누구를 초대하라 마라 하는
거야? 네 생일이야?

소희 : (당당하게 따지듯이) 근데 왜 초대장이 다섯 장뿐이냐? 좀 넉넉하
게 준비하지.

민성 : (초대장을 던지며) 엄마가 정한 건데 나보고 어쩌라고? 아~ XX
짜증 나. (욕설 후 밖으로 나간다.)

5월 무렵이면 아이들은 새 학년에 제법 적응하여 친구들과 옹기종기 모여 수다를 떨며 신나게 잘 지냅니다. 그렇게 친구들과 재밌게 노는 것 같다가도 갑자기 큰 다툼이 일기도 합니다. 수업 시간은 점점 소란스러워지고, 아이들의 말투는 더 거칠어집니다. '옆 반 아이들은 학급 약속도 잘 지키고 다투는 애들도 별로 없는 것 같은데, 내가 뭘 잘못하고 있는 건가?' 교사는 자기 감정과 욕구를 거침없이 드러내는 아이들을 감당하는 일이 점점 힘들어집니다.

아들러는 "감정에는 저마다의 목적이 있고 우리는 그것을 선택할 수 있다"라고 하였습니다. 내가 원하는 대로 상황을 이끌기 위해 자기 감정을 이용하거나 격하게 표현하는 것이지요. 그렇다면 5월은, 자신의 감정을 거침없이 드러내는 학생들에게 적절한 감정 표현과 자기 조절을 가르칠 수 있는 절호의 기회이지 않을까요?

## 자기 조절을 위한 감정 알아차림

앞에 이야기 속 선생님은 민성이 마음이 좀 진정된 뒤에 민성이와 이야기를 나누었습니다.

"민성아, 조금 전에 왜 그렇게 행동한 거야?"

"그냥 짜증이 나서요."

민성이는 자신이 왜 화가 났는지, 무엇 때문에 욕설을 했는지 자세히 설명하지 못하고 '짜증'이라는 말로만 자기 감정을 뭉뚱그렸습니다. 화가 났을 때 어떻게 행동해야 하는지 한 번도 배운 적이 없다고도 했습니다.

　자기 조절은 자신의 욕구와 감정, 행동을 관리하는 능력을 말합니다. 자기 조절을 위해서는 감정 분화를 통해 다양한 감정 단어를 사용하여 자신의 감정을 알아차릴 수 있어야 합니다. 불안함, 분노, 기쁨, 우울함, 놀람, 설렘, 억울함 등의 감정을 알아차리고 표현하는 기술은 긍정적인 교우 관계 형성을 돕기도 하지요.

　'감정의 4분면' 활동은 기쁨, 화남, 슬픔, 두려움이라는 인간의 네 가지 기본 감정을 보다 다양한 감정 단어로 표현할 수 있게 도와줍니다. 이 감정 차트를 학급에서 지속적으로 활용하면 교사 역시 많은 도움을 받을 수 있습니다.

## 활동

### 감정의 4분면

- **활동 목표** : 감정을 나타내는 단어를 익히고 감정을 구분하는 능력을 향상시킨다.
- **활동 시간** : 40분
- **준비물** : 감정의 4분면(기쁨, 화남, 슬픔, 두려움), 감정카드 40장 내외 (칠판 부착용)
- **활동 방법**
1) 감정을 표현하는 것이 왜 중요한지, 언제 감정 단어를 사용하는

지 이야기 나눈다.

예시 : "선생님은 오늘 아침에 무척 당황스러웠어요. 옆 반 선생님이 갑자기 책상 위에 올려 둔 선생님 스마트폰을 가져가는 거예요. 말도 없이 말이에요. 그래서 화가 난 마음을 이렇게 전달했어요. 'OO 선생님, 말도 없이 제 스마트폰을 가져가서 무척 당황했어요. 저는 그런 장난 좋아하지 않아요.' 여러분도 선생님처럼 감정 표현을 해 본 적이 있나요?"

2) 인간의 기본 감정은 기쁨, 화남, 슬픔, 두려움 이렇게 네 가지로 나눌 수 있음을 안내한다.

3) 뜻을 설명할 수 있는 감정 카드를 한 장 또는 두 장씩 선택한 뒤 자리로 돌아간다.

4) '기쁨'의 감정과 비슷한 감정 카드를 가진 학생은 그 감정과 관련된 자신의 경험을 설명하고 칠판에 붙인다.

5) 이어서 '슬픔, 두려움, 화남'이라는 감정과 비슷한 감정 카드를 가진 학생들이 앞으로 나와서 자신의 경험을 설명하고 카드를 칠판에 붙인다.

6) '답답하다', '지친다'와 같이 두려움인지 화남인지 명확하지 않은 감정은 두 칸에 걸쳐지도록 붙일 수 있다.

7) 이 감정 차트가 자신과 우리 반에 어떤 도움이 될지 질문한다.

Tip  완성한 감정 차트는 학생 간 갈등 상황, 긍정적 타임아웃 공간, 국어나 사회, 도덕 교과 시간에 활용할 수 있다. 고학년은 감정 카드 대신 브레인스토밍을 통해 다양한 감정 단어를 학생이 발견하도록 할 수 있다.

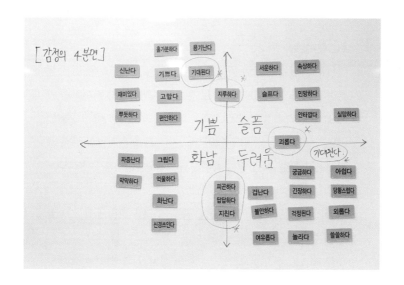

[감정의 4분면]

흥분하다 / 용기난다 / 신난다 / 기쁘다 / 기대된다 / 서운하다 / 속상하다 / 재미있다 / 고맙다 / 지루하다 / 슬프다 / 민망하다 / 투덜하다 / 편안하다 / 안타깝다 / 실망하다

기쁨  슬픔

화남  두려움  괴롭다 / 기대된다

짜증난다 / 그립다 / 궁금하다 / 아쉽다 / 막막하다 / 억울하다 / 피곤하다 / 겁난다 / 긴장하다 / 당황스럽다 / 화난다 / 답답하다 / 불안하다 / 걱정된다 / 외롭다 / 지친다 / 신경쓰인다 / 여유롭다 / 놀라다 / 쓸쓸하다

   다양한 감정 단어는 말하기 연습을 통해 감정 분화로 연결할 수 있습니다. 기본 감정 차트는 교실 한쪽 벽면에 게시해 두고 학급의 다양한 갈등 상황에 활용하는 것이지요. 작은 다툼으로 문을 '쾅' 닫고 나가 버린 학생에게 "무슨 일이야? 지금 너의 마음은 어때?"라고 질문해도 쉽게 답하지 못하는 경우, 벽면에 게시된 감정 차트로 함께 갑니다. 학생은 자신의 기분을 나타내는 감정 단어를 고르면서 자기 감정을 알아차리게 됩니다. 감정이 실린 거칠고 폭력적인 행동 대신, "우리 셋이 이야기하는 중에 나 빼고 귓속말해서 신경이 쓰이고 서운했어"라고 자신의 감정을 구체적으로 표현하고, 건강하게 전달할 수 있게 되는 것이지요.

   감정을 배우는 또 다른 방법으로 '친구 감정 추측하기'와 같은 감정 놀이를 해 볼 수 있습니다. 예를 들어 '나는 아침에 지각했어'라는 친구 경험이나 상황을 듣고 나서 다른 친구들이 '미안하다, 부끄럽다, 불안하다, 화가 난다' 등 그 친구 감정이 어땠을지 예상해 보게 합니다. 이런 활동은 학생들의 공감 능력을 키우는 데 도움이 됩니다.

감정은 '어쩔 수 없이' 일어나는 것이 아니라 '자신이 달성하고자 하는 목적을 위해 나 스스로 일으키는 것'이라고 합니다. 그렇다면 교실에서 학생이 드러내는 분노에도 다양한 목적이 있겠지요? 학생이 '화'를 선택한 목적은, 자신의 쌓인 감정을 해소하기 위해 또는 친구나 교사 및 상황을 통제하고 싶고 상대에게 복수하고 싶고 자신의 권리를 보호하고 싶기 때문일 수 있습니다. 그러므로 학생이 자신의 '화'라는 감정을 '서운해요, 실망했어요, 미워요, 불편해요, 부끄러워요, 피곤해요'처럼 보다 정확하게 표현할 수 있다면, 감정을 조절하는 데 큰 도움이 됩니다. 이처럼 감정에 대한 알아차림은 '내 감정의 주인이 바로 나'임을 인식하고 감정을 조절하는 첫걸음입니다.

## 뚜껑이 열린 뇌

누구나 화가 날 때가 있지요. 화가 나는 것은 뇌의 자연스러운 반응입니다. 화가 나서 뚜껑이 열리는 순간, 교사와 학생 모두 이성적 판단을 할 수 없는 상태가 되죠. 다니엘 시겔 박사는 화가 난 뇌의 상태를 손바닥에 비유하여 설명하였습니다. 이른바 '손바닥 뇌 이론'은 화가 났을 때 뇌의 작동을 이해하고 교사와 학생 모두 스스로 진정하고 회복할 수 있도록 도와줍니다.

| 뇌간 | 중뇌 | 전전두엽 | 손가락 열기 |

▲ 손바닥 뇌 이론 설명 자료

손바닥 뇌 이론은 우리가 스트레스 상황에 부닥쳤을 때 뇌는 어떻게 작동하는지, 뚜껑이 열린 뇌는 어떤 상태인지, 뚜껑을 누가 어떻게 닫을 수 있는지 등을 알려 줍니다. 또한 뚜껑이 열린 채 말하고 행동했을 때 주변 사람들도 덩달아 뚜껑이 열리게 되는 것은 '거울 뉴런'의 작용 때문입니다. 거울을 보듯 우리는 무의식적으로 눈에 보이는 것을 따라 하면서 배운다고 합니다. 하품하는 사람을 보면 하품하고 싶어지고, 화내는 사람을 보면 같이 화가 나기 쉬운 것이 그 예입니다.

소란스럽고 말썽부리는 학생들을 보며 교사가 뚜껑이 열렸을 때, 노려보거나 날카로운 목소리로 소리 지른다면 거울 뉴런의 작동으로 학생들도 그 모습을 배웁니다. 교사가 감정을 조절하는 모습을 보여 주는 것만큼 자기 조절을 가르치는 데 도움이 되는 것이 없습니다. 학생들에게 자기 조절에 대한 모델링을 해 주기 위해서라도 교사 역시 열린 뚜껑을 잘 닫을 수 있는 시간을 확보하고, 이를 연습하는 것이 필요합니다.

**활동**

### 손바닥 뇌 이론과 거울 뉴런

- **활동 목표** : 뇌의 작용을 이해하며 스스로 진정하고 능동적으로 자기 조절하는 방법을 배운다.
- **활동 시간** : 20~30분
- **준비물** : 손바닥 뇌 이론 그림 차트
- **활동 방법**

1) 최근 극도로 스트레스를 받거나 화가 난 경험을 떠올린 후 그때 몸과 마음의 변화를 브레인스토밍한다. (심장이 두근거려요. 얼굴이 빨갛게 변해요. 목소리가 커져요 등)

2) 화가 나면 우리 뇌는 어떻게 작동하는지 손바닥 뇌 이론을 소개한다. 교사는 손바닥과 손목을 가리키며 뇌간의 역할을 설명한다. "뇌간은 호흡, 심장박동과 같은 우리의 생명을 유지하는 일을 해요." (학생도 왼쪽 손바닥을 펼치고 교사의 동작을 따라한다.)

3) 엄지손가락을 접으며 중뇌의 역할을 설명한다. "여기는 어린 시절에 있었던 부정적인 기억을 저장해요. 감정의 뇌라고 불러요. 우리가 어떤 자극을 받으면 여기서 감정적인 반응을 해요."

4) 네 손가락으로 엄지를 덮으며 대뇌피질의 역할을 설명한다. "대뇌피질은 이성적 사고를 담당해요." 뚜껑이 닫힐 때 손톱을 가리키며 전전두엽의 역할을 설명한다. "전전두엽은 타인과 관련된 일을 해요, 즉, 공감하거나 사회성과 도덕성의 발달, 감정 조절과 감정 알아차림을 하도록 돕지요."

5) (네 손가락을 펼치며) "화가 나면 우리는 뚜껑이 열려요." 뚜껑이 열리면 어떻게 될지 이야기 나눈다.

6) 2인 1조로 학생들이 손바닥 뇌 이론에 대해 배운 내용을 서로 설명한다.

7) 한 친구가 뚜껑이 열리면 거울 뉴런으로 인해 우리 반에 어떤 영향을 미치게 될지 이야기한다.

8) (뚜껑이 열린 두 사람이 가까이 가는 액션을 하며) 친구와 내가 둘 다 화가 난 상태라면 어떻게 해야 할지 알아본다.

9) 손바닥 뇌 이론은 나에게 어떤 도움이 되었는지 이야기 나눈다.

## 스스로 조절할 수 있는 힘을 가진 아이들

자기 행동을 선택하여 스스로 결정한 방향으로 움직이는 힘은 자신에게 있습니다. 아이들도 마찬가지이지요. 뚜껑이 열렸을 때 그 뚜껑을 닫아 보는 경험이 쌓이면 아이들에게도 조절할 힘이 생깁니다. 어떤 감정이든 틀린 감정은 없습니다. 그러므로 교사나 부모가 아이의 감정을 온전히 인정해 주고 수용할 때 아이들은 존중받는다고 느낍니다. 그런데 화가 난 감정 자체를 부정적으로 인식하여 혼내거나 억압하면 스스로 조절할 기회를 잃고 맙니다. '아이들은 기분이 좋을 때 더 잘 배운다'라는 말은 자신의 감정을 조절하고 나면, 아이들은 더 잘 배우고 행동할 수 있음을 알려 줍니다. 스스로 문제를 해결할 힘일 테니까요.

학생들이 자기 감정을 조절할 수 있는 행동을 선택할 수 있도록 돕는 방법으로 '감정 항아리와 선택 돌림판' 활동이 있습니다. 감정의 항아리 활동은 학생들이 화가 난 순간을 알아차리도록 돕고, 선택 돌림판 활동은 자신의 감정을 조절할 수 있는 방법을 찾아 개인 또는 학급별로 만들어 활용합니다. 또한 긍정적 타임아웃은 기존의 징벌적 타임아웃과 달리 학생 스스로 자신의 감정을 조절할 수 있는 시간과 공간을 교실 안에 제공하는 방법으로, 더 안전하고 지속적으로 감정 조절을 연습할 수 있도록 해 줍니다.

**활동**

## 감정 항아리와 선택 돌림판

- **활동 목표** : 자기 조절의 다양한 방법을 알고 자기만의 조절법을 선택하여 정리한다.
- **활동 시간** : 80분
- **준비물** : 『소피아의 화를 푸는 방법』 그림책, 항아리 그림(전체용),

개별 활동지(신체 그림 활동지, 선택 돌림판 활동지)

- **활동 방법**

1) 『소피아의 화를 푸는 방법』 그림책을 함께 읽고 소피아는 어떤 방법으로 화를 푸는지 이야기한다.

2) "여러분은 언제 뚜껑이 열리나요? 선생님은 누군가 나에게 소리를 지를 때 화가 많이 나요(선생님의 신체 그림에 색연필을 칠하며) 손과 발이 빨개지고 심장이 빨리 뛰어요"라고 경험을 말한다.

3) 학생 각자가 자신이 화가 나는 순간을 붙임쪽지에 적고, 칠판에 그려진 커다란 항아리 그림에 붙이며 발표한다. (개별 신체 그림에 화가 난 순간의 몸과 마음의 변화를 색연필의 색으로 표현하기 활동을 추가할 수 있다.)

4) 화가 날 때 마음을 가라앉히거나 기분을 다시 좋게 만들 수 있는 자기만의 방법을 생각하여 붙임쪽지에 한 가지씩 적은 다음 항아리 밖에 붙인다.

5) 내가 속상하거나 화가 날 때 마음을 가라앉힐 수 있는 나만의 방법을 찾아 소피아처럼 그림을 그리거나 낱말로 꾸미고 공유한다. (4등분 또는 6등분 된 개별 선택 돌림판에 자기 아이디어를 표현한다.)

6) 우리 반에서 친구와 갈등이 생겼을 때 또는 내가 화를 조절하고 싶을 때 필요한 물건이나 도움이 되는 공간이 있는지 떠올린다. (큐브, 신문지 찢기, 낙서장, 컬러링 북, 쿠션, 인형, 감격해 카드 등)

7) 선택 돌림판과 긍정적 타임아웃 공간은 우리에게 어떤 도움이 될지 이야기 나눈다.

Tip 세 가지 자기 조절 활동(손바닥 뇌이론, 감정 항아리와 선택 돌림판, 긍정적 타임아웃 공간 만들기)을 그림책 수업과 연계하여 80분에서 120분 정도로 구성할 수 있다. 초등 저학년은 학급 선택 돌림판을 만들어 활용한다.

▲ 선택 돌림판 활동지 예시

▲ 학급용 선택 돌림판 예시

2부 / 단단해지는 여름                                                                105

## 긍정적 타임아웃 공간 만들기

• 활동 목표 : 긍정적 타임아웃의 의미를 알고 자신의 감정을 회복
할 공간을 함께 구상한다.

• 활동 시간 : 40~80분

• 준비물 : 『제라드의 우주 쉼터』 그림책, 긍정적 타임아웃 공간 꾸미
기 재료

• 활동 방법

1) 『제라드의 우주 쉼터』 그림책을 읽어 준 후, 우리 교실에도 이러
한 공간이 필요한지 질문한다.

2) 공간의 필요성에 많은 학생이 공감하면, 긍정적 타임아웃 공간
을 만드는 방법을 브레인스토밍한다.

3) 이 공간의 위치, 이름, 공간 사용 가이드라인, 필요한 물건, 담당
자 등을 정리하며 긍정적 타임아웃 공간을 어떻게 꾸밀지 계획
을 세운다. (인디언 텐트, 미니 칸막이와 소파, 커다란 상자, 돗자리 등)

4) 준비물을 모두 갖추고 함께 공간을 만든 다음 소감을 나눈다.

▲ 긍정적 타임아웃 공간 예시

# 교사도 뚜껑이 열려요

여름 방학이 다가오는 6월과 7월은 교사들이 가장 힘든 시기입니다. 나쁜 말을 사용하는 학생들이 늘고, 교사에게 불만을 품은 학생들도 있습니다. 학생 간에 갈등이 심해지기도 하고, 관심 끌기 행동으로 학급 분위기를 흐트리는 학생들도 늘어납니다.

이러한 모든 순간에 교사가 감정적으로 대응하지 않고, 그 순간을 학생에게 사회적 기술을 가르칠 기회로 여겨 다음과 같은 '단호한 문제 해결 기술'을 사용하면 어떨까요?

첫 번째는 '말 대신 행동' 기법입니다. 사용하지 않는 자로 책상 위를 쳐서 탁탁탁 소리 내는 행동을 계속하는 학생에게 교사는 말없이 다가가 '자를 필통에 넣어 주기' 또는 '자를 교탁으로 잠시 가져오기'의 행동을 보입니다. 이때 "사용해야 할 때 줄게"라고 덧붙일 수 있습니다. 잔소리를 하거나 훈계하지 않고 부드럽지만 단호하게 행동함으로써 교사는 학생과 감정적으로 대치하지 않을 수 있습니다. 아울러 학생은 수업 중 방해 행동을 멈출 수 있지요.

말 대신 행동의 다른 예를 들면 다음과 같습니다. 집중하지 못하는 학생의 어깨 토닥이기, 수업 중 읽던 책을 가지고 오기, 교실 전등을 껐다가 켜기, 교사가 일어섰다 다시 앉기, 손으로 시계를 가리키기, 벽면에 붙여 둔 동의와 가이드라인의 문장 하나를 가리키기 등 무궁무진합니다.

두 번째는 한 '한 단어로 말하기'입니다. 수업 시간에 아직 국어

책을 꺼내지 않은 학생에게 "국어책"이라고 한 단어만 말합니다. 이때 책을 스스로 꺼내면 "고마워"라고 말해 주세요. 지각한 학생에게는 "몇 시?"라고 말할 수 있고, 수업 중 잡담을 하는 학생에게 가까이 다가가 "집중!"이라고 한 단어로 말할 수 있습니다. 한 단어만으로도 교사는 가르치고자 하는 내용을 충분히 전달할 수 있고, 학생은 감정이 상하지 않고 교사의 지시를 수용할 수 있어 학생과 교사 모두 해야 할 행동에 집중할 수 있습니다.

세 번째는 '제한된 선택지 제공하기'입니다. 때로 교사는 말 대신 행동 기법이나 한 단어로 말하기 등으로 지도하기 어려운 상황이 있습니다. 반복적으로 과제를 하지 않는 학생이 오늘은 미술과 수학 숙제를 모두 하지 않았네요. 이때 교사는 이렇게 제안합니다.

"미술 숙제 먼저 할래요, 수학 숙제 먼저 할래요?" 또는 "수학 숙제를 남아서 하고 갈래요, 집에 가서 하고 내일 아침까지 제출할래요?"라고 학생에게 제한된 두 가지 선택지를 제공합니다.

이때 학생이 "둘 다 싫은데요"라고 대답한다면, "그것은 선택지에 없어요. 다시 생각해 보고 쉬는 시간에 말해 줄래요?"라고 말할 수 있습니다. 제한된 선택은 수용할 수 있는 해결책을 두 가지 정도 제시하여 학생이 선택할 수밖에 없는 상황을 만드는 교사의 '단호한' 문제 해결 기술입니다. 이때 선택지는 협박과 보상이 포함되지 않은 공평한 선택지여야 합니다. 또한 학생과 함께 만든 선택 돌림판에서 선택하게 할 수도 있습니다.

네 번째는 '목소리 톤 바꾸기'입니다. 화가 났을 때, 소리를 지르는 대신 작고 낮은 톤의 목소리로 말한다면 아이들은 어떻게 반응할까요? 분명 교사의 말에 평소보다 더 집중하게 되고 교사가 전달하고자 하는 메시지 역시 학생에게 잘 전해지겠지요. 호흡을 실어 굵고 안정된 목소리로 말하고, 속도를 조절하여 천천히 말한다면 학생들이 주의를 집중하는 느낌이 올 것입니다.

학생에게 감정 표현과 자기 조절의 시간이 필요하듯, 교사 역시 자기 조절을 위한 시간이 필요합니다. 교사 자신의 감정을 알아차리고 자신을 회복하는 것이 먼저입니다. 그런 후 말 대신 행동 기법, 한 단어로 말하기, 제한된 선택지 제공하기, 목소리 톤 바꾸기 등의 단호한 문제 해결 기술을 상황에 맞게 사용한다면 학생들의 행동 변화를 이끌 수 있습니다. 누구나 수많은 도전과 실수를 통해 배웁니다. 교사 역시, '왜 나는 아이들에게 화만 내지? 왜 감정 조절이 안 되는 거야?'라는 자책보다 '그래, 나도 자기 조절을 위해 나만의 방법을 찾고 연습해 봐야지!'라고 도전해 보길 바랍니다.

| Tip | 활용하면 좋은 그림책 |
| --- | --- |

『마음샘』(조수경, 한솔수북) 자기 모습과 감정을 있는 그대로 인정하는 것은 성장하는 데 꼭 필요한 일임을 동물과 샘으로 비유하여 보여 준다.

『소피가 화나면 정말 정말 화나면』(몰리뱅, 작은곰자리) '감정의 4분면 활동'과 '손바닥 뇌 이론 활동'에 활용할 수 있다.

"아이들은 기분이 좋을 때 더 잘 배운다."

# 2장
# 응, 아니, 근데 어쩌라고?

의사소통 기술 중 '말하기'

민우 : (줄을 서서 급식을 기다리는 친구들 사이로 재빠르게 새치기한다.)

정희 : 야! 너 왜 새치기해?

민우 : (뻔뻔한 목소리로) 응, 아니야. 원래 여기였어.

정희 : 거짓말하지 마. 뒤로 가.

민우 : (약을 올리듯이) 근데 어쩌라고?

정희 : (어이없어하며) 너 새치기 맞잖아. 양심도 없네. 너는 늘 그런 식
이더라.

민우 : (화를 내며) 네가 뭔데 나한테 그렇게 말해?

정희 : 선생님!

# '잘' 말하는 것이 중요해

아이들은 등교와 동시에 끊임없이 말합니다. 선생님과 친구들과 심지어 혼자서 말하기도 하지요. 그 말 중에는 상대방을 지적하고 탓하는 말, 공격적인 말들이 난무할 때도 있습니다. 그런데 정작 갈등 상황이 생기거나 불편한 점을 표현해야 할 때는 말 한마디 제대로 못 하고 부모님과 선생님 뒤로 쏙 숨어 어른들이 대신 말해 주기를 바랍니다. 이르는 학생들이 많은 교실에서 선생님이 힘들어지는 이유가 바로 이 때문이죠. 해결은 늘 선생님의 몫으로 생각하니까요.

그렇기에 아이들에게 '잘 말하는 것'이 얼마나 중요하고, 어떻게 하면 '잘 말할' 수 있는지 방법을 알려 주어야 합니다. 잘 말한다는 것은 자기 생각과 감정을 명확하게 전달하면서도 상대방에 대한 존중과 배려를 놓치지 않는 것입니다. 상대방에 대한 존중과 배려가 없는 말하기는 자칫 상대방에 대한 비난이나 갈등을 증폭시키는 말이 될 수 있기 때문입니다. 이런 '잘 말하기'를 반 아이들이 모두 실천한다면 선생님이 나서지 않아도 웬만한 문제는 원만하게 풀어갈 수 있습니다.

"인생의 모든 실패 중에서 의사소통의 부족만큼 비극적인 것은 없다."

# 내 마음을 어떻게 잘 말할까요?

의사소통도 사회적 기술이기 때문에 반복적인 연습이 필요합니다. 연습을 위해 고정적인 '말하기 틀'을 활용합니다. 처음에는 틀을 사용해서 말하는 것이 인위적으로 느껴질 수 있지만 오히려 감정이 최고조로 치달은 갈등 상황에서 '말하기 틀'을 사용하는 것은 감정을 말랑말랑하게 해 주는 장치가 됩니다.

'말하기 틀'은 나의 감정을 상대방에 대한 존중과 배려를 담아 표현하는 '나 전달법'$^{I-message}$을 기반으로 하고 있습니다. 초등 저학년의 발달 단계를 반영하여 사물을 비유적으로 담은 '벅스 앤 위시스'$^{Bugs\ and\ Wishes}$는 불편한 상황과 자신의 감정을 단순화하여 표현할 수 있는 '말하기 틀'입니다.

'벅스 앤 위시스' 활동에서 벅스는 '성가신, 귀찮게 한다'는 뜻으로, 나를 불편하게 하는 말이나 행동을 의미하고, 위시스는 그에 대한 나의 바람이나 해결책을 말합니다. 벅스를 나타내는 물건으로 거미 인형을, 위시스를 이루어 주는 물건으로는 요술봉을 사용하도록 제안합니다. 그러나 학급 상황에 따라 학생들이 싫어하는 물건을 벅스로, 위시스는 학생들이 좋아하는 물건으로 설정할 수 있습니다.

저학년 학생들에게는 간단히 벅스(불편한 점)+위시스(원하는 것)을 말하도록 합니다. 특히 학생들은 벅스는 잘 표현하지만 위시스를 말할 때, 단순히 '하지 마, 그만해 줘' 정도로만 말하는 경우가 많

습니다. 그것보다는 친구가 구체적으로 어떤 행동을 해 주면 좋겠
는지 말할 수 있도록 안내합니다.

## 벅스 앤 위시스

- 활동 목표 : 문제 해결을 위한 말하기 틀을 배운다.
- 활동 시간 : 40분
- 준비물 : 큰 종이 한 장, 마커펜, 거미 인형(벅스), 요술봉(위시스)
- 활동 방법

1) 전지에 세로 방향으로 가운데 선을 긋고 한쪽에는 '벅스'를, 다른
   한쪽에는 '위시스'를 적는다.
2) 교실에서 '나를 불편하게 하는 상황'을 자유롭게 말하도록 하고
   벅스 칸에 적는다.
3) "그럴 때 너희는 친구가 어떻게 해 주면 좋겠니?"라고 바람을 물
   어보고, 위시스 칸에 적는다.
4) 교사가 거미 인형과 요술봉을 들고 시범을 보인다.
5) 1번 브레인스토밍에 나왔던 '나를 불편하게 하는 상황'에서 벅스
   앤 위시스 말하는 방법을 짝끼리 연습하도록 한다.

| 벅스(불편한 점) | 위시스(원하는 것) |
|---|---|
| 새치기 | 뒤로 가 줘. |
| 밀치고 사과 안 하는 것 | 진심으로 사과해 줘. |
| 아침 활동 시간에 떠드는 것 | 조용히 아침 활동에 집중해 줘. |

나 전달법은 어떤 행동에 대해 자기 생각과 감정을 직접적으로 표현하고, 원하는 것을 전달하는 효과적인 기술입니다. 크게 행동, 감정, 바람 세 가지 단계로 말합니다. 이 세 가지를 구분하기 위해 색이 다른 붙임쪽지 세 가지를 사용하고, 이때 자신의 감정을 표현하기 어려워하는 학생은 감정 차트를 활용하여 적절한 감정을 찾아 말할 수 있습니다.

## 활동

### 나 전달법

- **활동 목표** : 자신의 바람과 감정을 효과적이며 존중하는 방식으로 표현하는 법을 배운다.
- **활동 시간** : 40분
- **준비물** : 전지 한 장 3등분, 색이 다른 붙임쪽지 세 가지, 매직
- **활동 방법**

1) 교실에서 나를 불편하게 하는 상황을 자유롭게 말하도록 하고 붙임쪽지에 적어 첫 번째 칸에 붙인다. (내 물건을 함부로 사용할 때, 새치기하는 것 등)
2) 그 상황에서 내가 느끼는 감정을 붙임쪽지에 적어 두 번째 칸에 붙인다. (화가 남, 짜증남, 무시당하는 기분 등)
3) 결국 내가 바라는 것이 무엇인지 붙임쪽지에 적어 세 번째 칸에 붙인다. (허락받고 사용하면 좋겠어, 소중히 다뤄 주면 좋겠어 등)
4) 붙임쪽지에 적은 내용을 연결하여 말하는 법을 연습한다.

- "물어보지 않고 내 물건을 사용해서 속상해. 내 허락을 받고 사용해 줘."
- "별명으로 부르면 기분이 안 좋아. 내 이름으로 불러 줄래?"
- "네가 지나다가 내 어깨를 쳤는데 사과하지 않고 지나가서 무시당하는 기분이 들었어. 정중하게 사과해 주면 좋겠어."

## 역할극으로 연습해요

'말하기 틀'을 제시한 이후에는 학생들이 직접 말을 해 보며 연습하는 역할극 단계가 중요합니다. 역할극을 통해 낯선 말하기 틀을 내재화할 수 있고, 실제 상황에서 어떻게 말할 수 있을지 미리 생각해 볼 수 있어요. 또한 표정이나 시선 같은 비언어적 표현이나 말투를 연습할 수 있는 가장 좋은 방법이기도 합니다.

불편한 행동을 서술할 때 비난과 지적과 판단이 포함되지 않게 말하는 것이 중요합니다. "내 색연필 길이가 1센티미터 정도 줄어들었어"와 "내 색연필을 함부로 막 썼어"라고 말하는 것은 다릅니다. 구분하는 것이 쉽지 않으므로 판단을 뺀 중립적인 표현을 찾아보는 작업도 학생들과 해 보면 좋습니다.

활동 첫 번째 순서에서 '나를 불편하게 하는 상황' 브레인스토밍했던 것들을 활용하거나 교사가 상황을 제시해 줍니다. 둘씩 짝을 지은 다음, 먼저 한 학생이 짝의 물건을 함부로 사용하고 다른 학생은 나 전달법이 아닌 말하기 방법[You-message]을 사용합니다. "내 물건 만지지 마!" 다음에는 나 전달법으로 말해 보게 합니다.

"내 물건을 물어보지 않고 사용해서 속상해. 내 허락을 받고 사용해 줘."

두 가지 말하기 상황에서 친구의 말을 들었을 때, 어떤 기분이 들었는지 어떤 말이 더 나의 행동을 되돌아보게 하는지 이야기를 나누어 봅니다. 또한 어떤 표정과 말투를 사용해야 하는지 관찰하는 활동을 통해 나 전달법은 단호하고 강한 어조가 필요하다는 것을 깨닫도록 도와줍니다.


## 잘 반응하는 것도 중요해

친구의 위시스에 잘 반응하는 것 또한 중요합니다. 아이들이 벅스 앤 위시스를 열심히 실천했는데 친구가 '응, 아니야. 근데 어쩌라고?'와 같은 퉁명스러운 표현을 한다면 나의 마음이 무시당하는 기분이 들겠죠. 혹은 영혼 없이 내뱉는 '미안' 한마디로 넘어가려고 하면 오히려 또 다른 벅스를 초래할 수 있습니다. 그렇기에 상대방의 감정이나 요구를 이해하고 존중하여 반응하는 법을 함께 연습합니다.

## 사과하기 3단계

- **활동 목표** : 사과하는 법을 배워 서로 상처 주지 않는다.
- **활동 시간** : 40분
- **준비물** : 전지 한 장 3등분, 색이 다른 붙임쪽지 세 가지, 마커펜
- **활동 방법**

1) 친구의 위시스, 나 전달법에 어떻게 반응하는 것이 좋을지 브레인스토밍한다. (미안해, 안 그럴게, 말해 줘서 고마워, 주의할게 등)
2) 어떤 말이 친구의 위시스를 가장 존중하는 표현인지 고르고 적절한 표현을 만든다.
- "허락 없이 사용해서 미안해. 앞으로 허락받고 사용할게."
- "알았어. 뒤로 갈게."
3) 아이들의 표현을 사과하기 3단계로 정리해서 제시한다.
   1단계 : 인정 – 내가 너의 허락 없이 물건을 사용해서
   2단계 : 사과 – 미안해.
   3단계 : 약속 – 앞으로 허락받고 사용할게.

사과하기 3단계도 나 전달법과 함께 역할극으로 반복 연습하여 자기 것으로 체화되면, 실제 갈등 상황에서 자연스럽게 사용할 수 있습니다. 앞선 활동들을 통해 만들어진 말하기 방법들을 학급 게시판에 붙여 두고 교사가 반복적으로 상기시켜 준다면 꾸준하게

실천을 이어 갈 수 있을 것입니다.

사과하기 3단계대로 사과했지만, 영혼 없이 로봇 말투로 말하는 학생들도 종종 있습니다. 이런 경우 교사는 진정성을 담아야 함을 가르쳐 주어야 합니다. "너의 미안한 마음이 친구에게 전달이 되었을까?", "왜 너의 마음이 친구에게 잘 전달되지 않은 것 같아?"와 같은 질문을 통해 자기 사과가 진정성이 없는 이유를 깨닫도록 이끌어 줍니다.

이렇게 배운 의사소통 기술을 꾸준히 실천하기 위해서는 활동 결과물로 만든 나 전달법과 사과하기 3단계 게시물을 적극 활용해야 합니다. 의사소통 기술대로 말하지 못하는 경우, 앞서 나온 단호한 문제 해결 기술의 '말 대신 행동 기법'을 사용하여 게시물을 손으로 가리키며 다시 말하게끔 도와줍니다. 그런데도 많은 학생들이 지키지 못한다면 학급회의 안건으로 상정하여 다시 한 번 다뤄 볼 수 있습니다. 역할극을 통해 다시 연습해 보는 것도 추천합니다.

## 선생님은 큰 바위 얼굴

아이들은 선생님을 무척이나 좋아합니다. 쉬는 시간에 선생님이 갑자기 공기놀이를 하면 모든 아이가 우르르 공기놀이를 시작하기도 하고, 급식 시간에 "우와 시금치 맛있다!" 한마디만 하면 너도나도 시금치를 먹기 시작하죠. 그렇기에 '나 전달법'과 '사과하기 3단계'를 교사가 모델링을 한다면 더더욱 좋겠지요.

예를 들어, 수업 중에 큰 목소리로 수업을 방해하는 학생에게 "명호야 시끄러워. 조용히 해"보다는 "명호가 지금 수업 시간에 큰 소리로 말을 해서 선생님과 친구들이 불편해. 지금은 조용히 집중해 줄래?"라고 나 전달법으로 말하는 것이죠. 아이들과 약속한 놀이 활동을 깜빡하고 못 했을 때, "지금은 말고 나중에 하자"라고 넘어가기보다는 "우리가 약속한 놀이 활동을 지금 못해서 미안해. 선생님이 다음 시간에 꼭 할 수 있도록 할게"라고 사과하기 3단계를 적용해서 말하는 것입니다. 교사의 말로 가르치는 것보다 교사의 모습을 통해 배우는 것이 훨씬 큽니다.

아들러는 "인간은 살아가면서 인간관계라는 과제를 직면할 수밖에 없다"라고 했습니다. 이는 우리가 모든 삶의 단계에서 다른 사람들과의 관계를 관리하고 형성해야 한다는 것을 의미하지요. 이런 의미에서 교실은 학생들이 처음으로 다양한 인간관계를 경험하고 훈련할 수 있는 중요한 공간입니다. 학생들이 교실에서 의사소통 기술을 배우고 연습함으로써 더 큰 사회에 나가 서로 다른 사람들과 원활하게 소통하고 협력하는 능력을 키울 수 있습니다.

| Tip | 활용하면 좋은 그림책 |
|---|---|

『핑』(아니 카스티요, 달리) 의사소통을 통해 관계를 맺는 과정에서 상처받는 아이들에게 활용할 수 있다. 의사소통 활동 마지막에 활용해 보자.

『군고구마와 주먹밥』(미야니시 타츠야, 미래아이) 경청 기술 가운데 '있는 그대로 듣기'의 중요성을 강조한 그림책으로, 경청과 말하기 수업 전, 후에 활용할 수 있다.

# 3장
# 존중의 힘

상호 존중과 자기 존중

민준 : (울면서 다가온다) 선생님, 성민이가 저를 놀렸어요.

교사 : 그래? 성민이가 뭐라고 했는데?

민준 : 저보고 키도 부족하고, 뇌도 부족하대요. 친구들 앞에서요.

교사 : 저런! (성민이를 보며) 성민아, 네가 민준이에게 그렇게 말했니?
　　　　왜 그렇게 말했어?

성민 : 그냥 장난인데요.

교사 : 장난이라고? 입장을 바꿔서 생각해 봐. 너라면 그런 말 듣고
　　　　기분 좋겠니? 얼른 사과해.

상대가 기분 나쁘고 마음에 상처받을 것을 뻔히 알 법한데도 위와 같은 말과 행동을 하는 상황이 종종 벌어집니다. 이때 흔히 "입장 바꿔 생각해 봐. 너라도 기분이 나쁘고 그런 말을 듣기 싫겠지?"라고 조언을 하지요. 하지만 타인의 마음에 공감할 수 있을 만큼 인지·정서적으로 성숙한 상태가 아니라면 이 말이 진심으로 와닿기는 어렵습니다. 이번 장에서는 이렇게 장난이라는 말 뒤에 숨어 친구에게 가시 돋친 말을 아무렇게나 던지는 학생들에게 다른 사람에 대한 존중을 시각화하여 가르칠 수 있는 '상처받은 영대'를 소개합니다.

## 상처받은 영대를 어떻게 도울 수 있을까?

학생들은 '상처받은 영대' 활동을 통해 내가 하는 말이 다른 사람들에게 어떻게 받아들여지고 어떤 영향을 주는지를 느낄 수 있습니다. 그리고 주변 사람이 소속감을 느끼지 못할 때 그것이 나에게도 영향을 미칠 수 있다는 것을 인식하게 됩니다.

이 활동은 '영대'라는 가상의 친구가 우리 학교에 전학해 온 상황을 가정한 후에 참여하는 활동입니다. 그런데 '영대'라는 대상을 장난스럽게 대하는 경우가 더러 있습니다. 그러므로 상황에 몰입할 수 있도록 우선 분위기를 조성하는 것이 필요하며 활동 1~2주전 별도의 설명 없이 영대 그림을 미리 교실에 게시하여 관심을 불

러일으키는 방법을 사용할 수 있습니다.『내 짝꿍 최영대』와 같은
따돌림 당하는 친구 이야기를 읽고 인물의 마음을 읽어 보는 경험
을 사전에 제공하는 것도 도움이 됩니다. 그리고 '영대'라는 학생이
있다면 다른 이름을 사용하여 활동하는 것이 바람직합니다.

**활동**

### 상처받은 영대

- **활동 목표** : 상처 주는 말의 영향을 시각적으로 배우고 격려하는
  말의 힘을 안다.
- **활동 시간** : 40분
- **준비물** : 영대를 그린 종이, 말풍선 모양 붙임쪽지, 4절 색상지
- **활동 방법**

1) 책상을 교실 주변으로 밀고, 동그랗게 의자를 배치하여 둘러앉
   는다.
2) 영대가 그려진 종이를 들고 영대를 소개한다.
   "여러분, 오늘 우리 반에 새로운 전학생이 왔어요. 자, 우리 반의
   전학생 '김영대'를 소개합니다. 선생님이 아까 영대한테 전학 오
   기 전 학교생활을 들었는데요, 영대는 지난 학교에서 친구들 때
   문에 아주 힘들었대요. 친구들이 무시하고, 괴롭히고, 같이 놀려
   고도 하지 않았나 봐요. 혹시 여러분도 주변 사람들에게 상처받
   았던 말이 있다면 그것을 떠올려 보세요."
3) 한 명씩 돌아가면서 떠올린 말을 한마디씩 한다. 이때 교사는 영

대가 그려진 종이를 모퉁이부터 조금씩 구겨 나간다. 마지막 사람까지 말하고 나면 종이는 마치 공처럼 구겨진다. (학생들은 종이가 구겨지는 것을 보고 처음에 놀라지만, 곧 그것이 구겨진 영대의 마음이라는 것을 알게 된다.)

4) 학생들에게 질문한다.

"영대를 봐 주세요. 지금 영대의 마음이 어떨까요?"

"영대는 이전 학교 친구들이 자신을 '진짜 친구'로 생각한다고 느꼈을까요?"

"오늘 전학 온 영대는 지금 어떤 생각을 하고 있을까요?"

5) 영대를 위해 우리가 무엇을 할 수 있는지 생각하게 한다.

"영대의 생각이 '전학 오길 잘했어. 여기 친구들은 나를 환영하고, 같은 반 친구로 생각해. 정말 고마워'로 바뀌려면, 우리는 어떤 말, 행동을 할 수 있을까요?"

6) 학생들이 돌아가면서 한 명씩 큰 소리로 말한다. 이때 교사는 종이를 다시 펼친다. (영대의 마음을 회복시키는 말을 하면서 학생들에게 종이를 펴는 것을 직접 해 보게 할 수도 있다.)

7) 우리의 말과 행동이 상대와 공동체에 미치는 영향을 되돌아본다.

"이제 영대의 마음은 어떻게 되었나요?"

"마음에 생긴 주름과 찢어진 부분은 완전히 사라졌나요?"

"영대의 마음이 구겨지면 우리에게 어떤 영향을 줄까요?"

8) '상처받은 영대의 날'을 보내는 친구를 위해 할 수 있는 것을 생각한 후 나눈다.

"만약 '나는 우리 교실에 필요 없는 존재야. 내가 왜 여기 있어야 하는 건지 모르겠어' 하는 생각을 하게 된다면 우리는 모두 영대의 날을 보낸다고 할 수 있어요. 친구들이 영대의 날을 보내고 있다는 것을 어떻게 알 수 있을까요? 영대의 날을 보내는 친구를 보면 어떤 말이나 행동으로 도울 수 있을까요?"

- 학생들은 영대에게 하고 싶은 말을 영대가 그려진 종이 또는 붙임쪽지에 쓴다.
- 붙임쪽지를 4절 색상지에 붙여서 게시판에 게시하여 실천하게 한다.

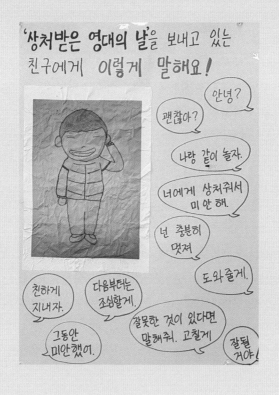

영대가 그려진 종이를 다시 폈음에도 불구하고 구겨진 자국은 여전히 남아 있습니다. 그것을 보면서 학생들은 마음에 생긴 상처는 쉽게 사라지지 않는다는 것을 알게 됩니다. 동시에 말과 행동을 조심해서 해야 한다는 점도 느끼게 되지요.

또한 나와는 상관없는 어떤 친구의 이야기가 아니라 우리 모두 '상처받은 영대의 날'을 보낼 수 있다는 것도 나눌 필요가 있습니다. 친구들과 잘 지내다가도 때때로 이해받지 못하고 환영받지 못하는 느낌이 드는 순간을 겪을 수 있으니까요.

이 활동은 단순히 친구가 들으면 기분 좋아질 것 같은 말을 하도록 가르치는 것이 아닙니다. 학급에서 중요한 존재로서 존중받고 있으며 나와 친구가 서로 연결되어 있다고 생각하도록 함께 그 방법을 찾아 나누는 것이 핵심입니다. 본 활동 이후 영대를 위한 말과 행동을 생활 속에서 꾸준히 실천하기 위해 '격려의 우체통'을 활용하는 것도 추천합니다. 소외되고 상처받은 친구를 발견한 누군가가 격려 편지를 써서 우체통에 넣으면 우체부(의미 있는 역할)가 그 친구에게 전달하는 것이지요. 격려 편지를 받은 친구는 소속감과 존재감을 느끼고 학급에서 긍정적인 자리매김을 할 수 있을 것입니다.

## 나부터 나를 존중하기

'상호 존중'은 다른 사람을 존중하는 것과 함께 자기 자신을 존중하는 것을 포함합니다. 누가 나를 존중하든지 하지 않든지 상관없이 내가 나를 존중하고 지키려는 태도를 의미합니다. 그래서 자기 존중은 모든 사람에게 사랑받는 사람이 되지 않기로 결심하는 것에서 출발합니다. 모든 사람에게 사랑받는다는 것은 사실 불가능하기 때문이지요.

자기를 존중하는 사람은 본인이 원하지 않는 상황이나 타인이 부적절한 행동을 할 때 선명하게 자기 입장을 표현할 수 있습니다. 또한 자신의 감정을 잘 돌보고 공감하며 다른 사람의 문제까지 나의 문제로 가져오지 않고 적당한 선을 그을 수 있습니다.

우리 교실에는 당당히 자기주장을 하는 학생도 있지만 다른 사람의 눈치를 보느라 곤란하거나 싫은 상황에서도 내색하지 못하는 학생도 있습니다. 어릴 때부터 착하다는 말을 많이 듣고 크다 보니 자신의 의견을 내세우기보다 다른 사람에게 양보하고 결정권을 주는 것이 익숙해진 것이지요. '자기 존중'은 이기적으로 굴어도 괜찮다는 것이 아니라 다른 사람과 지금의 상황을 존중하면서도 자신을 소중하게 대하는 태도가 중요하다는 의미입니다.

---

**활동**

### 나를 존중하는 나

- **활동 목표** : 옳고 그른 것에 대한 감각을 키우고 자신을 소중하게 여기며 자기 존중을 연습한다.
- **활동 시간** : 40분
- **준비물** : 브레인스토밍 게시용 칠판
- **활동 방법**

1) 교사의 경험담을 꺼내며 각자 존중받지 못한다고 느낀 경험을 나눈다.

   "선생님이 어제 친구하고 약속이 있었어요. 그런데 친구가 연락도 없이 30분이나 늦었으면서 전혀 미안해하지 않는 거예요. 그리고 자기가 먹고 싶었던 마라탕을 먹자고 했어요. 선생님은 마라탕을 좋아하지 않는다고 예전에 말한 적이 있었는데도요. 선생님은 친구가 나를 존중하지 않는 것 같아서 기분이 좋지 않았어요. 여러분도 존중받지 못한다고 느낀 적이 있었나요?"

"존중받지 못한다고 느낀 순간 여러분은 어떤 생각을 했나요? 어떤 결심을 했나요?"

2) 자기 존중의 걸림돌을 생각한다.

"싫다고 말하고 싶을 때 좋다고 말했던 순간이나 반대로, 좋은데 싫다고 말했던 적이 있나요?"

"그때 왜 내 마음을 솔직하게 말하기 어려웠나요?"

"내 마음을 제대로 표현하지 못하면 어떤 문제가 생길까요?"

3) 자기 존중을 실천할 방법을 브레인스토밍한다.

"다른 사람을 존중하면서 동시에 나도 존중받을 수 있는 말이나 행동은 무엇이 있을까요?"

- "나도 너랑 놀고 싶은데, 오늘은 집에 빨리 가야 해."
- "그 약속은 지키기 어려울 것 같아. 다른 걸로 정하자."
- "(다른 친구를 배제하려는 친구에게) ○○랑 같이 놀자. ○○도 괜찮은 애야."
- "(과제를 해 달라는 친구에게) 숙제는 네가 해야 하는 거라서 내가 대신해 줄 수는 없어."

4) 역할극을 통해 자기 존중의 말을 실습한다.

- 두 명씩 짝지어 앞서 브레인스토밍한 상황 가운데 하나를 정해 역할을 나누어 맡는다.
- 친구의 얼굴을 보면서 상황에 알맞은 자기 존중의 표현을 소리 내어 말한다.
- 역할극 활동을 하면서 든 생각, 느낌, 결심을 나눈다.

상호 존중과 자기 존중은 일회성 활동만으로 배우기는 어렵기 때문에 생활 속에서 지속하여 실천하도록 선생님의 관심과 격려가 필요합니다. 예를 들어 '상호 존중은 다른 사람과 나 자신을 존중하는 것이다'와 같은 내용의 문구를 써서 교실에 게시하고 매일 함께 읽어 봅니다. 하교 전 오늘 하루 동안 자기 존중과 타인 존중을 잘 실천했는지 물어보고 엄지를 들어 표시하거나 성찰 일지를 마련하여 한 줄 정도로 간단히 기록할 수 있습니다.

| ★ 오늘 내가 실천한 친구 존중의 말과 행동은 무엇인가요? | ★ 오늘 내가 실천한 자기 존중의 말과 행동은 무엇인가요? |
|---|---|
| 지영이가 점심시간에 혼자 있어서 같이 놀자고 말하고 보드게임을 함께했다. | 성민이가 놀려서 "그렇게 말하면 기분이 나쁘니까 하지 마"라고 말하고 사과받았다. |

▲ 상호 존중 성찰 일지 예시

## 학생과 교사 모두를 존중하는 대화법

'상처받은 영대' 활동을 통해 학생들이 어떤 자세로 서로를 대해야 하는지 배웠습니다. 교실 속에서 가장 큰 영향을 미치는 존재인 교사 역시 학생을 존중하는 태도를 보여야겠지요. 하지만 학생을 올바른 방향으로 이끌고자 하는 원래 의도와는 달리 잘못을 지적하고 나무라는 말이 먼저 튀어나올 때가 있습니다.

존중은 존중받은 경험을 통해서 가장 효과적으로 배울 수 있으며, 학생을 대하는 교사의 말과 행동에 정중함이 담겨 있을 때 자연스럽게 따라 배우게 됩니다. 학생을 존중하면서도 교사에게 협력하는 마음을 이끌어 내는 데 도움이 되는 몇 가지 대화법을 소개합니다.

첫 번째는 'What & How 호기심 질문법'입니다.

일반적으로 교사들은 학생들이 어떤 문제 상황에 처했을 때 왜 그랬는지를 묻습니다. 그리고 어떻게 생각해야 하는지, 무엇을 해야 했는지까지 알려 줍니다. 이처럼 교사가 열심히 지도해도 존중이 부족한 학생의 태도는 쉽게 바뀌지 않습니다. 선생님의 판단과 지시를 그저 듣기만 했을 뿐 스스로 성찰하지 않기 때문입니다. 문제의 원인과 해결 방법을 학생에게 찾도록 질문을 던지면서 학생들이 상황을 판단하고 해결하도록 이끌어야 합니다.

누가$^{Who}$ 그랬는지 왜$^{Why}$ 그랬는지 묻는 것은 자칫 추궁하는 것처럼 들려서 학생들의 마음에 반발심을 불러일으킵니다. 반면 너에게 무슨$^{What}$ 일이 일어났는지, 어떻게$^{How}$ 해결하면 좋을지를 물으면 함께 해답을 찾아가는 데 집중할 수 있습니다.

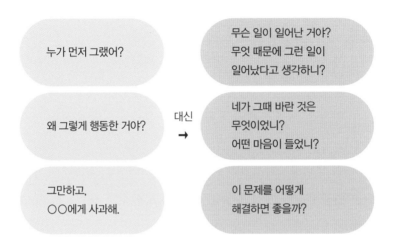

누가 먼저 그랬어?

무슨 일이 일어난 거야?
무엇 때문에 그런 일이
일어났다고 생각하니?

왜 그렇게 행동한 거야?

대신 →

네가 그때 바란 것은
무엇이었니?
어떤 마음이 들었니?

그만하고,
○○에게 사과해.

이 문제를 어떻게
해결하면 좋을까?

교사가 잘잘못을 판단하고 어떻게 해야 할지를 지시하는 대신 학생에게 질문하기를 선택하면 더 많은 시간과 노력이 필요할 것처럼 보입니다. 하지만 학생들에게 문제 해결 능력이 형성되면 사건이 생길 때마다 교사가 개입하여 문제를 처리해 주는 것보다 오히려 시간과 노력을 덜 들일 수 있습니다. 단, 호기심 질문법이 효과가 있으려면 학생의 말에 끼어들어 훈계나 조언하려는 마음은 버려야 합니다. 진심으로 학생의 생각을 궁금해하는 마음으로 다가가야 합니다.

문제 해결 방법을 생각해 보자고 할 때 스스로 문제를 해결해 본 경험이 부족한 학생은 잘 모르겠다고 대답할 수도 있습니다. 그럴 때는 "선생님이 해결책을 제안해 봐도 될까? 이런 방법도 가능해"라고 말하며 막막함을 덜어 줍니다. 또는 "나는 네가 해결할 수 있는 방법을 찾을 수 있을 거라고 믿어. 잘 생각해 보고 다음 쉬는 시간에 다시 이야기하자"라고 말하고 기다립니다. 문제를 즉시 해결해야 한다는 조급한 마음을 버리세요. 그러면 교사와 학생 모두 여유를 가지게 되고 서로를 정중하게 대할 수 있습니다.

두 번째는 '행동 변화 질문법'입니다. 상호 존중을 실천하는 학급에는 학생들이 교사에게 협력하려는 분위기가 형성되어 있습니다. 따라서 변화시키고 싶은 행동에 대해 간단한 질문을 하면 학생들은 지금 필요한 것이 무엇인지를 생각하게 되고 상황을 바꿀 수 있습니다. 예를 들어 "쉬는 시간에 교실에서 뛰지 말라고 몇 번이나 말했잖아" 대신 "쉬는 시간에 교실에서 뛰어다니는 친구들 때문에 불편하다고 생각하는 사람은 손 들어 볼까요? 괜찮다고 생각하는 사람은 얼마나 되나요?"와 같은 질문을 던집니다. 이때 솔직하게 대답할 수 있도록 불편함을 느끼는 사람과 아닌 사람을 모두 확인합니다. 학생들은 손을 들거나 엄지를 올리거나 내리는 수신호 등으로 의견을 표현할 수 있습니다.

만약 교사의 의도와는 달리 괜찮다고 하는 학생이 많으면 어떻게 할까 걱정될 수도 있습니다. 그럴 때는 학생들에게 "이런 질문을 하는 것은 할 일을 다수결로 결정하려는 것이 아니라, 현재 상황을 불편하게 여기는 사람이 있음을 확인하고 주의가 필요해서야"라고 알려 주면 됩니다.

| | |
|---|---|
| 너무 시끄럽잖아. 조용히 좀 해라. | 지금 교실이 시끄럽다고 느끼는 사람? 괜찮다고 생각하는 사람? |
| ○○아, 아직도 못하고 있니? 어휴……. | ○○아, 친구에게 도움받으면 끝 낼 수 있을 것 같니? ○○이가 가 위로 자르는 걸 도와줄 사람? |
| 빨리 정리하고 나가서 복도에 줄 서라. | 체육 시간에 늦지 않도록 빨리 준비하려면 어떻게 해야 할까? |

대신 →

세 번째는 존중하는 태도로 거절하기입니다. 학생들에게 자기 존중을 가르쳤듯이 교사 역시 현재 상황에서 수용 불가한 것은 안 된다고 분명하면서도 존중하는 태도로 거절할 수 있습니다.

---

**학생 :** 선생님, 오늘 체육 시간에 뭐해요? 피구 하면 안 돼요?

**교사 :** 안 돼요.

**학생 :** 왜 안 돼요? 옆 반은 피구 한대요.

**교사 :** 오늘은 매트 활동하는 시간이에요.

**학생 :** 피구 하고 싶어요. 제발요.

**교사 :** 오늘은 매트 활동 시간이라고 했습니다. 체육부장, 매트 준비 부 탁해요.

---

학생들은 때로 어차피 안 될 것을 알면서도 교사에게 무리한 요

구를 하거나 불만을 표출하기도 합니다. 이때 거절의 이유를 자세히 설명해야 친절하고 존중하는 것으로 생각할 수도 있지만 오히려 학생들을 무시하는 행동이 될 수 있습니다. '네가 아직 그 이유를 이해할 정도로 미숙하니 내가 알려 주지'와 같은 숨겨진 메시지를 전달하는 함정에 빠지는 것이지요. '우리 선생님은 우리를 소중하게 생각하고 인정해 주는 어른'이라는 신뢰가 있다면 학생들이 이미 알고 있는 이유에 대해 굳이 설명하려고 애쓰지 않아도 친절하고 단호하게 지도할 수 있습니다. 학생과 교사 모두를 존중하면서도 간단하게 실천할 수 있는 대화법들을 활용하여 긍정의 교실을 함께 만들어 가기를 바랍니다.

| Tip | 활용하면 좋은 그림책 |

『보이지 않는 아이』(트루디 루드위크, 책과콩나무) 상처받은 영대 활동과 연계하여 책 뒷부분 '함께 생각해 보아요!' 질문을 중심으로 토론해 보면 좋다.

『곰씨의 의자』(노인경, 문학동네) 내면을 직시하고 정확하게 표현해야 더 큰 갈등을 피할 수 있다는 메시지를 자기 존중 활동과 연결할 수 있다.

"우리는 서로 상처를 주기 위해 이곳에 온 것이 아니다.
우리는 서로 돕기 위해 이곳에 함께 있다."

# 4장
# 실수 안 할 자신 있는 사람?

실수로부터 회복하기

윤 수 : (우유를 마시다가 잠깐 책상에 올려 두었다.)

정 민 : (지나가다가 윤수의 책상을 건드려 윤수의 우유가 바닥에 쏟아진다.)

윤 수 : 야! 너 때문에 우유 다 쏟았잖아.

정 민 : 아, 미안해.

윤 수 : (정민이의 말이 끝나기도 전에 정민이의 몸을 밀며) 너 진짜!

정 민 : (억울한 목소리로) 미안하다고 했잖아. 왜 밀치고 그래? (운다.)

윤 수 : 너는 네가 잘못해 놓고 뭘 잘했다고 우냐?

정 민 : 내가 일부러 그런 것도 아니고, 미안하다고 했는데…….

윤 수 : 미안하다고 말하면 다야? 너 때문에 나는 우유도 못 먹고 내
책상이랑 바닥 다 망쳤잖아!

실수를 안 하고 살면 정말 좋겠지만, 우리는 '종종' 실수를 합니다. 무엇보다 우리 아이들은 '자주' 실수를 하지요. 실수란 의도하지 않았지만, 하게 되는 나의 모자란 행동이고, 때로는 타인에게 손해를 끼치는 환영받기 어려운 행동입니다. 그래서 누구도 실수하고 싶어 하는 사람은 없을 것입니다.

앞서 소개한 에피소드는 저학년 교실에서 아주 흔하게 볼 수 있는 장면입니다. 친구의 우유를 쏟은 학생은 '일부러' 쏟은 것이 아니니 분명 실수를 한 것이지요. 그렇지만 그 일을 당한 입장에서는 피해를 본 것이기에 기분이 안 좋고 화가 납니다. 물론 실수한 사람도 당황스럽고 미안한 마음이 들겠지요. 그 상황에서 최선은 실수를 인정하고 얼른 사과하면서 벌어진 상황을 잘 수습하려고 노력하는 것입니다.

하지만 상대의 실수로 피해를 입었다고 해서 위와 같이 실수한 친구를 밀거나 때리는 방식으로 반응한다면, 실수한 사건을 넘어 폭력 문제가 더해지고 맙니다. 친구의 실수를 일부러 그랬다고 생각하고 힘을 휘두르지 않도록, 먼저 저질러진 실수 자체를 잘 다루는 법을 배워야 합니다. 저 장면이 단순히 실수 해프닝으로 가볍게 넘어갈 수 있도록 말이지요. 더불어 '실수였는데 어쩔 수 없지 않나?'라는 태도로 변명하지 않고, 손해를 끼쳤다면 그에 대한 책임 있는 행동도 취할 수 있도록 배워야 합니다.

# '실수' 하면 떠오르는 것들

실수를 바라보는 각자의 인식은 다릅니다. 간단한 브레인스토 밍 활동으로 우리가 실수를 얼마나 다르게 인식하는지, 얼마나 다양한 감정들을 느끼는지 공유해 봅니다. 이 활동을 선생님들과도 진행해 보고 학생들과도 진행해 보면 비슷한 양상을 보입니다. 처음에 쏟아 놓는 단어들은 주로 실수해서 느끼는 부정적인 감정들 이라는 점입니다. 그런 후, 실수했을 때 자신이 듣거나 누군가가 자신에게 해 주었던 말들이 나오곤 합니다.

브레인스토밍은 떠오르는 어떤 것이든 비판 없이 수용하는 것이기에 한 단어나 어구, 문장으로 표현해도 좋습니다. 그러고 나서 나온 말들을 부정적, 긍정적, 중립적인 것으로 구분해 봅니다. 부정적인 것이 참 많기는 하지만, 생각보다 실수의 긍정적인 측면도 많이 언급됩니다. 내가 생각하거나 느끼지 못한 지점들도 발견하게 됩니다. 그것이 이 활동의 묘미입니다.

"삶은 단지 수영을 배우는 것과 같다.
실수하는 것을 두려워하지 말라.
살아가는 방법을 배우는 이만한 다른 방법이 없다."

## 실수 브레인스토밍

- **활동 목표** : 실수에 대해 어떻게 생각하는지 되돌아보고 실수에 대한 건강한 개념을 형성한다.
- **활동 시간** : 25분
- **준비물** : 이젤 패드 또는 2절지 한 장, 검은 매직, 세 가지 색 마커펜
- **활동 방법**

1) '실수' 하면 떠오르는 생각이나 감정을 자유롭게 말하도록 하고 이젤 패드에 자유롭게 적는다.

   "'실수' 하면 떠오르는 것이 있나요? 어떤 생각이나 감정이 드나요? 실수하고 나서 들었던 말도 좋아요. 실수와 어울리는 표현 같은 것도 괜찮아요. 예를 들면……."

- 토킹 스틱을 두세 바퀴 돌리며 충분히 떠오른 생각들을 말하도록 기회를 준다. 교사가 먼저 시범적으로 단어를 제시해 봐도 좋다.

2) 학생들이 말한 단어나 문장들을 종이에 자유롭게 적는다.

- 선생님도 함께하며 떠오른 단어들을 언급할 수 있다. 좀 더 나왔으면 하는 단어나 표현이 있다면 추가로 언급해도 좋다.

3) 적힌 여러 단어를 부정적인 것, 긍정적인 것, 중립적인 것으로 구분하여 세 가지 다른 색 마커펜으로 표시해 본다.

   "우리가 브레인스토밍한 많은 단어를 세 가지로 구분할 거예요. 먼저 부정적인 단어에는 무엇이 있나요? 찾아서 말해 주세요."

- 학생들이 찾아서 단어를 말해 볼 수 있도록 하고, 함께 판단하여 표시한다.

4) 어떤 색으로 표시한 것이 많은지 물어본다. 또한 실수에 대해 얼

마나 다른 시선과 다양한 생각, 감정들이 있는지 살펴본다.

"우리가 함께 브레인스토밍하고 세 가지 입장으로 분류 표시를 해 보았어요. 이것을 보면서 어떤 생각이 드나요? 어떤 점을 알게 되었나요?"

5) 이 활동을 통해 배운 점, 느낀 점 등을 나눈다.

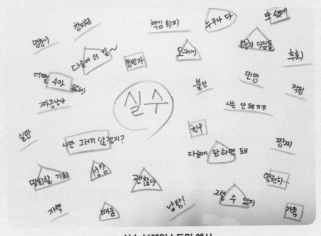

▲ 실수 브레인스토밍 예시

　브레인스토밍을 통해 나온 단어들을 긍정적인 것, 부정적인 것, 중립적인 것으로 구분할 때 특히 중립적인 것을 구분하는 것이 애매하기도 합니다. 그럴 때는 개인마다 해당 단어나 문장을 사용한 경험이 다르다 보니 발언한 학생에게 확인하고 분류하면 됩니다. 사진 자료에 포함된 내용 가운데 중립적인 것을 살펴보면, '영원히, 나만 그러지는 않겠지, 또 했네, 다음에 안 하면 돼, 어쩔 수가 없네'

와 같이 실수는 피할 길이 없다는 의미를 담은 것과 '가족, 친구'와 같이 실수를 자주 저지른 대상이 떠올라 언급한 것들입니다. 부정적이지도 긍정적이지도 않은 단어는 중립적인 것으로 보면 됩니다. 실수라는 경험을 통해서 뭔가를 배우거나 도움이 되거나 서로를 격려한 내용들일 경우 긍정적인 것으로 하고, 그 외의 것들은 중립적인 것으로 정리합니다.

## 실수를 회복하는 책임 있는 행동

위 활동 다음으로 실수 자체를 좀 더 탐구하는 시간을 가집니다. 내가 저질렀던 실수 가운데에서 어이없었거나 잊지 못할 최악의 실수를 학급 친구들과 함께 공유해 보는 활동입니다. 물론 도저히 나누기 어려운 실수라면 굳이 공개하지 않아도 된다고 하고요. 저학년 학생들과는 '실수 자랑대회'를 진행하면 더 흥미로워집니다. 학생들은 약간 부끄러워하면서도 무척 재미있어 합니다. 자신도 비슷한 실수를 한 적이 있다면 격하게 공감하며 이야기를 듣고요. 이렇게 자신이 실수한 경험을 공유하는 것만으로도 실수에 대한 인식이 말랑말랑해집니다.

돌아가며 자신의 실수담을 나눈 후, 그때 느꼈던 감정을 나눠 봅니다. 또 내 실수로 인해서 누군가가 어려움을 겪었다면 그 사람은 어떤 기분이었을지도 물어봅니다. 가벼운 실수이고 나 혼자 나에게 저지른 일이었다면 그냥 웃고 말겠지요. '나 뭐 한 거야? 참 어이가 없네!' 하면서 자신에게 인간미를 느끼고 넘어갈 수 있습니다. 하지만 남에게 제대로 피해를 끼치는 실수를 저질렀다면 정말 미안하고, 민망하고, 당혹스럽고, 부끄럽고, 어찌할 바를 모를 것입니다.

이렇게 실수담을 나누며 서로 민망한 표정과 웃음만 공유하고 끝낼 수는 없겠지요. 실수가 남기고 간 당혹스럽고 부끄럽고 미안한 감정들을 해소하고 또 내 실수 때문에 생긴 민폐 자국을 잘 닦아 내야 합니다. 내 실수가 남에게 피해를 주었다면 사과는 당연합니다. 이때 사과는 자신의 실수였음을 온전히 인정하고 건네는 사과여야 하고요. 말로만 전하는 사과로 충분하지 않을 때도 있습니다. 실수로 인해 생겨난 문제를 해결하는 적극적인 행동이 필요합니다. '책임 있는 행동'은 자신이 저지른 실수가 만들어 낸 문제나 피해를 해결하고 물질적, 심리적 보상이 필요하다면 그에 맞는 책임을 지는 것입니다.

자신의 실수담과 연결 지어서 그때 저지른 실수로부터 회복하기 위해 어떤 행동을 했는지 이야기 나눠 봅니다. 책임 있는 행동을 하지 못했다면 그때 어떻게 했으면 좋았을지, 즉 앞으로 비슷한 실수를 한다면 어떤 책임 있는 행동을 할지에 관해서도 이야기 나누면 좋습니다. 그렇게 관계를 회복하고 상황을 회복하고 나면, 어떤 감정이 드는지 나누어 봅니다. 그런 후 실수를 회복하고 또 극복한 나에 대해 어떤 마음이 드는지도 함께 나눕니다. 책임 있는 행동을 통해 생각보다 꽤 좋은 방향으로 내 감정도, 생각도 바뀌어 있음을 알게 될 것입니다.

　다음은 학급 안에서 일어날 수 있는 실수를 예측하며 브레인스토밍해 보고 그런 일이 생겼을 때 어떤 책임 있는 행동으로 관계와 상황을 회복하며 해결할지 함께 표로 작성해 보는 활동입니다. 학급에서 지내면서 실수를 했을 때 어떻게 대처할 수 있을지 먼저 예상해 보고 정리한 것이므로 친절한 안내서가 됩니다.

### 활동

## 우리 반 실수 + 실수를 회복하는 책임 있는 행동

- 활동 목표 : 학급에서 할 수 있는 실수를 찾고, 실수 자체보다 실수를 한 뒤 무엇을 하는지가 더 중요하다는 것을 알고 취할 행동을 정리한다.
- 활동 시간 : 25분
- 준비물 : 이젤 패드 또는 2절지 한 장, 마커펜
- 활동 방법
  1) 기록할 종이에 T자 형태로 선을 긋는다.
  2) 왼편에 우리 반에서 일어날 수 있는 실수들에 어떤 것들이 있는지 브레인스토밍한다.
  3) 오른편에 그런 실수를 했을 때 하면 좋은 '사과의 말'이나, 구체적인 '책임 있는 행동' 등을 브레인스토밍한다.
  4) 이 활동을 통해 배운 점, 느낀 점 등을 나눈다.
  5) 교실 게시판에 게시하고 상황이 발생했을 때 활용하기로 한다.

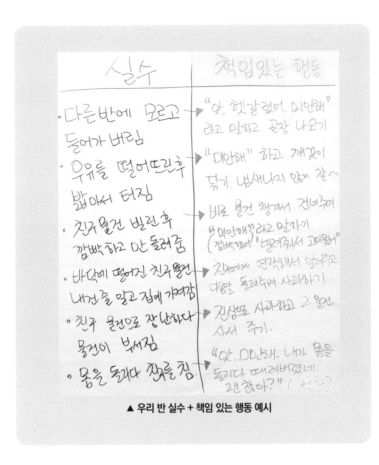

▲ 우리 반 실수 + 책임 있는 행동 예시

## 불완전할 용기

실수를 저지른 그 순간이 어쩌면 나에게 하나의 기회일 수 있습니다. 실수를 배움의 기회, 성장의 기회, 더 발전할 기회로 삼을 수 있다면, 실수는 우리 주변을 맴도는 꽤 괜찮은 친구가 됩니다. 모든 활동을 마치고 마지막으로 '나에게 실수란 ○○○다'라는 문장을 각자 만들어 나누어 보는 것도 좋습니다. 실수에 관해 탐구하기 전과 후 자신의 생각이 바뀐 것을 알아차리고 또 함께 공유할 수 있을 테니까요.

제인 넬슨이 워크숍이나 모임에서 즐겨 던지는 질문이 있습니다. "여기 계신 분 중에 앞으로 실수 안 할 자신 있는 사람 있나요?"

하지만 아무도 손을 들지 않습니다. 이 질문이 전달하고자 하는 메시지는 한마디로 이것이 아닐까요? 우리는 도무지 실수를 막을 길이 없다는 것! 그러니 실수할까 염려하고 걱정하지 말라는 것입니다. 다만 실수했을 때 그 순간을 배움과 성장의 기회로 멋지게 포착하면 될 뿐입니다.

우리 교실은 충분히 실수해도 되는 심리적으로 편안한 공간인가요? 교사가 실수해도, 학생이 실수해도 마음이 괜찮은 곳이었으면 좋겠습니다. 또한 실수가 일어났을 때 이를 배움의 기회로 삼고 모두가 격려하며 배우는 곳이기를 바랍니다. 1학기 중반이 지나며 많은 실수를 거듭해 온 우리 아이들이 서로의 실수를 용납하고, 또 그 실수를 회복하고 극복한다면 이미 함께 잘 성장해 가는 것입니다.

우리 아이들은 선생님이 수업하다 무슨 실수라도 하면 그렇게 좋아합니다. 인간미가 막 느껴지나 봅니다. 그래서 아이들과 실수에 대한 공부를 할 때 일부러 선생님이 실수를 내보이기도 합니다. 그렇게 선생님도 우스꽝스럽게 실수하지만, 그것을 잘 해결하고 되짚으며 나아간다고 보여 주는 것입니다.

우리는 실수 덩어리이거나, 실수투성이가 아닙니다. 다만 실수를 '하는' 사람일 뿐이지요. 실수하는 존재와 실수하는 행동을 분리하고 '불완전할 용기'를 가지고 나아갔으면 합니다. 우리의 존재 자체는 완전하지만, 우리의 행동이 완벽할 수 없기에 불완전한 나를 있는 그대로 받아들이는 것이 바로 불완전할 용기입니다. 우리를 한 걸음 내디딜 수 있게 만들어 주고, 실수했던 자신을 자책하는 대신 실수를 멋진 배움의 기회로 삼게 해 주는 이 용기를 가지고 계속 나아가 볼까요?

| Tip | 활용하면 좋은 그림책 |
|---|---|

『**절대로 실수하지 않는 아이**』(마크 펫, 두레아이들) 자신이 한 실수를 유쾌하게 웃어넘길 수 있는 우리가 되도록 도와준다.

『**아름다운 실수**』(코리나 루켄, 나는 별) 실수 관련 활동을 다 마무리하고 읽으면 좋다.

# 5장
# 선생님은 판사가 아니란다

문제 해결

민서 : (울컥하는 표정으로) 선생님! 윤지가 자꾸 하율이 하고만 놀고 저랑은 안 놀아 줘요. 제가 미안하다고 했는데 그냥 모른 척하고 째려봐요.

윤지 : (화가 난 표정으로) 선생님! 민서는 학원에서 하율이하고 같이 제 욕을 해요. 금방 삐치는 것도 너무 힘들어요.

교사 : (답답한 마음을 누르고) 음, 그렇구나. 아, 그런데 저번에도 너희들 이렇게 해서 선생님과 상담하고 사과했는데…….


(연구실에서 옆 반 선생님을 만나서)

교사 : 선생님, 저희 반 민서, 윤지, 하율이가 걸핏하면 다투고 자기들끼리 학원에서 욕하고 삐치고 한 걸 가지고 저한테 와서 이르는데 나보고 어쩌라는 건지 모르겠어요.

동료 교사 : 아, 또 그랬어요? 선생님이 무슨 판사도 아니고 이렇게 매번. 그 정도 일은 자기들이 알아서 해결하면 좋을 텐데요.

사람 사는 곳에는 갈등과 문제가 있기 마련입니다. 교실은 그런 갈등과 문제를 매일 그리고 아주 충분히 경험할 수 있는 곳이지요. 문제의 범위는 꽤 넓습니다. 교사와 학생 간의 갈등, 친구 간의 갈등뿐 아니라 지각하는 것, 숙제를 안 하는 것, 수업 시간에 집중하지 않고 딴짓하는 것 등도 다 문제입니다. 친구를 괴롭히는 행동 또한 문제의 일종이지요.

문제를 해결하려면 일단 문제가 무엇인지를 명확히 인지해야 합니다. 학급에서 빈번하게 일어나는 문제는 주로 친구 관계에서 생기는 갈등 문제들입니다. 이러한 갈등 상황을 겪었을 때 미숙하더라도 스스로 문제를 해결해 보는 경험을 갖는 것이 중요합니다. 아이들은 부모나 교사가 문제를 해결해 주기를 바라며 일단 이르고 보는 것이 일상이지요. 하지만 우리는 '해결사'가 아니라 아이들이 삶에서 만나는 여러 문제를 해결해 갈 수 있도록 돕는 '교사'입니다. 이 장에서는 학생들이 문제를 해결하는 힘을 길러 갈 수 있도록 이끌어 주는 비결을 만나 보겠습니다.

## 눈에 보이지 않는 것들

눈에 보이는 아이들의 행동이 문제라고 생각하고 그 행동을 고치는 데 집중하지만, 눈에 보이는 것이 전부가 아닙니다. 위 일화와 같이 안타깝게도 많은 학생이 민서와 윤지처럼 다른 친구의 행동만을 탓하고 비난하듯 이야기합니다. 내 친구가 다른 친구와 놀 수 있다는 것을 인정하기 어려워하기도 합니다. '너는 나하고만 놀아야 해, 자꾸 째려보는 것 같아. 쟤는 내가 싫어졌나 봐, 나랑은 놀아 주려고 하지 않아, 나는 우리 반에 별로 존재감이 없나 봐.' 아이들의 행동 이면에는 이런 숱한 문장들이 지나가고 있을지 모릅니다. 자신에 대한 가치를 부정적으로 보는 시선, 상대방의 행동에 대한 과잉 해석 등이 자기 행동에 투영되어 갈등을 증폭시키기도 하지요.

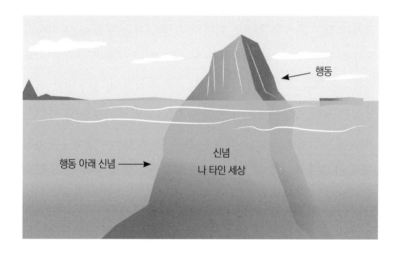

드라이커스의 '행동 빙산 이론'이 이를 잘 설명해 줍니다. 빙산의 드러난 윗부분은 우리 눈에 확연히 보이는 학생들의 '행동'이며, 수면 아래 보이지 않는 부분은 '행동 아래 감춰진 신념'입니다. 신념에는 자신과 타인, 세상에 대한 자기 나름의 해석과 판단이 담겨 있습니다. 똑같은 상황을 접해도 학생마다 반응이 다르고, 느끼는 감정이 다른 이유는 이 신념의 영향 때문이지요.

민서와 윤지에게는 '선생님은 잘못한 친구를 혼내 주는 사람이야'라는 신념이 있을 수 있습니다. '선생님과 반 친구들은 나를 좋아하고 나는 그들과 연결되어 있어'라는 신념을 가진 학생은 문제가 생겨도 예민하게 반응하지 않기에 해결 또한 수월합니다. 결국 자신의 신념을 긍정적으로 바꾸어 줄 수 있는 주변 사람들과의 상호작용은 행동의 변화도 이끌어 냅니다.

## 문제 해결의 주인공 되기

문제가 발생했을 때 단계를 두고 침착하게 해결하는 방법인 '문제 해결 4단계'를 배우는 시간을 갖습니다. 1단계는 반응하지 않고 일단 '문제에서 물러나기'입니다. 영어로 "Ignore it"을 이렇게 번역한 것인데, 'it'은 문제를 의미합니다. 문제를 무시하고 자신의 감정을 먼저 추스르는 것이지요. 문제에 매몰된 채 급히 해결하려 하면 도리어 갈등이 증폭될 수 있기 때문입니다.

2단계는 '문제에 대해 정중하게 이야기 나누기'입니다. 비난하거나 탓하는 방식이 아니라 존중하는 태도로 '문제를 어떻게 느끼는지, 어떤 점이 불편했는지, 정말 원하는 것은 무엇이었는지' 등을 함께 이야기해 봅니다.

3단계는 '해결 방법 의논하기'입니다. 서로가 원하는 해결책을 제안하고 모두가 만족하는 해결책을 선택합니다. 이렇게 해서 해결책을 합의하고 상호 실천하면 문제는 해결이 됩니다.

3단계까지 했어도 해결되지 않았을 경우를 위해 4단계는 '도움 요청하기'입니다. 선생님이나 부모님의 도움을 요청하여 지혜를 구하거나, 학급회의 안건으로 올려 서로 의논하는 과정을 통해 함께 배우는 과정입니다.

**활동**

### 문제 해결 4단계

- **활동 목표** : 학생들 스스로 문제를 해결하는 방법과 절차를 배운다.
- **활동 시간** : 40분
- **준비물** : 문제 해결 4단계 포스터, 2절 또는 4절 도화지, 매직
- **활동 방법**

1) 문제가 생겼을 때 해결하기 위한 좋은 방법을 배우는 시간이라고 하고 아이들이 생각하는 문제 상황은 어떤 것인지 물어본다.
"학교에서 생활하면서 친구들 간에 문제가 생길 때가 있어요. 어떤 문제 상황을 경험해 보았나요?
(문제 상황 : 새치기, 화장실에서 물 튕기는 것, 내 험담을 한 것을 알게 됨, 모둠 활동할 때 화를 내는 경우 등)
2) 아이들이 생각하는 문제 상황을 칠판에 적어 놓고, 이럴 때 우리는 주로 어떤 방법을 쓰는지 질문한다.

"우리가 자주 겪는 문제 상황에서 주로 사용했던 방법은 문제를 잘 해결하는 데 도움이 되었나요?"

(주로 쓰는 방법 : 운다, 싸운다, 옳고 그름을 따진다, 선생님께 말씀드린다 등)

3) 1단계는 **'문제에서 물러나기'**로, 문제 상황에서 벗어나 다른 일을 하거나 감정을 가다듬을 시간을 갖는 것이다. 바로 논쟁하기보다 더 많은 용기와 인내가 필요한데, 해결을 위해 진짜 중요한 단계라고 알려 준다.

"문제 해결 4단계 중 1단계는 문제에서 물러나기입니다. 화가 났거나 흥분한 감정을 추스르는 시간을 갖는 것입니다. 이때 어떤 것을 하면 좋을까요?"

"문제에서 물러나기 단계가 필요한 이유는 무엇일까요?"

4) 2단계는 **'문제에 대해 정중하게 이야기 나누기'**이다. '정중하게'의 의미가 무엇인지 질문한다. 문제에 대해 자신의 감정과 생각을 차분히 나누는 시간임을 강조한다. 칠판에 적혀 있는 우리가 생각한 문제 상황 가운데 하나를 골라 짝과 함께 짧은 역할극을 하며 이 단계를 연습한다. 그 후, 3단계는 무엇일지 추측하게 한다.

"2단계의 '정중하게' 이야기 나누는 것은 어떻게 말하는 것을 의미할까요?"

"짝과 함께 문제 상황을 하나 정해, 그 문제에 대해 정중하게 이야기 나누는 역할극을 해 봅시다."

5) 3단계는 **'해결 방법 의논하기'**이다. 해결책은 문제와 관련 있고 Related, 서로를 존중하고 Respectful, 합리적이며 Reasonable, 도움이 되는

방법<sup>Helpful</sup>이어야 함을 함께 배운다. (3R 1H) 서로에게 만족스러운 해결책으로 합의하는 과정임을 설명한다. 이 단계 또한 짝과 함께 역할극으로 해 볼 수 있다.

6) 4단계는 **'도움 요청하기'**이다. 아이들끼리 해결이 어려운 경우, 도움을 청하는 방법으로 학급회의 안건으로 올리거나 선생님, 친구들 혹은 부모님과 이야기를 나눌 수 있음을 알려 준다.

7) 네 단계를 거쳐 문제를 해결하는 것을 배운 소감을 나눈다.

8) 오늘 배운 내용을 포스터로 만들고 게시한다.

문제 해결 4단계를 배우고 난 후, 실천으로 이어질 수 있도록 아래와 같은 말과 질문을 통해 교사가 지속적으로 격려해 주는 것이 필요합니다.

*"우리는 문제에 대해 선택하고 결정할 능력이 있어요."*
*"우리는 공동의 문제를 안고 한배에 타고 있어요."*
*"각자의 배를 타고 항해하는 것이 아니라 한배에*
*타고 있는 것에 대해 어떤 생각이나 기분이 드나요?"*
*"한배에 탄 우리가 함께 문제를 해결하려면*
*어떻게 하면 좋을까요?"*

다만 학생들이 스스로 문제를 해결하는 것이 아니라 교사가 즉각적으로 개입해야 하는 경우의 문제 상황도 있습니다. 예를 들어 질병, 화재, 폭력 등과 같은 상황은 학생들에게 바로 도움을 요청하도록 사전에 안내하여야 합니다.

문제 해결 능력은 문제를 스스로 다루어 볼 때 키워집니다. 가정에서도 부모가 자녀를 대신해 문제를 해결해 주기보다 직접 해결하는 경험을 하도록 양육하는 것이 중요합니다. 학교에서 배운 문제 해결 4단계를 학급의 소통 창구에 안내하고 공유하여 가정에서도 실천하도록 도와줄 수 있습니다.

## '동의하고 관철하기'로 단호하게

관철하기$^{follow-through}$는 상호 동의한 것을 지킬 수 있도록 도와주는 교사의 단호한 기술입니다. 관철하기의 영어 표현은 스포츠 용어에서 온 것으로 배트나 라켓을 치는 방향 끝까지 충분히 뻗는 행동을 의미합니다. 학생들이 하기로 한 일을 끝까지 해내도록 교사가 관철하기 기술을 사용하는 것은 아주 의미가 있습니다.

독서록이나 주제 글쓰기 과제를 지도하다 보면, 정해진 기한을 지키지 않는 학생들이 있습니다. 그럴 때 사전에 동의하기를 통해 마감 기한이나 구체적인 실천 방안을 함께 논의해서 정하고, 이후 관철하기로 꾸준히 이끌어 주어야 합니다. 교사가 잔소리를 늘어놓거나 화를 내는 대신 관철하기 기술을 사용한다면, 학생과 교사 모두 감정적으로 지치는 일 없이 과제에 집중하여 이를 완수해 낼 수 있습니다.

학생들이 '우리 지역 답사 보고서 과제'를 제출해야 하는 경우, 관철하기를 다음과 같이 적용해 볼 수 있습니다. 먼저 답사 보고서를 언제까지 어떤 형식으로 제출해야 하는지 실천할 수 있는 해결 방법을 브레인스토밍하고, 교사와 학생 모두 동의한 내용을 안내합니다. 그렇게 했음에도 답사 보고서 제출을 계속 미루는 학생에게는 다음과 같이 이야기합니다. "우리가 이 과제에 대해 약속한 내용이 뭐였지?" 또한 "아직 과제 제출이 안 되었어"라고 사실을 확인시켜 줍니다. 이때 교사는 "답사 과제"라고 한 단어로 짧게 말하거나 '제출 날짜가 표시된 달력 가리키기'와 같이 말 대신 행동 기법을 사용해 단호하게 표현할 수도 있습니다.

그런 다음 책임 있는 행동을 위해 언제까지 제출할 수 있는지 학생 스스로 결정하게 합니다. 마지막으로 조금 늦더라도 자신이 정한 기일 내에 과제를 제출하였다면, "선생님과 친구들이랑 정한 약속을 지켜 줘서 고마워"라고 격려해야 합니다.

이처럼 관철하기 기술은 학생이 약속한 것을 잘 지키지 못할 때나 하고 싶은 것을 마냥 조르고 떼쓰는 상황에서 효과적으로 적용할 수 있습니다. 그렇지만 때로 교사나 어른들이 생각하는 것만큼 학생들은 이 문제를 중요하게 생각하지 않을 수 있다는 것 즉, 우선순위가 다를 수 있다는 점을 꼭 기억해야 합니다. 또한 문제가 아닌 학생을 판단하고 비난하거나, 문제에 대해 사전에 동의 과정을 거치지 않고 교사가 일방적으로 지시할 때도 관철하기는 성공하기 어렵습니다. 교사가 신뢰하는 자세로 약속한 것을 계속 상기시킨다면, 학생은 자기 몫을 결국은 해낼 것입니다.

## 화해 테이블에서 만나

친구 관계가 예민해지는 시기의 학생들은 친하게 지내다가도 금세 토라지곤 합니다. 크게 싸운 것도 아닌데, 서운함이 가시질 않습니다. 어떻게 마음을 표현해야 할지 잘 몰라 망설이기도 합니다. 그런데 상대방은 이런 망설임을 자기 얘기를 들어 볼 생각도 하지 않는 것으로 오해하기도 하지요. 속마음을 이야기해 보고 싶은데 친구가 사과를 받아 주지 않을까 봐, 혹은 더 크게 다투게 될까 봐 겁이 나기도 할 것입니다. 그럴 때 우리 학생들에게 '화해 테이블'이 있으면 어떨까요?

긍정훈육에서 제안하는 화해 테이블은 서로 이야기를 나눌 수 있는 작은 공간입니다. 같은 테이블에 앉아 서로 다른 의견을 편안한 분위기에서 이야기 나눌 수 있는 자리이지요. 브레인스토밍을 위해 종이와 필기도구를 두어도 좋습니다. 테이블 한쪽에 문제해결 4단계 포스터를 붙여 두는 것도 좋은 방법입니다. 화해 테이블 설치는 학년 복도 한켠도 좋고, 교사 앞쪽 책상 한쪽도 괜찮습니다. 근사하게 만들어도 좋지만, 꼭 그렇지 않더라도 진솔하게 소통

할 수 있는 공간이면 충분히 의미가 있습니다. 책상 두 개를 붙이고 '화해 테이블'이라고 적힌 삼각 이름표를 올려놓기만 해도 그 공간의 가치만 안다면 잘 활용합니다.

화해 테이블 활용 모습을 관찰해 보면, 이야기 나누다가 우는 아이들도 있고 변명하는 것처럼 보이는 때도 있습니다. 그래도 교사는 관여하지 않고 아이들이 자신들만의 시간과 공간을 충분히 가질 수 있도록 그대로 둡니다. 그러다 보면 어느새 아이들이 훨씬 가벼워진 표정으로 화해 테이블을 떠납니다. 마음에 담아 둔 이야기가 많으면 쉬는 시간마다 화해 테이블을 이용하기도 하고, 그렇게 몇 차례 하고 나면 이제 다른 방법을 안 써도 된다며 웃으며 마무리하기도 합니다.

## 문제 해결 후 회복하고 성숙해지는 아이들

선생님이 시켜서가 아니라 학생 스스로 필요하다고 느껴서 서로 사과하고 화해하는 용기 있는 모습이 담긴 교실을 떠올려 보세요. 해야 할 일을 하기 싫어서 울기만 하던 학생이 문제의 해결 방법을 스스로 찾아 행동하고, 친구와 다툴 때면 얼굴이 빨개지도록 화를 내기만 하던 학생이 화해 테이블과 감격해 카드를 사용하여 금세 마음이 회복되는 교실, 상상만 해도 기분이 좋아집니다.

선생님은 아이들의 문제를 판단하고 대신 해결해 주는 경찰이

나 판사가 아닙니다. 주체적으로 자신의 문제를 해결한 학생들은 교사가 기대한 이상으로 상호 존중, 경청과 배려, 책임감, 관용과 같은 삶에 필요한 기술이 한 뼘 자라 있을 것입니다.

아이들에게 문제 해결의 주도권을 주는 것은 방조나 방임과는 다릅니다. '관철하기' 역시 학생들을 관리 감독하는 방법이 아닙니다. 교사의 역할은 문제 해결을 가르치고 돕는 것이기에 "이 상황을 해결하기 위해 우리가 해야 할 일이 무엇이지?"라고 질문하며 스스로 해결하도록 이끄는 것으로 충분합니다. 학생들이 자기 문제를 주도적으로 고민하고, 어떻게 해결해야 할지 결정하면서 책임감 있는 사람으로 성장할 것입니다.

---

**Tip**　　　　　**활용하면 좋은 그림책**

『'문제'로 무엇을 할 수 있을까?』(코비 야마다, 상상의힘) 문제 해결을 가르치기 전에 함께 읽으면서 '문제'를 어떻게 바라보면 좋을까, 용기 있게 문제를 마주하는 것은 어떤 것일까 이야기 나누기를 추천한다.

『괜찮아, 나의 두꺼비야』(이소영, 글로연) 핫시팅 기법을 통해 빨강 혹은 하양이에게 해 주고 싶은 말, 궁금한 점 등을 나누면서 상대방을 이해하고 존중하며 문제를 해결하는 지혜를 배울 수 있다.

---

"문제는 해결해야 할 과제가 아니라, 성장할 기회이다."

**3**부

# 연중 향긋한 학급회의

# 1장
# 선생님, 학급회의가 필요해요!

학급회의의 가치와 필수 기술

"선생님, 우리 지금 학급회의가 필요해요!"

7월 어느 날, 체육 교과 전담 수업이 끝난 쉬는 시간에 아이들이 헐레벌떡 들어와 외쳤습니다. 운동장 수업을 마치고 교실로 돌아오는 길에, 경기 중 상대편의 태도를 두고 아이들 간에 싸움이 났답니다. 얼굴이 벌게져서 콧바람을 세게 내쉬며 다음 시간에는 학급회의를 해야겠다며 요청을 했습니다. 아이들이 싸움이 났다는데 걱정은 커녕 속으로 '유레카'를 외쳤습니다.

왜 '유레카'였을까요? 그때까지 매주 빠지지 않고 PDC 학급회의를 해 왔지만 참여하는 태도도 영 맘에 들지 않았고, 이렇게 하는 것이 잘하는 건가 반신반의하면서 PDC 활동을 실천해 왔더랬습니다. 그러기를 한 학기. 그런데 그 끝자락에 와서야 처음으로 아이들의 입에서 먼저 '학급회의'를 하자는 말이 나온 것입니다. 아이들이 먼저, 문제 해결 방법으로 학급회의를 선택하고 시간을 달라고 요청하다니요! 서로 상처 주고 다투기 전에 학급회의로 협력하여 문제를 해결해 보겠다는 그 마음이 너무나 반가웠습니다.

아이들이 스스로 문제 해결을 하고자 하는 동기가 생겼을 때, 좋은 배움의 기회를 가질 수 있도록 해 주고 싶었습니다. 아이들이 그간의 PDC 활동들로 성장했기에 용기 낼 수 있었다는 생각이 들었습니다. 그래서 제가 외쳤던 '유레카'는 바로, '학급회의는 그 자체로 목적이 아니고, 성장의 과정이구나'를 깨달은 감탄사였습니다.

— PDC 워크숍에서 나눈 한 선생님의 에피소드

긍정훈육을 실천하는 선생님들은 학급회의를 'PDC의 꽃'이라고 부릅니다. 꽃은 식물이 성장하면서 보이는 가장 아름다운 모습입니다. 그렇다면 매주 학급회의 시간이 꽃처럼 멋지게 피어난다는 말일까요? 그러면 참 좋겠지만 실제 꾸준히 실천하고 운영해 보면 현실은 그리 향긋하지 않고 매 순간 처절합니다.

우리가 바라는 그 '꽃'은 학급회의를 꾸준히 실천해 가는 과정을 겪으면서 아이들 안에서 피어날 것입니다. 정기적으로 학급회의를 하면서 아이들이 배워 가는 것들이 엄청나거든요. 삶을 읽어 내는 판단력과 지혜, 건강하게 의사소통하는 방법, 다름을 존중하며 상호 협력적인 해결책을 찾고 실천하는 힘, 공동체 일원으로서 서로에게 감사하고 공감하는 연습까지, 많은 것들을 경험할 수 있는 배움의 장입니다. 꾸준하게 실천하기가 쉽지는 않지만 그렇게 함께 고민하고 씨름하는 순간들이 쌓여 각자 그리고 함께 활짝 꽃피울 것입니다. 결국 학급회의 과정 자체는 민들레를 꽃 피우는 강아지 똥이지 않을까요?

## 학급회의를 위한 첫걸음

PDC 학급회의는 정해진 절차가 있고 그 절차를 잘 지키기 위해 꾸준히 갈고 닦아야 할 기술이 있습니다. 그것 때문에 처음에 학급 회의를 시도하는 일이 부담스러울 수도 있지만, 그 절차에는 긍정 훈육이 추구하는 가치가 담겨 있습니다. 그러므로 절차를 지켜 하는 것만으로도 서로가 성장할 수 있습니다.

성공적인 학급회의를 위해서는 학급회의가 잘되는 구조가 필요합니다. 학급회의가 잘되는 제도적·심리적 환경을 만들어 갈 수 있는 일곱 가지 기술을 소개합니다. 이 기술을 평소 학급살이에서 실천함으로써 자연스레 몸에 배면 학급회의 단계가 물 흐르듯이 진행됩니다. 무엇보다 아이들이 여러 번 연습해서 점점 나아지는 경험을 할 수 있도록 기회를 마련해 주세요. 연습한 후 나아지고 있는 부분을 스스로 찾아보게 하거나, 선생님이 관찰한 것을 구체적으로 언급해 주고 격려해 주면, 학생들은 유능감을 느끼고 신이 나서 더 열심히 행합니다.

## 브레인스토밍 연습하기

판단하지 않고 짧은 시간에 많은 아이디어를 나누는 것을 '브레인스토밍'이라고 하지요. 학급 가이드라인이나 일과를 정할 때도 '토킹 스틱'Talking Stick을 돌리며 차례대로 브레인스토밍합니다. (토킹 스틱은 이야기하는 사람이 잡고 말할 수 있는 소품으로, 만졌을 때 느낌이 좋은 꽃 막대나 마술봉, 작은 인형 등이 적당합니다.) 아이디어가 바로 안 떠오르거나, 생각을 정리할 시간이 필요할 때는 "다음에!" 또는 "통과!"라고 말하고, 다시 기회가 왔을 때 의견을 말할 수 있습니다.

수업 시간에 동기유발 할 때나, 모둠 안에서 의견을 발표할 때도 '브레인스토밍'한 뒤 결과를 발표할 수 있도록 수업을 디자인해서, 모두가 자기 의견을 빠르게 말하는 연습을 할 기회를 만듭니다. 이를 통해 다양하고 건설적인 의견을 함께 찾아낼 수 있다는 것도 경험합니다.

브레인스토밍에 친숙해지면 학급회의 때 '해결책'을 말하기가 쉬워지니 학생들이 더욱 활발하게 참여합니다. 브레인스토밍할 때 칠판이나 큰 종이에 의견을 적는 역할도 학생들이 번갈아 가며 맡으면, 학급회의 중에도 역할과 책임을 나누는 연습이 될 수 있습니다.


## 발표 연습하며 격려 주고받기

수업 시간이나 학급회의 시간에 발표하는 것은, 어떤 학생들에게는 아주 가슴 떨리는 일입니다. 그러므로 누구라도 자기표현을 편안하게 할 수 있도록 발표에도 단계를 주면 좋겠지요. 먼저 짝꿍과 이야기 나누며 자기 생각을 정리해 보게 하고, 그런 다음 정리했던 자기 생각을 모둠 안에서 돌아가며 발표해 보게 합니다. 모둠 안에서 발표할 때도 모둠에서 정한 '토킹 스틱'을 사용하여 말해 봅니다. 아직 말할 준비가 안 되었다면 "다음에!" 또는 "통과"라고 말할 수 있습니다. 그리고 한 바퀴 더 돌아서 자기 차례가 왔을 때, 정리한 생각을 말할 수 있습니다.

이렇게 짝이나 모둠 친구들과 부담 없이 나눴던 경험이 바탕이 되면 전체 발표도 좀 더 편안한 마음으로 할 수 있습니다. 또한 수업 시간에 무언가를 발표할 때도 먼저 자기 생각을 한두 단어나 문장으로 쓰고, 그것을 짝꿍과 나누고, 모둠 안에서 이야기한 뒤 전체 발표를 하면 두려움이 줄어듭니다. 모둠에서 친구가 발표하고 나면 꼭 손뼉을 쳐 주거나 짝꿍이 하이파이브로 격려합니다. 여러 사람 앞에서 자기 의견을 발표하는 것은 용기가 필요한 일이기에 어떤 의견을 내더라도 발표한 친구에게 손뼉을 쳐 주며 서로 격려하는 분위기를 만드는 것이 중요합니다.

월요일 아침 시간마다, 모둠 안에서 주말에 있었던 일에 대해 돌아가며 1분씩 이야기 나누고, 서로 질문하며 답하는 시간을 갖는 것도 좋습니다. 그리고 이야기 나눔 시간이 끝나면, 모둠에서 들었던 이야기 가운데 반 친구들과 나누면 좋을 이야기도 한 사람씩 정해 발표해 볼 수 있습니다. 여러 단계로 구분하여 말할 기회를 자주 가지며 누구나 편안하게 이야기를 나눌 수 있는 교실을 만들어 가는 것이지요.

## 감사 나누기

하루를 보내고 나서 마치는 시간에 날마다 5분 정도 '오늘 하루 감사했던 점, 고마운 점'을 반 친구들과 이야기 나눌 시간을 갖습니다. 또 수업 시간에 어떤 활동을 마치고 나서도, '이 시간에 우리 반(모둠, 내 짝꿍)이 노력한 점, 나아진 점, 고마운 점'에 관해 돌아가며 이야기 나누게 합니다. 이렇게 함께 마음을 나누는 것도, 학급회의의 일부입니다.

감사 나누기를 해 보자고 하면 학생들은 무엇을 고마워하면 좋을지 잘 모르겠다고 합니다. 일단 학생들과 '고마움을 느낄 수 있는 것'에 대해 함께 브레인스토밍해 봅니다. 친구가 나에게 도움을 준 것, 친절하게 대해 준 것, 함께 놀아 준 것, 마음 써 준 것뿐 아니라 실수가 잦거나 부족한 친구가 노력하고 애쓰는 것도 고마운 점이라는 것을 나눌 수 있습니다. 자기 자신에게도 고마워할 수 있습니다. 선생님에 대한 고마움도 분명 나올 것입니다. 이렇게 고마움의 대상과 내용을 찾고 난 후, 이것을 표현하는 것의 중요성을 나누어 봅니다. 감사를 나눈다는 것은 결국 고마움을 느낀 것에서 그치지 않고 이를 말로 표현하는 것이기 때문입니다.

고마움을 느끼고 또 표현하는 것은 다른 사람에 대한 사회적 관심에서 비롯되며, 감사 나누기는 이 사회적 관심을 키워 주는 선순환 역할을 합니다. 감사 나누기를 통해 우리는 서로의 강점과 긍정적인 면을 볼 수 있습니다. 평소에 당연하게 여기고 누려 온 것들을 소중하게 여기게 됩니다. 서로에 대해 긍정적으로 관심을 표현할 때 따뜻한 분위기를 만들고 서로 연결되었다는 소속감을 느끼기도 하고요. 이러한 학급 분위기 속에서 서로는 진정한 '친구'가 됩니다. 우정이 싹트면 갈등도 줄어들고, 갈등이 일어나더라도 서로에게 열린 마음으로 더 잘 해결해 갑니다. 또한 감사와 고마움을 표현하는 능력도 향상되어 그런 자신에게 뿌듯함을 느끼게 되겠지요.

감사한 것을 표현하는 말을 위해 아래와 같이 형식을 정해, 교실 잘 보이는 곳에 포스터로 붙이고 참고해서 말하도록 하면 좋습니다.

> "저는 ○○이가 ＿＿＿＿＿＿ (행동/말)해서 고맙습니다.
> ＿＿＿＿＿＿ 하기 때문(나에게 미친 영향)입니다."

또한 '감사 게시판'을 만들어 평소 친구에게 고마웠던 순간을 놓치지 않고 쪽지나 그림 또는 폴라로이드 사진으로 찍어 게시해 주는 것도 감사가 일상이 되게 하는 방법입니다. 매일 돌아가며 하루지기 역할을 하는 친구에게 반 친구들 모두가 격려 샤워처럼 고마움과 장점, 칭찬의 글을 담은 붙임쪽지(고마움 쪽지)를 큰 종이 한 장에 모아 붙여 준 후 선물해 주는 활동도 추천합니다. 매번 하기는 어렵지만 한 학기에 한 사이클 정도 '고마움 쪽지' 선물하기 시즌으로 정해 운영하면, 친구에게 고마운 점을 표현하고 칭찬거리와 미덕을 표현하는 데 익숙해집니다.

▲ 고마움 쪽지 예시

경청

경청하려면 '말하는 사람의 눈 바라보기', '들을 때 *끄덕이기*', '끝까지 듣기', '반응하며 듣기' 등이 필요합니다. 친구들이 발표할 때마다 이 방법들을 잘 써서 듣자고 자주 권합니다. 학생들이 모둠 안에서 서로 이야기 나눌 때, 교사는 교실을 돌아다니며 '경청 기술'을 써서 듣는 학생들을 알아차리고 격려해 줍니다. 또는 "경청 기술을 써서 듣고 있나요?"라고 물어봅니다. 서로 이야기를 나누고 나면, 잘 들어 준 친구들에게 "잘 들어 줘서 고마워!"라고 마음을 전해 준다면 더 좋겠지요.

아들러는 더불어 살아가려면 '사회적 감정'이 필요하다고 했습니다. '내 눈, 내 귀, 내 마음'이 아닌, '다른 사람의 눈으로 보고, 다른 사람의 귀로 듣고, 다른 사람의 마음'으로 느끼는 일이 필요하다는 것이지요. 학생들에게 누군가의 이야기를 들을 때, 상대방이 어떤 마음으로 말하고, 무엇을 바라는 것 같은지 헤아리며 들어 보자고 합니다. 내 관점으로만 이야기를 들으면 내 말만 맞는 것 같고, 상대방의 의견은 틀린 것처럼 느껴질 때가 많습니다. 이런 상황에서는 문제가 생겼을 때 해결이 쉽지 않습니다. 내가 상대방이 되어 볼 수는 없지만 상대방의 처지에서, 상대방의 마음으로, 상대방의 감정과 욕구를 헤아리며 '들으려고' 애쓰는 것만으로도 문제 해결에 큰 도움이 됩니다. 누군가 내 마음을 헤아려 주기만 했는데도 마음이 풀리고 문제를 해결하고 싶어졌던 경험 다들 있을 것입니다.

### 나 전달법으로 표현하기

평소 내 의견을 말할 때 나 전달법으로 표현하도록 합니다. 나 전달법으로 내 감정과 바람을 표현하는 연습을 하다 보면, 나를 표현하는 용기가 생기지요. 의견을 듣는 사람들도 '방어'하거나 '저항'하는 마음 대신, 이야기를 더 잘 듣고 싶어집니다. 교실 게시판 경청 포스터 옆에 나 전달법으로 말하는 방법도 나란히 게시해 둡니다.

> **나 전달법**
> "나는 _____ 할 때, _____ 한 기분이야. 나는 _____ 하길 바라."

하루를 시작하면서 '나는 ~해서 ~한 기분이야!'라는 형식으로 돌아가며 자신의 기분을 말해 보는 시간을 갖습니다. 서로의 감정을 헤아리고 나면 학생들은 서로를 이해하고 배려합니다. 하루를 마무리하면서, 아쉬웠던 일이나 속상한 일, 부탁하고 싶은 일이 있다면 나 전달법으로 말할 기회를 줍니다.

"오늘 하루를 보내며 혹시 속상했던 일이나 부탁할 것이 있는 친구 있나요?"

이 시간의 목적은 누군가를 탓하거나 비난하는 데 있는 것이 아니라, 서로가 힘들어하는 마음을 잘 이해하고, 문제가 있다면 잘 해결하기 위함입니다. 누군가가 불편하게 한 점이 있어서 부탁하는 말을 할 때는 이름을 말하는 대신, "나는 오늘 누군가가(또는 어떤 친구가) _____ 했을 때, _____ 한 기분이 들었어요. 나는 _____ 하면 좋겠어요!"라고 특정 대상이 아닌 교실 빈 곳을 향해 말하게 합니다.

학생 대부분은 어떤 행동이 친구들을 불편하게 한다는 것을 알아차리면 그 행동을 멈추는 경향이 있고, 되도록 친구의 바람을 들어주려고 합니다. 이런 과정들을 통해 나 전달법으로 말하는 것이 문제 해결에 도움이 된다는 것을 경험하게 됩니다.

학생들은 이 기술을 연습하면서 '내가 원하는 것과 불편해하는 것'이 무엇인지 알고 말할 수 있게 됩니다. 내가 무엇을 불편해하는지 이야기하지 않아도 알아서 척척 해 주는 타인은 많지 않습니다. 표현하지 않으면, 잘 모르거나 괜찮다고 생각합니다. 건강한 관계를 위해서는 자기가 무엇이 불편한지, 또 무엇을 바라는지 다른 사람들에게 존중하는 방식으로 이야기할 수 있어야 하고 불평이 아닌, 바라는 것에 집중해서 이야기할 수 있어야 합니다.

### 원으로 앉기

학기 초에 동그랗게 앉기 연습을 게임처럼 몇 번 진행하면 일 년 내내 아이들 스스로 잘 해냅니다. 의자만 가지고 원을 만들 수도 있고, 의자 없이 맨바닥에 원을 만들 수도 있습니다. 먼저 '안전하게 조용하게 빠르게' 앉는 원칙을 설명합니다. 가장 중요한 것은 '안전'이고, 또 원 만들면서 아래 교실과 옆 교실에 피해를 주면 안 되기에 '조용하게', 그리고 원을 만드느라 시간이 지연되면 곤란하기에 시간을 재며 '빠르게' 움직이는 연습을 합니다.

학생들과 브레인스토밍을 통해 '어떻게 안전하게 할 수 있는지, 어떻게 조용하게 움직일 수 있는지, 어떻게 빠르게 원을 만들 수 있는지' 방법을 하나하나 찾습니다. 그런 다음 책상과 의자를 동그랗게 만들어 보고, '원 만들어 앉기'까지 연습해 봅니다. 원으로 앉을 때, '모둠별로 차례대로 앉기', '짝꿍이랑 앉기', '남녀 차례로 성별을 번갈아 앉기'와 같은 방법을 미리 정해 안내하면 좋습니다. 나와 친한 친구하고만 가까이 앉는 것이 아니라, 누구와도 가까이 앉아서 학급회의에 집중하고 협력하며 참여하는 연습을 한다는 인식을 할 수 있도록 이끌어 줍니다.

그렇게 하는 데 시간이 얼마나 걸렸는지 재고, 그 기록을 칠판 한쪽에 적어 두고 한 달 동안 이 기록을 줄여 가는 놀이를 합니다. 연습하다가 함께 정한 시간 안에 해냈을 때는 성공 비결을 물어보고,

기록이 점점 짧아졌을 때 서로 축하하고 손뼉 치는 것도 큰 격려가 됩니다. 잘 안 되었을 때는, "다음에 할 때는 어떤 점을 좀 더 노력하면 좋을까요?"라고 물으며 연습 과정을 되돌아보고, 배움의 기회로 삼습니다. 다시 자기 자리로 돌아갈 때도 '안전하게, 조용하게, 빠르게' 원칙을 상기시킵니다.

## 어긋난 목표 차트 가르치기

어긋난 목표 차트는 '학생들의 어긋난 목표 행동과 어긋난 신념' 속에 숨겨진 학생들의 진짜 욕구를 알아차릴 수 있도록 드라이커스가 정리한 것입니다.(가을 편 274쪽 참고)

학생도 학급에 어긋난 행동을 하는 친구가 있다면, 짜증이 나기도 하고 화가 나거나 상처받기도 합니다. 그리고 그런 행동을 하는 친구에게 내가 상처받은 만큼 돌려주는 방식으로 해결하고 싶어지는 악순환이 계속됩니다. 어긋난 행동을 하는 학생들은 소속감과 존재감, 자존감을 느끼지 못하고 좌절한 상태입니다. 그래서 어긋난 방식으로 소속감과 존재감을 느끼려 하고 그 과정에서 학급 구성원들도 함께 어려움을 느끼게 됩니다.

학생들에게도 어긋난 목표 차트를 알려 주고 친구의 겉으로 드러난 행동 이면에 숨겨진 진짜 욕구가 무엇인지 깊이 이해할 수 있도록 도울 수 있습니다. 그리고 어긋난 행동을 하는 친구들이 용기를 얻을 수 있도록 격려하고 건설적인 해결 방법을 제안할 수 있습니다.

반 학생들에게 네 가지 어긋난 목표를 가지고 행동하는 친구가 있을 때 어떻게 격려할 수 있을지 브레인스토밍합니다. 그 가운데 존중하며, 도움 되는 방법을 포스터로 정리해 게시합니다. 그런 다음 실천해 보고 그 효과에 관해 이야기 나눠볼 수 있습니다. 비난하거나 상처 주는 방법이 아니라, 힘을 길러 주는 방식으로 도울 때 서로에게 용기를 북돋우며 성장하게 된다는 것을 경험한 학생들은, 학급회의를 할 때도 건설적인 해결 방법을 제안하는 것에 점차 익숙해집니다.

| 우리는 이렇게 친구를 응원하고 용기를 줍니다 | | | |
|---|---|---|---|
| 지나치게 관심을 끌 때 | 힘을 잘못 쓸 때 | 보복하거나 상처를 줄 때 | 아무것도 안 하고 포기하려고 할 때 |
| • 함께 놀기<br>• 잘하고 있는 점 말해 주기<br>• 말할 때 웃어 주기<br>• 인사하기<br>• 하이파이브 하기 | • 이 친구에게 도와 달라고 요청하기<br>• 리더 맡기기<br>• 의견 물어보고 선택하게 하기 | • 친구 마음 헤아려 주기<br>• 칭찬과 격려 하기<br>• 사과하기<br>• 맞서지 않기<br>• 느낌 물어보고 공감하기<br>• 도와주기 | • 실수해도 괜찮다고 말하기<br>• 함께하자고 하기<br>• 친구의 존재에 고마움 표현하기<br>• 이 친구가 잘하는 것에 도움 요청하기<br>• 쉬운 것부터 해 보도록 하기<br>• 응원하기 |

▲ 게시용 어긋난 목표 차트 예시

# 학급회의를 시작하는 선생님께

　선생님마다 조금씩 차이가 있지만, 대부분 긍정훈육을 실천하는 학급에서는 학급의 기틀이 어느 정도 세워진 4~5월 정도부터 학급회의를 시작합니다. 학급 분위기나 발달 단계에 따라 1학기에 여러 PDC 활동이나 감사 나누기만 하다가 2학기부터 시작하기도 합니다. 언제 시작하든 모든 학급에서 학급회의를 시작하는 첫 한 달은 학급회의의 과정을 신뢰하고, 각 단계를 천천히 시도해 보는 것이 중요합니다. 실수도 유머로 넘기면서 긴 호흡을 가지고 편안하게 첫 단추를 끼워 보는 것이지요.

> 학급회의는 서로 감사하기 위해 합니다.
> 학급회의는 서로 돕기 위해 합니다.
> 학급회의는 해결책에 집중하며 함께 문제를 해결하기 위해 합니다.
> 학급회의는 함께 학급 활동 계획을 세우기 위해 합니다.

　학급회의의 목적을 담은 네 개의 문장입니다. 이 목적이 교사인 우리 마음에 선명하다면 어떤 학급회의의 모습이라도 다 괜찮습니다. 학급회의를 한다고 해서 당장 어떤 문제가 속이 시원하게 해결되지는 않습니다. 하지만 학급회의를 해 나가는 과정 자체가 이미 굉장한 공부이고 가치가 있다는 믿음을 가지고 지속하려는 의지를 갖는 것이 중요합니다. 무엇보다도 교사가 빠른 문제 해결을 기대하면서, 학급회의를 문제 해결을 위한 수단으로 활용하지 않도록 경계해야 합니다. 학생들은 선생님이 제안하는 교육 활동이 자신들을 존중하는 방식인지, 또 자신들의 능력을 신뢰하고 안전하게 연습하도록 이끄는지 금방 느끼거든요.

공동체의 일원으로 서로에게 감사를 표현하고, 도움을 주며, 살아가며 생긴 문제들을 풀어 가고, 재미난 것들을 함께 계획하는 모든 과정에서 우리 아이들은 인생 기술과 지혜를 배울 것입니다.

| Tip | 활용하면 좋은 그림책 |
| --- | --- |

『One 1』(캐드린 오토시, 북뱅크) 다양함이 존중받는 평화로운 공동체를 위해서는 모두가 말하고 참여하는 학급회의 장이 꼭 필요하다는 의견을 이끌어 내는 데 활용할 수 있다.

『다리』(하인츠 야니쉬, 주니어RHK) 공동체를 이룰 때 으레 만나는 갈등을 직면하고 소통하는 장으로써의 학급회의 필요성을 이끌어 내는 데 활용하면 좋다.

"우리는 의자를 동그랗게 놓았어요. 그리고 이야기를 시작했어요.
곧 내가 알게 된 것은 우리가 문제를 해결했다는 거예요."

# 2장
# 학급회의 절차 살펴보기

PDC 학급회의 10단계

## 학급회의로 초대하기

모든 학생은 교실 속에서 소속감과 존재감·자존감을 느끼고 싶어 합니다. 교사의 역할 가운데 중요한 부분은 학생이 학급에서 소속감과 존재감, 자존감을 느끼도록 돕는 일입니다. 학생들은 정기적인 학급회의에 참여하면서 학급에서 일어나는 문제에 대해 모두가 주체가 되고 서로에게 도움 되는 방식으로 함께 해결해 가는 데 기여하게 됩니다. 이 과정을 경험하며 학생들은 자기 힘을 건설적인 방식으로 사용하게 되고, 소속감과 존재감, 자존감을 느낄 수 있습니다.

그렇기에 긍정훈육은 학급회의를 중요하게 생각합니다. 학생들이 학급회의를 통해 배운 사회적 기술과 삶의 기술을 삶에서 날마다 활용한다면, 문제 해결력이 길러지며 유능감과 자신감을 바탕으로 자기 삶을 용기 있게 살아갈 수 있기 때문입니다.

학생들은 눈치채지 못했겠지만, 교사는 정식적인 학급회의를 열기 위해 꾸준히 물밑 작업을 해 왔습니다. 여러 PDC 활동과 일곱 가지 기술을 연마해 학급회의에 참여할 준비가 된 학생들을 드디어 우리 반 학급회의로 초대합니다.

### 학급회의 소개하기

- **활동 목표** : 학급회의의 필요성을 안내하고 우리 반의 학급회의 목적을 공유한다.
- **활동 시간** : 20분

> 학급회의는 서로 **감사하기 위해** 합니다.
> 학급회의는 **서로 돕기 위해** 합니다.
> 학급회의는 해결책에 집중하며 함께 **문제를 해결하기 위해** 합니다.
> 학급회의는 함께 **학급 활동 계획을 세우기 위해** 합니다.

- **활동 방법**

1) 학생들에게 교실, 복도, 운동장에서 생긴 문제가 있는지, 그것과 관련해 걱정이 있는지 물어보고 말하는 내용을 칠판에 적는다.
2) 협력적인 문제 해결을 제안한다.
   "함께 회의함으로써 칠판에 적혀 있는 문제들에 도움이 되는 긍정적인 해결책을 생각해낼 수 있다고 생각하는 사람은 손을 들어 보세요."
   "친구들을 잘 도와줄 수 있는 기술을 익히는 데 관심이 있는 사람은 손 들어 보세요."
3) 학급회의의 네 가지 목표인 '감사 나누기, 서로 돕기, 문제 해결하기, 학급 행사와 활동 계획하기'를 포스터를 보여 주며 안내한다.

4) 위 네 가지 목표를 가지고 함께 학급회의를 하는 데 동의하는지 묻는다.

5) 학급회의에 함께해 주어 감사하다는 말과 격려의 말을 전한다.
"선생님은 여러분이 배우는 것에 집중하고 있다는 것을 알게 되어 기쁘고, 여러분을 도울 수 있어 행복해요. 학급회의를 하다 보면 실수가 있을 수 있어요. 그러나 우리는 실수에서 더 많은 것을 배울 거예요."

# PDC 학급회의 10단계

PDC 학급회의는 10단계로 이루어져 있습니다. 이 단계들은 1~2차시에 걸쳐 별도로 가르쳐야 합니다. 이후 정해진 학급회의 시간마다 단계를 밟으며 회의를 진행하다 보면 금방 익숙해질 것입니다. 다음 쪽에 있는 예시처럼 학급회의 10단계 포스터를 인쇄해서, 게시판에 붙여 두고 학급회의를 할 때마다 포스터를 보며 진행합니다.

## 1단계 : 원 만들기

'안전하고 조용하고 빠르게' 책상 없이 의자만 원 대형으로 만들어서 앉도록 합니다. 원으로 둘러앉는 까닭은 모든 사람이 서로 바라보고, 말하고, 들으며 존중하는 분위기를 만들 수 있기 때문입니다. 선생님도 학급 구성원의 한 사람으로 학생들과 함께 같은 의자에 같은 눈높이로 앉습니다.

원을 만들어 대화하는 것은 인디언들이 하던 마을 회의에서 유래했습니다. 인디언 마을에서는 문제가 생겼을 때 둥그렇게 둘러앉아 돌아가며 모두가 발언하고 문제 해결에 초점을 두고 이야기를 나누었습니다. 여기에는 모두가 평등하다는 점과, 함께 생활하는 공동체의 힘을 믿는 마음이 담겨 있습니다.

### 2단계 : 마음 나누기(감사하고 칭찬하기)

함께 생활하는 친구들에게 감사와 칭찬의 말을 들으면 기분이 좋아집니다. 친구들에게 감사와 칭찬의 말을 하려면, 친구들의 생활을 관심 있게 살펴야 합니다. 그리고 긍정적으로 표현할 줄 알아야 하지요. 모든 사람이 칭찬과 감사의 말을 들으면, 긍정적인 분위기가 만들어집니다. 긍정적인 분위기에서 학급회의를 할 때, 더 잘 해결될 때가 많습니다.

학급회의를 하는 목적은 주로 학급에서 발생하는 문제들과 사안들을 원만히 해결하고 이를 통해 긍정적인 결과를 얻기 위해서입니다. 즉 공동의 문제 해결에 많은 무게가 실려 있지요. 이러한 문제를 해결하기 위해 문제를 언급하고 문제에 집중하다 보면 회의 분위기가 불편함을 토로하는 시간이 되기 쉽습니다. 그래서 긍정적인 관계와 태도로 문제를 해결하는 장을 열기 위해 가장 먼

# 긍정 학급회의 10단계

| **1단계** | **원 만들기** |
|---|---|

안전하게, 조용하게, 빠르게

| **2단계** | **마음 나누기** |
|---|---|

| **3단계** | **회의 역할 나누기** |
|---|---|

기록이, 평화지킴이, 소음지킴이, 시간지킴이 등

| **4단계** | **회의 목적 확인하기** |
|---|---|

우리는 서로를 비난하거나 상대를 쉽게 평가하거나 판단하지 않습니다.
문제 해결에 초점을 두며 발언은 돌아가며 공평하게 합니다. 회의의
목적은 서로 마음을 나누고 문제를 해결하며 함께 성장하는 것입니다.

| **5단계** | **지난 회의 결정 사항 확인하기** |
|---|---|

| **6단계** | **회의 안건 제시하기** |
|---|---|

| **7단계** | **해결책 브레인스토밍하기** |
|---|---|

| **8단계** | **해결책 결정하기** |
|---|---|

3R 1H : 합리적인가, 관련성이 있는가,
존중하는 방식인가, 도움이 되는가.

| **9단계** | **해결책 역할극하기** |
|---|---|

| **10단계** | **소감 나누기** |
|---|---|

저 마음 나누기를 해야 합니다. '행동 교정 전에 연결 먼저'Connection before Correction라는 원칙이 여기서도 적용된다고 볼 수 있습니다.

작은 인형이나 만졌을 때 느낌이 좋은 토킹 피스 또는 꽃 막대와 같은 토킹 스틱을 준비하여 한 사람씩 돌아가며 말합니다. 아직 말할 준비가 안 되었다면, "다음에!"라고 말하고 넘길 수 있으며, 한 바퀴 돌았다면 아까 패스한 친구도 마음 나누기에 꼭 참여할 수 있도록 토킹 피스를 건넵니다.

고마움의 말을 들은 사람은, "그렇게 말해 줘서 고마워!"라고 대답합니다. 감사하고 칭찬하는 말도 중요하지만 그런 말을 들었을 때, 제대로 반응하는 것도 중요하기 때문에 가르치고 나서 꼭 배운 대로 말해 보도록 합니다.

때로는 칭찬과 감사의 말 대신 자기 취미나 좋아하는 것들, 이번 주에 기억에 남는 일이 무엇인지 이야기를 나누면서 시작할 수도 있습니다. 그러다 보면 서로에 대해 자연스레 알아 가게 되고, 서로에 대해 알아 가면 친밀감과 소속감이 생깁니다. 마음 나누기 시간은 서로의 마음을 연결하여 심리적으로 안전한 학급회의가 되도록 돕습니다.


### 3단계 : 학급회의 역할 나누기

학급회의를 진행하는 '사회자'(칭찬과 감사로 학급회의를 시작하도록 이끌기, 발언권 주고 의견 정리하기, 학급회의의 목적에 맞게 회의가 진행되도록 살피기)는 일단 교사가 맡습니다. 친구들이 말한 의견을 기록하는 역할인 '서기'뿐 아니라 회의 시작과 끝을 알려 주는 '시간 지킴이', 회의 중 소란스러울 때 알려 주고 돕는 '소음 지킴이', 친구 말에 끼어들거나 몸짓으로 방해하는 상황을 정리하는 '평화 지킴이' 등의 역할도 정할 수 있습니다. 지킴이 역할을 맡은 친구들에게 해당 역할이 적힌 미니 푯말을 주고 활용하게 하면 서로가 회의에 집중하는 데 도움이 됩니다.

이렇게 학급회의에 필요한 역할들을 나누어 진행하면 학생들이 회의의 주체가 되어 참여도도 높아집니다. 학급회의 역할은 학급 친구들이 골고루 돌아가며 해 볼 수 있도록 기회를 줍니다. 자기가 어떤 날짜에 어떤 역할을 해 볼지 일정표에 자기 이름을 미리 적어 둘 수도 있고 겹치지 않게 번호순으로 돌아가도 괜찮습니다. '학급 임원' 제도가 있다면, 임원들이 역할을 바꿔 가며 진행할 수도 있겠지요.

### 4단계 : 학급회의 목적 확인하기

"우리는 서로 비난하거나 상대를 쉽게 평가하거나 판단하지 않습니다. 우리는 문제 해결에 초점을 두며 의견을 말할 때는 돌아가며 공평하게 합니다. 학급회의의 목적은 서로 마음을 나누고, 서로 돕고, 문제를 해결하며 함께 성장하는 것입니다."

학급회의 절차 포스터에 적힌 학급회의의 목적을 모두 함께 소리 내어 읽으며, 학급회의 목적이 무엇인지 확인합니다. 회의 때마다 읽고 이 목적을 상기하는 것은 회의 방향과 분위기에 중요한 역할을 합니다. 회의를 진행하다가 학급회의의 목적에 벗어난 말이나 행동을 할 때는, "우리가 학급회의를 하는 목적이 무엇이었죠?"라고 질문하며 목적에 맞는 태도로 이끌고 격려할 수 있습니다.

### 5단계 : 지난 회의 결정 사항 확인하기

지난 학급회의 결정 내용을 잘 실천했는지 피드백하는 단계입니다. '학급회의 결과 게시판'에 붙여 둔 내용을 보면서 확인할 수 있습니다. 잘 실천되었는지는 학급 일과에서 다루었던 5R 질문법(Review 약속 확인, Reflection 되돌아보기, Responsibility 책임, Result 결과, Rehearse 다시 해보기)으로 돌아볼 수 있습니다. 한 주를 사는 동안 합의한 약속을 잘 지켰는지 자기 자신과 학급 모두를 돌아보는 일은 꼭 필요합니다.

"지난주에 결정한 것은, 수업 시간에 소란스럽게 하는 친구가 있을 때, '근처에 있는 친구들이 검지를 코에 대고 신호를 줘서 알려주는 것'과 '떠들 때 반응하지 않기'였습니다. 스스로 잘 지켜왔다고 생각하면 엄지를 위로, 좀 더 노력해야 한다고 생각하면 엄지를 옆으로, 더 신경을 쓰고 노력이 필요한 친구는 엄지를 아래로 표시해 주세요!"

또한 "잘 지켜지지 않은 친구들을 도울 수 있는 다른 방법을 생각해 보았나요? 어떤 방법이 있을까요?"라고 질문하며, 어떤 점을 더 노력하면 좋을지 생각해 보고 말할 기회를 가집니다.

학급회의에서 결정한 것이 적힌 종이를 게시판에 붙이거나 타이핑하여 인쇄한 뒤, 주마다 포개어 누적해 나갑니다. 매주 함께 결정하고 동의한 것은 우리 반의 약속과 문화로 자리잡게 됩니다. 잘 지켜지지 않을 때마다, "우리 수업 시간에 소란스럽게 하는 친구가 있을 때는 어떻게 돕기로 했지요?"라고 질문하거나 우리의 결정이 무엇인지 확인해 가며 결정한 내용을 실천으로 잇는 작업을 계속해야 합니다. 무언가를 결정했다고 해서 한 번에 해결되거나 나아지지 않기 때문이지요. 꾸준한 관심과 격려, 피드백이 가지는 힘입니다.

## 6단계 : 회의 안건 제시하기

PDC 문제 해결 4단계(문제에서 물러나기, 정중하게 문제에 대해 말하기, 서로에게 도움 되는 해결 방법 찾아보기, 도움 요청하기)를 학생들이 이미 배웠다면 마지막 단계가 도움 요청하기라는 것을 알 것입니다. 자신이 아는 여러 문제 해결 방법을 시도해 보았지만 잘 안될 때, 학급 친구들에게 도움을 얻기 위해 회의 안건으로 올릴 수 있습니다. 때로는 시급하다고 생각하는 문제에 대해서도 바로 안건으로 올릴 수 있습니다.

적당한 크기의 화이트보드로 '학급회의 안건 게시판'을 만들어 칠판 가장자리에 붙여 둡니다. 차례대로 번호를 매겨 안건과 제안한 사람의 이름을 적습니다. 학급회의의 목적은 누군가를 비난하거나 탓하는 데 있지 않고 잘 해결하는 데 있습니다. 그러므로 의제로 올릴 때, 불편하게 행동한 친구의 이름을 쓰지 않고 '~행동을 한 친구', '누군가'라고 씁니다. 안건을 올리는 친구는 자기 이름을 적습니다. 학급회의 안건으로 올라온 것에 대해서는 사전에 검열하지 않고, 안건이 올라온 차례대로 회의에서 다룹니다.

1. 전담 수업 시간에 떠드는 친구들이 있어서 수업에 집중하기 힘들어요. (김남주)
2. 2학기 동아리 활동 시간에 해 보고 싶은 활동을 함께 계획하고 싶어요. (선생님)
3. 물병을 안 가져온 친구가 자꾸 물을 나눠 달라고 해서 힘들어요. (이민서)

▲ 학급회의 안건 게시판 예시

칠판형 안건 게시판 대신 아래와 같이 학급회의 안건지 양식을 만들어 활용할 수도 있습니다. 안건을 제안한 사람은 안건 내용 및 바라는 해결 방식을 골라 표시할 수 있고, 학급회의로 도움을 요청하기 전에 자신이 써 본 방법을 함께 적어 둘 수 있습니다. 내가 바라는 해결 방식 세 가지는 안건을 다루는 방법입니다.

"이 상황에서 우리가 할 수 있는 것은 무엇이죠?"
질문을 통해 책임을 공유하는 것이 바로 최고의 문제 해결법이다.

| PDC 학급회의 안건지 양식    이름 : | 날짜 : |
|---|---|
| 안건 내용 | 바라는 해결 방식은? (○표) |
| 문제를 해결하기 위해 내가 써 본 방법들 | 1. 감정 나누고 공감 주고받기<br>2. 의견 고치지 않고 토의하기<br>3. 해결(결정)을 위해 도움 요청하기 |

'자신의 감정을 나누고, 공감받기'를 바란다면, 문제 상황에서 그때 어떤 기분이 들었는지 이야기합니다. 다른 친구들은 친구의 입장에 관해 공감하는 말이나 어떤 생각이 드는지 돌아가며 이야기할 수 있습니다. '친구의 의견 고치지 않고 토의하기'를 바란다면, 안건을 제안한 까닭을 먼저 말합니다. 다른 학생들은 돌아가며 그 문제에 대해 자신의 의견을 말하며, 제안한 친구는 친구들의 의견을 들으며 해결을 위한 아이디어를 선물 받게 되지요. '해결(결정)을 위한 도움 요청'을 바란다면, 안건을 제안한 까닭을 말한 후 모두가 돌아가며 그 문제에 관한 해결책을 제안하고 결정할 수 있습니다. 이러한 안건을 다루는 구체적인 내용은 학급회의 사례를 다루는 장에서 보실 수 있습니다.

학생들은 '학급회의 안건 게시판'에 올라온 안건들을 사전에 보며, 감정을 추스르고 해결책을 미리 생각해 볼 수 있습니다. 학급회의 안건을 제안한 친구는 안건을 통해 함께 문제를 해결하며 성장할 기회를 준 것이므로 친구들이 고마운 마음을 전해 주면 좋습니다. 안건 제안이 고맙고 잘한 일이라는 인식이 있다면 개인이 가진 문제나 학급에 문제 상황이 생겼을 때 협력의 힘을 믿고 개선하려는 마음으로 안건을 편안하게 제안하는 분위기가 됩니다. 또한 학급에서 생기는 공동의 문제를 해결할 필요가 있거나, 학급 행사나 활동을 함께 계획해야 할 때도 학생이든 교사든 누구나 이를 학급회의 안건을 올릴 수 있기에 공동의 고민과 성장이 가능해집니다.

## 7단계 : 해결책 브레인스토밍하기

브레인스토밍은 가능한 문제 해결 방법을 자유롭게 내는 방식으로 말 그대로 다양한 의견을 '폭풍처럼 나열하는 것'입니다. 안건에 대한 나름의 해결 방법을 돌아가며 말합니다. 토킹 피스를 돌리며 자기 차례에 말하는 연습이 되어 있다면 이 과정은 자연스럽게 진행됩니다. 브레인스토밍의 목적은 짧은 시간에 많은 해결 방법을 발산해 내는 데 있어 어떤 의견이라도 중간에 비판하거나 평가하지 않고 다 수용하고 기록합니다. 선생님도 학생들이 말할 때마다 중간에 끼어들지 않고, 자기 차례가 되었을 때 말하는 것은 학생들에게 모범이 됩니다. 교사가 다소 우스꽝스러운 의견을 일부러 내 분위기를 부드럽게 해 볼 수도 있습니다. 무슨 생각이나 의견이든 일단 수용된다는 것을 느낄 때 학생들은 편하고 안전하게 브레인스토밍에 참여할 수 있겠지요.

토킹 피스 첫 한 바퀴를 도는 동안 생각이 떠오르지 않는 친구는 "다음에"라고 말하고 일단 넘길 수 있으며 두 바퀴째 돌 때 말하면 됩니다. 이미 말했던 사람도 다른 친구들의 이야기를 들으면서 새로운 아이디어를 생각해 말할 수 있어서 토킹 피스는 꼭 두 바퀴를 돌리며 말할 기회를 줍니다.

이때, 앞서 자기 의견을 말했던 사람은 말없이 토킹 피스를 옆으로 돌리면 되고, 아무런 아이디어나 의견이 떠오르지 않으면 굳이 말하지 않아도 괜찮습니다. 어떤 문제에 관한 생각을 브레인스토밍으로 나누는 것은 학생들이 자신의 의견을 어떤 것에 눈치 보거나 의식하지 않고 자유롭게 말하게 하지요. 모두의 말이 소중하고 나름의 의미가 있다고 여겨 주는 분위기에서 훨씬 적극적으로 참여하며, 유쾌하게 서로의 이야기에 귀를 기울일 수 있습니다.

### 8단계 : 해결책 결정하기(3R 1H)

브레인스토밍으로 나온 모든 의견이 다 적당한 해결책일 수는 없습니다. 비판 없이 수용했지만, 해결책으로 적합한지 생각해 보아야겠지요? 내놓은 의견이나 아이디어가 참 해결책이라면 다음 네 가지 조건을 통과하게 되어 있습니다. 3R 1H라고 불리는 이것은 바로 'Reasonable, Related, Respectful, Helpful'입니다. 학생들과 기록한 모든 아이디어와 의견들을 하나씩 살피며 이 네 조건을 충족하는지 확인합니다.

"합리적인가요? 관련성이 있나요? 존중하는 방식인가요? 도움이 되나요?"

이 기준에 맞지 않는 방법들은 제외하고, 남은 해결책 중에서 안건을 제안한 학생이 자신에게 가장 도움이 된다고 생각하는 방법을 고를 수 있습니다. 만약 우리 반 모두와 관련이 있는 문제라 합의나 결정이 필요하다면 어떤 방법을 선택할지 손을 들어 결정합니다. 또는 나온 해결책 모두를 통합하여서 한두 가지로 정리한 후 결정할 수도 있고요. 이 기준으로 분별하는 과정을 거듭해서 경험하다 보면, 학생들은 처벌이나 보상의 방식 대신 예방적이고 지원적이며 건설적인 방법을 찾는 안목이 생깁니다.

### 9단계 : 해결책 역할극하기

안건에 대한 해결책이 정해졌어도 그 해결책이 모든 학생에게 잘 와닿지 않을 수 있습니다. 그럴 때는 결정한 내용으로 역할극을 해 보면 해결책이 좀 더 선명하게 다가옵니다.

최종 결정된 해결책으로 가상의 상황에서 역할극을 해 봅니다. 필요한 역할에 대해 학생들의 지원을 받아 진행하고, 그 외 친구들은 관찰자입니다. 또는 그룹을 지어 모두가 역할극을 해 볼 수도 있습니다. 역할극은 1분 내외로 짧게 즐기면서 연기해 봅니다.

역할극을 하고 난 후 역할극에 참여한 학생들에게 어떤 생각이 들었고, 어떤 감정을 느꼈는지, 또 무엇을 배우고 결심하게 되었는지 물어봅니다. 이 질문에 대한 반응을 들으며 새로운 관점을 얻거나 다른 사람의 마음을 헤아리고 이해할 기회를 얻게 됩니다. 또 실제 삶에서 용기를 내 실천하는 데 도움도 되고 시행착오도 줄일 수 있습니다.

역할극은 처음에 안건을 제시하는 상황에서도 활용할 수 있습니다. 문제 상황과 안건을 명확하게 이해하기 위해 역할극을 해 보는 것이지요. 역할극에 참여한 친구에게 든 생각, 감정, 결심을 묻고 답을 들어 봄으로써 문제를 겪는 학생들의 마음에 공감하는 데 도움을 얻을 수 있습니다. 시간이 부족하거나 상황에 따라 역할극은 생략할 수 있기는 하지만 아동기의 특성상 몸으로 익히는 것이 연습도 되고 기억에도 잘 남으므로 발달 단계를 존중하여 이 과정도 충실히 다루면 좋겠습니다.

### 10단계 : 소감 나누기

회의에 잘 참여한 것에 대해 감사하는 마음과 소감을 나눕니다. 시간이 넉넉하다면 토킹 피스를 한 바퀴 돌리며 이야기를 들어 봅니다. 마쳐야 하는 시간이 가까워진다면 소감을 말하고 싶다고 손을 든 사람 가운데 한두 사람에게 말할 기회를 주어 마무리합니다. 마지막에는 학급회의 가이드라인을 잘 지켰는지 돌아보는 질문을 하고 격려합니다.

"오늘 서로 존중하며, 안전하고, 협력하면서 학급회의에 참여했나요?"

"오늘 회의에 정성껏 참여해서 다른 친구들의 의견을 잘 듣고, 자신의 의견을 잘 이야기하려고 애쓴 자신을 안아 주세요. 두 손을 X자로 해서 어깨 토닥토닥!"

# 학급회의 가이드라인을 정하는 회의

학급회의의 마지막 절차에서 학급 가이드라인을 잘 지켰는지 돌아보는 질문을 던지기 위해서는 학급회의의 첫 안건으로 학생들과 함께 '학급회의 가이드라인'을 정해 보면 좋습니다. "존중하며 안전하고 협력하는 학급회의를 위해 필요한 것은 무엇이 있을까요?"라고 물으며 다양한 아이디어를 브레인스토밍하게 합니다. '친구들이 말할 때 바라보기', '끝까지 듣기', '말할 차례 지키기' 등의 경청 기술이 나올 것이고 '토킹 피스를 가지고 있을 때만 말하기', '나 전달법 말하기' 등의 말하기 기술과 '존중하며 도움 되는 해결책 찾기', '회의 시간 지키기', '서로 비난하지 않기' 등 평화롭고 심리적으로 안전한 회의를 위한 의견들이 나올 것입니다. 그렇게 나온 의견들을 모으고, 동의 과정을 거쳐 작성된 가이드라인 용지

우리는 존중하며 안전하고 협력하는 학급회의를 하며 함께 결정합니다.
1. 사회자를 제외하고 토킹 피스를 가질 때만 말합니다.
2. 친구가 말할 때 친구를 바라보며 끝까지 듣습니다.
3. 문제 상황이나 불편한 점을 말할 때 '사람'이 아닌 '행동'으로만 말합니다.
4. 용기 내어 '나 전달법'으로 의견을 말합니다.
5. 들은 이야기에 대해 전달하거나 아는 척하지 않습니다.
6. 서로를 존중하며, 도움 되는 해결책을 찾습니다.
7. 학급회의 시작 시각과 마치는 시간을 지킵니다.

▲ 학급회의의 가이드라인 예시

에 모두 서명까지 하고 게시합니다. 학급회의 가이드라인까지 다 정리하고 나면 이제 매주 정기 회의를 운영할 준비 완료입니다.

학급회의를 시작하기에 앞서 '학급회의 가이드라인' 포스터 내용을 사전에 읽어 봅니다. 회의를 마치고 나면 가이드라인을 잘 지켰는지 되돌아보는 활동도 꾸준히 하면 좋습니다. 가이드라인에 맞게 회의에 참여했다면 고맙다는 말로 격려할 수 있고, 노력이 필요한 부분이 있다면 다음 학급회의 때 중점을 두고 지켜보도록 격려합니다. 할 때마다 성장하고 애쓴 점을 서로 알아차리고 격려할 수 있도록 질문하며 되돌아보기를 하면 점점 더 성숙한 태도로 학급회의에 참여하게 됩니다.

학급회의는 한 개인에게 책임을 묻거나 그를 궁지로 몰지 않고 학급 구성원 모두가 문제 해결에 초점을 맞추기에 효과적입니다. 그러기 위해서는 모두가 학급회의 가이드라인을 잘 지켜야 합니다.


## 학급회의에 임하는 교사의 마음 챙김

'어떻게 하면 학생들이 학급회의에 진지하게 참여할까?' '어떻게 해야 매번 문제 행동을 일으키는 '그 학생'이 과연 학급회의를 통해 격려받고 해결책대로 행동할 수 있을까?'

학급회의를 시작하고 또 지속하는 과정에서 교사는 학급회의를 통해 학생들이 잘 배우고 잘 성장했으면 하는 마음이 한가득일 것입니다. 교사로서 잘 이끌어 주고 싶고, 진행을 잘 도와 학급회의 덕분에 학생들이 멋지게 꽃피웠으면 하지요.

학생들을 위해 애쓰고, 고민하고 노력하는 것도 중요하지만, 그 전에 이 모든 것을 이끌고 책임진 교사의 마음을 돌보고 정돈하는 것을 놓치지 않았으면 합니다. 학생들을 향한 고민거리와 질문 아래 숨은 교사의 감정과 욕구를 들여다보면 여유를 가지고 방향을 잡는 데 도움이 됩니다. '내가 지금 학급회의가 장난스럽게 흘러가는 것이 걱정되는구나', '내가 지금 '그 학생'이 친구들에게서 미움받아 더 어긋난 행동을 하는 것 같아 마음이 아프구나', '내가 지금 학급회의의 효과가 드라마틱하게 나타나지 않아 실망스럽구나'.

잠깐 멈추어 내면을 명확하게 보고 그것을 있는 그대로 받아들이면 신기하게도 다시 무언가를 시도할 용기가 생깁니다. 그때 다음과 같이 자신을 돌아보는 질문을 하는 겁니다.

**첫째, 마음을 진정시키는 시간을 충분히 가졌는가?** 아이들은 기분 좋을 때 더 잘합니다. 공부뿐 아니라 학급회의도 그렇습니다. 그래서 갈등이 있을 때는 잠시 마음을 추스를 시간을 충분히 가진 후, 감정이 요동치는 순간을 충분히 지난 후에 문제를 다루어야 합니다. 학생의 감정을 충분히 읽어 주고, 이런 시간을 갖는 이유를 설명해 준 뒤 냉각기를 갖습니다. 자기 조절 활동(94-109쪽)에서 배운 내용을 떠올리게 해 주면 좋습니다. 대부분은 이런 시간을 가지는 것만으로도 문제가 해결되기도 합니다.

**둘째, 학급회의 과정별로 각각의 훈련을 충분히 했는가?** 학급 일과를 정할 때 아이들이 브레인스토밍하고, 해야 할 일들을 명확히 알아보는 과정이 있었습니다. 그리고 역할극도 충분히 하고요. 이와 마찬가지로 학급회의의 각 단계가 있으며, 하나씩 연습하는 시간이 필요합니다. 아이는 아이라서 우리가 아이들에게 바라는 것을 '알아서' 잘할 수는 없습니다. 충분히 연습하지 않은 상태에서 순조롭게 진행되기를 기대하지는 않았는지 돌아봅니다. 지금 그러한 연습이 진행되는 중이라면 잦은 실수들과 시행착오를 너그러운 시선으로 바라봐 주세요.

**셋째, 교사 스스로 '상호 존중'의 모범을 보여 주었는가? 학생들을 인격적으로 대하는가?** 학생들의 능력을 믿고 또 학생들의 견해에 충분히 관심을 가집니다. 학생들이 잘했을 때 부드럽게 미소 지어 주고, 아이들이 의견을 발표할 때 눈을 바라보며 고개를 끄덕여 줍니다. 그리고 무엇보다 학급회의 속의 교사는 학급의 일원으로서 함께 학급의 일을 협의한다고 생각하고 참여하는 것이 좋습니다. 교사도 발언권을 얻어 말하고, 다수결로 정할 때도 한 표를 행사하는 것이지요.

**넷째, 아이들에게 완벽함을 바라지는 않았는가?** 교사인 우리 자신도, 모든 수업과 교육적 지도가 완벽하지 못합니다. 그러나 동료들의 격려와 스스로 최선을 다했다는 느낌이 우리를 더 성장하게 하지요. 학생들도 마찬가지입니다. 그저 예전보다 더 나아지는 것을 알아주고, 성장한 것을 인정하거나 축하해 주는 것이 큰 격려가 됩니다. 학생들이 지속해 애쓸 수 있는 큰 밑거름이 됩니다.

**날마다 하는 미니 학급회의**

　매일 아침, 5분이나 10분 정도 내어 '하루 열기' 시간을 갖습니다. '서로 마음 나누기'를 하거나 어제 있었던 일을 이야기하거나 그날의 기분을 나누거나 하루 일정을 공유하고 안내할 수 있습니다. 또 하루를 마무리하는 시간에 '하루 닫기' 회의를 하면 그날을 보내면서 가장 행복했던 순간, 기뻤던 일, 고마운 사람, 슬펐던 일, 부탁하고 싶은 일을 말할 기회를 모두에게 동일하게 줍니다. 이렇게 마음을 나누는 미니 학급회의를 꾸준히 하면 공동체의 일원으로서 서로에 대해 편안해지고 감정과 관심사를 공유하게 되면서 친밀감과 소속감이 생깁니다.

　때로는 급하게 함께 의논하거나 해결해야 할 일이 있을 때도, 시간을 내어 함께 이야기를 나눕니다. 교사가 마음 급하게 처리하여 통보하는 것보다 훨씬 효과적입니다. 학급 구성원이 서로의 생각과 감정을 나누고 해결책을 찾을 때 주인의식을 느끼고 책임감도 더 길러집니다. 해결책에 집중하는 습관이 배어 문제를 키우지 않고 쉽게 풀어 가는 삶의 지혜를 얻게 되지요.

**부탁 / 제안 게시판**

　'부탁/제안 게시판'을 만들어 학급에서 생활하면서 요청하고 싶은 점이 생기면 적어 두게 합니다. 그리고 하루 열기나 하루 닫기 시간을 활용해 말할 수 있도록 기회를 줍니다. 학생들은 서로가 불편해하는 표현하는 장치가 있는 것만으로도 존중받는 느낌이 들고, 또 타인의 요청에 귀 기울이게 됩니다.

**비밀 친구, 마니또**

　월요일 아침 학급회의 시간에 모든 학생이 그 주 동안 함께할 비밀 친구의 이름을 뽑게 합니다. 비밀 친구를 위해 무엇을 해 줄 수 있고, 어떤 도움을 줄 수 있는지 브레인스토밍해서 칠판에 기록합니다. 이 가운데 하루에 한 가지씩 시도해 보게 합니다.

　금요일 학급회의 '마음 나누기' 단계에서 자신의 비밀 친구에 대해 칭찬하거나 인정해 주고 싶은 것을 찾아내어 말할 기회를 줍니다. 아이들은 이런 시간을 통해 다른 사람에 대해 긍정적인 관심을 두게 되고, 서로 좋은 관계를 만들어 갑니다.

　내가 잘 몰랐던 긍정적인 점을 찾아 주며, 격려하는 학급 분위기를 만드는 데 꽤 유용합니다. 아이들은 이번 주 비밀 친구가 나의 모습을 관찰하고 있다는 생각에 스스로 행동을 조심하는 모습도 보입니다.

## 서클 놀이로 시작하거나 마무리하기

원으로 의자 배치를 한 상태에서 협력 놀이나 공동체 놀이를 하며 함께 즐거운 경험을 하고 나면 열린 마음으로 학급회의에 참여할 수 있습니다. 그래서 학급회의 전에 5분 정도는 간단한 놀이를 하기도 합니다. 학급회의를 본격적으로 하기 전부터 학급회의의 1단계인 원 만들기를 하고 함께 노는 것이지요. 어떤 때는 학급회의를 30분 이내에 마치고, 마지막 10분 정도는 함께 서클 놀이를 하며 마무리하기도 합니다. 어떤 놀이를 하고 싶은지 학생들이 학급회의에서 제안할 기회를 주고, 익숙한 놀이라면 학생들이 진행하게 해도 좋습니다.

---

**Tip**                     **활용하면 좋은 그림책**

『**어린이 회의**』(기타무라 유카, 한림출판사) 회의 진행과 안건에 대한 학생들의 마음이 표현되어 있어 학급회의에 대해 알아볼 때 도움이 된다.

『**사슴에게 문제가 생겼어요**』(클라우디오 고베티, 주니어RHK) 문제는 다른 사람과 함께 해결해 가야 한다는 것을 알려 준다. 학급회의에서 문제에 관해 이야기할 때 활용하자.

---

"학급회의는 아이들에게 가치 있는 사회적 기술과 삶의 기술을 가르쳐 준다."

# 3장
# 안건에 따라 다양하게 접근해요

안건 수집 방법과 안건별 학급회의 사례

이번 장에서는 실제 학급회의에서 다룬 내용들을 소개합니다. 안건에 따라 어떻게 접근하고 다루는지, 그리고 회의 절차가 어떻게 적용되는지 알 수 있습니다.

## 안건의 종류

안건은 크게 '문제 해결'이 필요한 안건과 '기획 및 계획하기' 안건으로 나눌 수 있습니다. 지각하는 문제, 편파적인 보드게임 사용 문제, 교과 전담 시간에 무례하게 행동하는 문제 등 학생들이 문제로 인식하고 이를 공동으로 해결했으면 하는 것들은 '문제 해결'이 필요한 안건입니다. 반면 학급 파티 구상, 만들어 가는 교과 수업 구상, 마니또 게임 운영 방안 등 학급 친구들과 함께해 보고 싶은 활동 거리를 정하거나 특정 수업에 대해 아이디어를 내 실천 방안을 정해 보는 회의는 '기획 및 계획하기' 안건이지요.

학기 초에 학급회의를 시작하는 단계에서 '기획 및 계획하기' 안건을 교사가 제안하여 회의의 맛을 알게 하고 첫 과정을 경험해 보면 좋습니다.

## 슬기로운 안건 수집 방법

안건 수집 방법은 크게 두 가지입니다. 미리 수집해 두는 방식과, 회의 시간에 받는 방식입니다. 앞 장(185쪽)에서 제시한 것처럼 안건지 양식을 주어 거기에 적어서 모으거나 안건 게시판에 자유롭게 붙임쪽지를 붙여 회의가 이루어지기 전까지 수집합니다. 이 외에도 안건을 수집하는 시간을 따로 내서 미리 모을 수도 있습니다.

다음 사진은 4학년 학생들과 3월 한 달을 산 후 4월 첫 주 학급회의 시간에 우리 반에서 일어나고 있고, 해결하고 싶은 안건들을 붙임쪽지 한 장당 한 개씩 적어서 내보게끔 했습니다. 그 다음에는 비슷한 안건끼리 옮겨 붙이고 난 뒤, 투표해서 해결할 순서를 정리했습니다. '중요하면서 급한 안건'이라고 생각하는 안건에 손을 드는데, 한 사람에게 총 세 번의 거수권을 주어 숫자를 기록했습니다.

"학급회의는 서로를 이해하고, 공동체 일원으로서의
책임감을 느끼는 기회이다."

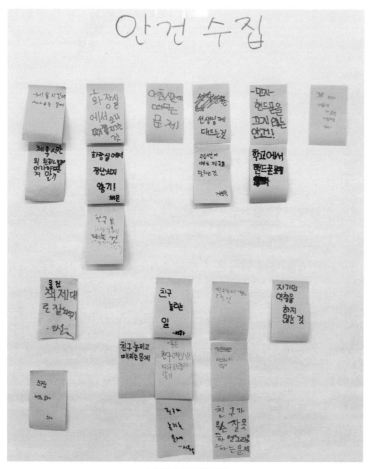

▲ 안건 수집 방법 예시

　회의 시작하고 안건을 제안하도록 하여 받는 방식도 시도해 볼 만합니다. 이 방식은 최근에 불거진 문제, 학급 구성원 다수가 공동으로 문제라고 여기는 것을 안건으로 올려 즉각적으로 다룰 때 유용합니다. 급한 안건이 생겨 임시 학급회의가 소집되는 경우도 이 방식에 들어갈 수 있겠지요. 다만 회의 때마다 안건을 받는 이 방식은 매번 안건을 상정하고 고르느라 회의 시간이 길어질 가능성이 있어 되도록 사전에 수집한 후 우선순위에 따라 안건을 다루는 것이 꾸준하게 학급회의를 실천하는 데는 더 적합합니다.


## 안건을 다루는 세 가지 방식
### – 한 안건을 중심으로


안건을 다루는 방식은 크게 세 가지로 나뉩니다.

1. 감정 나누고 공감 주고받기
2. 의견을 고치지 않고 토의하기
3. 해결(결정)을 위해 도움 요청하기

예를 들어, 최근 학급에서 욕이 난무하여 이 문제를 학급회의로 다뤄 보려고 안건으로 올렸습니다. 이 안건은 세 방식 가운데 어떤 방식으로 다루면 좋을까요? 안건을 올린 사람이 해결 방식을 선택할 수 있지만, 대부분 학급회의 안건으로 올릴 때 학생들은 3번 방식을 기대하고 올립니다. 공동체가 이 문제에 대해서 모두 문제의식을 느끼고, 함께 해결하고, 뭔가 합의를 통해 실천 방안이나 대처 방식을 결정하기 위해 회의 안건으로 상정하기 때문에 회의한다고 하면 주로 3번 방식 '해결을 위해 도움 요청하기'를 떠올립니다.

  **'욕하는 문제'**를 해결하기 위해 1번 방식으로 적용한다면 어떤 형태로 회의가 흘러갈까요? 2학년 학생들과 이 안건을 가지고 1번 방식으로 회의를 진행해 본 적이 있습니다. 문제에 대해 그저 '감정 나누고 공감 주고받기'를 하는 것입니다. "친구에게 욕을 들어 본 적 있는 사람? 직접 욕을 들은 것도 되고, 나에게 한 욕은 아니지만 그 말을 들었던 적이 있었다면, 그때의 감정이나 든 생각 등을 반 친구들과 나누어 봅시다"라고 말 하고, 토킹 스틱을 돌려 보았습니다. 욕을 들어서 속상하고, 불편한 감정도 나오고, 걱정된다는 말도 있었고 화가 나서 함께 욕을 해 버리고 싶은 충동이 들었다는 말도 나왔습니다. 해당 문제와 관련해 겪은 각자의 경험 속에 서로의 감정과 생각이 담겨 있었습니다. 이를 공유하면서 서로 느끼게 해 주는 것만으로도 욕을 하면 안 좋구나, 하지 않아야겠다는 결심을 불러일으킬 수 있습니다.

  욕을 하는 것은 언어폭력임을 모두가 이미 알고 있고, 그래서 하면 안 된다는 것도 모두 알고 있습니다. 그래서 실은 딱히 해결책이 있다기보다 하면 안 되는 그 행동을 그저 안 하면 그 자체가 해결이지요. 그런데도 해결하기 위한 회의를 한다면, 욕을 하지 않게 하는 방법을 구체적으로 논하는 것이 해결책을 찾는 과정이 됩니다. 이 과정은 2번 및 3번 방식 둘 다 해당하는 과정이지만 먼저 2번 방식의 회의 양상을 먼저 풀어 보겠습니다.

  2번 방식 **'의견을 고치지 않고 토의하기'**는 브레인스토밍(어떤 의견이든 떠오르는 것은 다 무비판적 수용) 형태로 일단 여러 이야기를 나누는 것입니다. 결론은 짓지 않습니다. 여기서 무작정 토의하다가는 중구난방이 될 수 있습니다. 그러므로 몇 가지 질문으로 토의 방향을 각각 구분하여 진행합니다. 예를 들어 욕을 안 할 수 있도록 도와주는 방법을 나눌 수 있습니다. 이미 욕을 했을 때 한 사람과 들은 사람이 대처하는 방법을 논할 수도 있습니다. 욕을 하게 되는 상황을 살펴보고 화가 나서 하는 상황인지, 아무 때나 습관성으로 하는 상황인지에 따라 각각의 해결책을 적어 볼 수도 있습니다. 욕을 자주 하게 되는 원인을 각자 찾아보고 공유해 보는 것도 도움이 됩니다. 자주 쓰는 욕을 대신할 다른 말들을 찾아보는 것도 좋습니다.

2번 방식은 두 학생 간의 문제를 해결할 때 유용합니다. 두 학생 사이 갈등이 좀처럼 좁혀지지 않아 이를 해결하기 위해 학급회의 안건으로 올려 도움을 요청할 경우, 친구들의 의견만 선물로 받을 수 있습니다. 이때 두 학생이 모두 학급회의 안건으로 올리는 것에 동의해야 합니다. 다른 친구들은 두 사람의 건강한 관계 회복을 위해 의견을 냅니다. 브레인스토밍으로 나온 의견들을 그대로 다 받아 적게 합니다. 그 의견 가운데 무엇을 선택해서 행동할지 결정하고 실천하는 것은 두 사람의 몫입니다. 각 의견을 판단해 보고, 다함께 결정하고 합의하는 과정은 하지 않는 것이지요.

3번 방식인 **'해결(결정)을 위해 도움 요청하기'**는 앞서 2번의 방식에 함께 해결책을 검토하고 합의하는 작업이 추가되었다고 보면 됩니다. 이후 제시되는 학급회의 기록물 사진을 보면 대부분 3번 방식으로 회의하고 기록한 것들입니다. 학생 각자가 나름의 해결책을 낸 것을 모두 다 수용해서 적었고, 그중 밑줄이나 동그라미가 표시된 것이 실천하기로 합의된 해결책입니다. 일단은 무슨 의견이든(다소 우스꽝스럽고 무리한 의견일지라도) 비판 없이 고치는 것 없이 모두 수용합니다(브레인스토밍).

그런 다음에 3R 1H<sup>Reasonable, Related, Respectful, Helpful</sup> 네 기준을 적용하여 의견마다 통과가 되는지 안 되는지 체크합니다. 교사가 낸 의견 가운데 이 네 기준에 부합하지 않는 탈락할 만한 것도 있습니다. 교사의 의견도 이 기준에 따라 탈락할 수 있다는 것을 보여 주기 위해서지요. (187-188쪽 '8단계' 참고)

이 3R 1H라는 기준은 '논리적 결과'를 점검하기 위해 제안된 것으로, 다음 단락에서 자세히 다루겠습니다. 학생들의 많은 아이디어 가운데 이 기준을 통과해 살아난 의견은, 탓하고 벌하는 방식이 아니라 예방과 해결, 회복에 집중하는 방식들입니다. 회의 때마다 이 기준으로 의견들을 걸러 보는 작업을 하는 것은 학생들이 판단력과 지혜를 기르는 데 큰 도움이 됩니다.

모든 의견에 이 네 가지 기준을 적용하며 각각 O, X를 표시해 봅니다. 애매한 경우는 △로 표시합니다. 특히 '존중하는 방식인가?'와 '도움이 되는가?' 부분에서 학생들은 판단을 어려워합니다. 그러고 나서 이 네 가지 원칙에 모두 맞는 해결책을 선택해 일단 실천해 봅니다. 실천해 보았을 때, 존중하며 도움 되는 방식이라면 꾸준히 실천해 갑니다. 실천하다가 뭔가 마음 상하는 지점들이 생기거

나 도움이 되지 않는 방식이라고 여겨지면, 이후 다시 검토하고 조정합니다.(205-206쪽 사진 참고)

## 논리적 결과와 해결책의 차이

논리적 결과는 자연적 결과와 대비되어 나온 개념입니다. 물이 끓는 주전자를 만져서 손을 데는 것은 자연적 결과를 경험하는 것이고, 우산을 챙겨 가지 않아 비를 맞고 하교하는 것 역시 자연적 결과를 겪는 것입니다. 반면 논리적 결과는 어떤 행동에 대해 논리적으로 타당한 결과를 외부에서 부여하는 것을 말합니다. 예를 들어 10분 늦게 온 학생은 10분 늦게 집에 가도록 한다든지, 숙제를 안 한 학생에게 숙제를 다 하고 집에 가도록 하는 것이지요.

자기 행동을 책임지게 하려고 논리적 결과를 부여하는 것은, 교육적인 가치 및 효과가 있습니다. 하지만 이미 저질러진 행동에 논리적 결과를 부여하려고 낸 의견이 일종의 처벌이 되는 경우가 있습니다. 제인 넬슨이 학생들의 학급회의에 참관하면서 이러한 양상을 발견하고 논리적 결과가 교육적으로 의미 있으려면 반드시 3R 1H의 조건에 부합해야 한다고 정리했습니다. 합리적인가 Reasonable, 관련성이 있는가 Related, 존중하는 방식인가 Respectful, 도움이 되는가 Helpful를 살피다 보면 '처벌처럼 느껴지는 의견'은 자연스레 걸러집니다.

해결책<sup>Solution</sup>은 이미 저지른 행동에 결과를 부여하는 의견이 아닙니다. 즉 논리적 결과의 형태로 나온 의견은 엄밀히 말해 해결책이 아닙니다. 해결책은 문제가 발생하지 않도록 예방하는 방법이나 금지 행동을 하지 않게 하는 아이디어, 권장 행동을 기꺼이 하게 하는 행동 방식입니다. 그래서 해결책은 3R 1H로 검토해 볼 필요조차 없는 아이디어이기도 합니다. 예를 들어 '수업 시간에 늦는 문제'를 안건으로 다룰 경우, 나온 의견으로 '1분 늦게 온 친구는 수업 후 1분 뒤부터 쉬는 시간 갖기'가 있었다면 이것은 논리적 결과입니다. 실현할 수 있는 것이므로 합리적이고, 시간에 관한 것이므로 관련성이 있으며, 지각한 친구뿐 아니라 정시에 수업을 시작하려고 준비한 친구까지 모두를 존중하는 방식이고, 또 이 결과를 부여하면 다음에 늦지 않기 위해서 노력할 가능성이 있어서 도움이 되므로 3R 1H에 다 들어맞으니 논리적 결과로 수용할 수 있는 의견입니다.

반면 '수업 1분 전에 시간 알리미가 친구들에게 알려 주기', '모둠 친구들이 서로 알려 주고 자리에 앉아 구호 외치기' 등의 아이디어는 수업에 늦는 행동을 예방해 주고, 수업 준비를 할 수 있도록 독려하는 '해결책'입니다.

# 4/15 학급회의 3R1H

안건: 친구 놀리는 문제

- 상대방의 기분을 생각 하여 말하기 ㅇㅇㅇㅇ
- 친구들이 놀리는 친구들에게 주의주기 ㅇㅇㅇㅇ
- 놀림 받은 자기 기분 말하기 ㅇㅇㅇ△
- 놀린 친구 벌점 주기 ㅇ××△
- 경고 3번 주고르 그 려면 반성문 쓰기 ㅇ××△
- 놀린 친구에게 하지 말라고 하기 ㅇㅇㅇ△
- 놀린 친구 똑같이 놀리기 ㅇㅇ××
- 하지 말라고 단호하게 말하기 ㅇㅇㅇ△
- 놀림 받은 친구가 용서해줄때 까지 사과 하기
- 놀린 친구 무시 하기 ㅇㅇㅇㅇ ㅇ×ㅇ△

# 5/10 학급회의

안건: 수업중 딴짓 또는 수업 방해 ✱

- 조용히, 하지말 라고 옆에서 말해주기 ㅇㅇㅇㅇ
- 선생님이 생기부에 적기 ㅇ×ㅇㅇ  위클래스 보내기 ㅇㅇㅇㅇ
- 그 사람 이름을 쩍고 한달뒤 정산 해서 반성문 쓰기 ㅇㅇㅇㅇ
- 수업중 평화 지키미 역할 세우기 ㅇㅇㅇㅇ
- 선생님 옆에서 수업듣기 ㅇ×ㅇ  짝꿍이 알리고뒤에 서 있기 ㅇㅇ△△
- 방 해하는 친구 어울리지않고 무시하기 ㅇㅇㅇㅇ

**▲ 학급회의 기록물 예시**

## 의견의 결이 조금씩 달라요

　위 학급회의 기록물을 보면 브레인스토밍 과정에서 나온 다양한 의견마다 약간씩 결이 다릅니다. 어떤 의견은 문제 행동이 나타났을 때 어떻게 조치하자는 것이고(논리적 결과), 어떤 의견은 문제가 발생하기 전에 미리 방지하는 데 도움이 될 만한 방법(해결책)입니다. 또한 행동 주체에 따라 의견이 구분되기도 합니다. 안건으로

206

제시된 특정 행동을 한 사람이 자기 행동에 책임지기 위해 해야 할 행동 또는 관계 회복을 위한 행동이 의견으로 올라올 수 있습니다. 잘못을 바로 인정하고 사과하기, 사과 편지 쓰기, 반성문 쓰기 등이 그런 의견들입니다. 그 특정 행동을 당한 사람이나 주변에서 지켜보는 친구들이 해야 할 행동이 의견으로 제안되기도 합니다. 사과해 달라고 요청하기, 주변에서 주의 주기, 기분 나쁜 이유 말하기, 말 걸면 무시하기 등이 그런 의견들입니다.

행동을 누적 기록하자는 의견은 그 역할을 할 사람을 세우고 구체적인 방법을 정해야 하는 의견입니다. '상대방의 기분을 생각하며 말하기'처럼 불편한 말과 행동이 미리 방지되도록 반 전체 학생들이 하면 좋을 행동을 의견으로 내기도 합니다. 반면 위클래스에 보내기, 부모님 모셔 오기, 교사나 학교장 등의 어른들에게 도움을 요청하자는 의견도 있습니다. 학생들과 함께 의견마다 행동 주체가 다른 것끼리 구분해 보면 좋습니다. 또한 모두가 해야 할 아이디어인지 특정 사람이 역할을 해야 하는 것인지도 구분 짓게 합니다. 이 의견은 예방적인 방식인지, 또는 특정 행동이 나온 후 조치를 주는 방식인지도 살펴보면서 자연스럽게 다양한 의견들을 여러 기준에 따라 식별해내는 능력을 기를 수 있습니다.

# 학급회의 기록 톺아보기

학급회의 기록물 예시들에 담긴 몇 가지 특징을 나누어 보려고 합니다. 5월 24일 학급회의 기록물은 학교 구성원 전체가 문제의식을 느끼고 학생회에서 제안한 안건을 학급에서 회의로 다룬 것으로, 안건 다루기 2번 방식에 가깝습니다. 놀이터 사용 수칙을 정하는 것이기에 할 것과 하지 말아야 할 것에 대한 다양한 의견들을 다 기록해서 모두가 합의(결정)할 필요가 없었던 주제였지요. 다만 수칙이 너무 많이 나와서 놀이터 사용에 필요한 미덕을 함께 적어가자고 제안했고, '안전, 절약, 질서' 이 세 키워드를 크게 적어서 전교 학생회 회의에 참석하는 학생에게 보냈던 것입니다.

4월 5일 학급회의 기록물을 보면 친구를 놀리는 문제를 안건으로 다루었습니다. 이때 나온 의견 가운데 '경고 세 번 주고도 그러면 반성문 쓰기'는 그때 당시 논리적 결과로 적합하지 않다고 판단되었습니다. 학생들이 반성문 쓰는 것은 놀리는 행동과 관련성도 없고, 경고 주는 일도 그렇고 반성문 쓰는 행동도 존중하는 방식이 아니라고 판단했던 것이었습니다.

그런데 5월 10일 학급회의에서는 판단이 달라졌습니다. 안건은 '수업 중 딴짓 또는 수업 방해'였고, 똑같이 반성문 쓰기가 의견으로 나왔습니다. 그리고 그때는 3R 1H를 모두 통과했고요. 반성문이라는 말 자체의 어감이 학생들에게 좋지 않았고, 그에 대한 처벌적인 인식이 있었기 때문에 학기 초에는 그것은 존중하는 방식이 아니라고 판단했습니다. 그런데 자기가 한 행동을 글로 써서 성찰해 보고, 자신이 그런 사람이 되지 않기 위해 어떻게 노력할 것인지 다짐을 적고, 그런 자신을 격려하는 말을 쓴다면, 이것은 모두를 존중하는 방식이 될 뿐 아니라 자기 행동을 개선하는 데 도움이 된다고 보게 된 것입니다. 반성문이 성찰 기록문, 성장 일지의 개념으로 인식이 바뀌니 이 의견은 자연스럽게 수용할 수 있는 논리적 결과로 채택이 되었습니다.

5월 10일 학급회의 기록물에 수업 중 평화 지킴이라는 말이 보일 겁니다. 수업 분위기를 흩트리거나 방해하는 친구들의 행동을 멈추게 하기 위해 누가 기록하는 역할로 제안한 것입니다. 그 후에도 질서 지킴이, 소음 지킴이 등의 지킴이 역할을 추가로 제안해 운영하기도 하였습니다. 그리고 이런 역할을 세워 문제 행동을 줄여 보려는 방식이 괜찮은지 별로인지 학생들은 곧 알게 됩니다. 타인의 문제 행동을 판단하고 기록하는 역할이 늘어날수록 학급 구성원의 시선은 문제 행동을 포착하고 지적하는 쪽으로 흐릅니다. 그 역할을 하는 친구도 여러 학생들의 민원을 받으며 마음 고생을 좀 하지요. 이런 과정 후, 문제 의식을 느낀 학생들은 이것을 안건으로 올리고, 다시 해결책을 모색하게 됩니다. 여러 다양한 문제들을 다루면서 학생들은 자연스럽게 지혜와 판단력이 길러집니다. 그 과정에서 마찰이 생겨 당황스러울 때도 있지만 이 모든 과정이 분명 배움과 성장을 빚어낼 것입니다. 과정이 만들어 내는 여러 시행착오와 불완전함을 기꺼이 받아들이고 즐기시길 바랍니다.

# 4장
# 학급회의 고민 상담소

학급회의 실천 고민 및 질문에 대한 답

PDC 전국교사 모임 초등 선생님들께 PDC 학급회의를 실천하며 겪는 고민과 어려움, 궁금한 점에 관해 설문을 받았습니다. 그리고 학급회의를 꾸준히 실천하고 계신 한국긍정훈육협회 선생님들이 각 질문에 답한 내용을 정리했습니다.

학급회의는 학생들이 의사소통 기술과 사회적 기술, 삶의 기술을 배우고 익히며 적용하는 배움의 장입니다. 학생들이 이런 장을 정기적으로 펼칠 수 있도록 기회를 주며 이끌어 가시는 모든 선생님을 응원합니다.

**Q.** 학급회의를 지속적으로 하기 위해 시간을 어떻게 마련하면 좋을까요?

주마다 금요일 마지막 시간은 '학급회의 하는 시간'으로 정해 두면 좋습니다. 창의적 체험활동의 자율 활동 시간에 학급 자치활동 비중을 많이 둘 수도 있습니다. 또는 국어, 도덕, 사회, 실과 시간을 활용해 교육과정을 재구성할 수 있습니다. 학급회의 각 단계에서 하는 활동들이 교과목의 성취 기준을 충족시키는 데도 상당히 도움이 됩니다.

아침 시간이나 하루를 마무리하는 시간에도 학급회의를 할 수 있고, 교과 시간에 가르칠 내용을 조금 일찍 끝마쳤을 때도 학급에 의논할 일이 있다면 이 시간에도 학급회의를 해 볼 수 있습니다.

Q. 어떻게 하면 학생들이 자발적으로 학급회의를 진행할 수 있을까요? 어느 시점부터 학생들이 진행하도록 해야 할까요?

학급회의에 필요한 의사소통 기술을 익히고, 역량을 갖추기 위해서는 무엇보다 학급회의를 꾸준히 진행해야 합니다. 처음 한 달 정도는 절차에 맞게 어떻게 진행해야 하는지 교사가 보여 줍니다. 그다음에 각 단계에서 어떤 말을 하면서 진행하면 좋은지 안내서를 정리해서 준 뒤, 역할에 맞는 말을 읽어 가면서 진행해 봅니다.

이후에는 학생들에게 회의 진행을 모두 넘깁니다. 진행 중에 의문이 생기면 학생은 선생님께 질문할 수 있고, 교사도 필요하다 싶을 때 잠깐 개입할 수 있습니다. 단, 교사는 개입을 최소화하는 것이 좋습니다. 학생들에게 진행할 기회를 주면, 학생들은 자기들의 역할로 받아들이고, 미숙하지만 그래도 책임 있게 진행해 갑니다. 회의를 거듭할수록 배움도 깊어지며, 더욱 능숙해지지요. 학급회의 진행도 실수하면서 배워 나갑니다.

학생에게 진행을 넘기는 시점은, 학년이나 학급 상황에 따라 다릅니다. 대개 1~2학년은 교사가 일 년 내내 진행합니다. 더러는 학생들에게 의사를 물어보고 기회를 주기도 하고요. 중학년이나 고

학년의 경우에는 1학기에는 선생님이 진행하다가 2학기부터는 학생들이 진행합니다. 가장 좋은 때는, 학급의 분위기나 학생들의 역량에 따라 결정하시면 됩니다.

### Q. 학급회의할 때 경청하며 존중하는 분위기를 어떻게 만들어 가나요?

교과 수업에서 '경청'을 배울 때, 의사소통하는 데 '경청'이 왜 필요한지, 어떤 방법으로 경청할 수 있는지 학생들과 함께 찾아봅니다. 그리고 함께 찾은 '경청 기술'을 포스터로 정리해 게시판에 붙여 둡니다. 평소 모든 수업에서도 다른 사람의 이야기를 들을 때 '경청 기술'을 써 가며 듣도록 이야기합니다. 이야기를 듣고 나면, 약속한 경청 기술(바라보기, 말하는 사람에게 몸 향하기, 끄덕끄덕하기, '음~, 아~, 오~' 하는 추임새 넣기, 끝까지 듣기 등)을 써 가며 제대로 이야기를 들었는지 되돌아보는 질문을 자주 합니다. 그리고 잘 들어준 것에 고마움도 표현합니다.

경청하는 분위기는 선생님과 모든 학생이 함께 만들어야 합니다. 회의 시간에 누군가 말을 걸 때는 '반응하지 않기'로 합니다. 교사가 일일이 개입하면 회의가 끊길 수 있으므로, 교사는 의견을 말하는 학생에게 집중합니다. 때로는 검지로 '쉿!' 하는 행동을 보여 주며, 떠드는 것을 멈추도록 모두가 함께 알려 줍니다. 소리 지킴이 역할을 맡은 학생이 '경청!'이라고 적힌 부채를 들고, 소란스러운 친구에게 다가가서 정중하게 부채를 들어 알립니다.

그런데도 나아지지 않으면 '자기 책상으로 돌아가게' 합니다. 학급회의 가이드라인을 잘 지킬 때 학급회의에 참여할 수 있도록 한 약속을 이행하는 것입니다. 경청하지 않았던 학생은 자기 책상에 앉아 회의에 참여하는 모습을 관찰합니다. 관찰하며 자기 모습을 되돌아보고 결심한 학생은, 언제든 교사에게 와서 앞으로는 어떤 모습으로 학급회의에 참여할지 자신의 계획을 말하고 다시 학급회의에 참여할 수 있도록 기회를 얻습니다. 이런 과정을 몇 번 경험한 학생은 '떠들고 방해하면 학급회의에 참여할 수 없다'라는 것을 알고, 학급회의 가이드라인을 더 잘 지키려고 노력합니다.

소란스러워서 학급회의가 잘 안 되고 끊길 때는, 학급회의 가이드라인 가운데 무엇이 잘 안 지켜졌는지 학생들에게 묻습니다. "이런 분위기에서 회의하니 어떤 기분이 드나요? 또 어떤 생각이 들었나요?" 그런 다음 모두에게 생각을 말해 보게 합니다. 자기 행동이 다른 사람들에게 어떤 영향을 미쳤는지 알게 된다면, 자기 행동을 돌아보고 개선하려 합니다. 또한 서로 잘 경청하며 회의할 때는 어떤 기분이 들고 어떤 생각이 드는지 물어보는 것도 좋습니다. 때로는 학생들에게 "우리 반 모두가 서로 경청하며 존중하는 분위기를 어떻게 만들어 갈 수 있을까요?"라고 해결 방법을 물어보는 것도 도움이 됩니다.

저학년의 경우 교사가 원 밖으로 돌면서 말하는 차례의 친구 어깨 위에 두 손을 가볍게 얹고 경청하는 모습을 보이면 학생들도 거기에 집중하며 경청하려고 합니다. 또는 교사가 회의가 진행될 동안 원 밖으로 돌며 경청이 안 되는 친구의 어깨 위에 손을 가볍게 얹어 집중하도록 도울 수도 있습니다.

'경청하며 존중하는 분위기'를 만드는 것은 하루아침에 되지 않습니다. '경청'이 일상이 되도록 연습하고 또 연습해야 합니다. 교사는 조금 여유로운 마음으로 학생들이 날마다 경청을 연습하도록 이끌어 주세요.

**Q.** 교사도 학급회의의 한 구성원으로서 참여한다면 어디까지 참여할 수 있을까요?

선생님도 학급 구성원의 한 사람으로 참여합니다. 감사 나누기 할 때도 자기 차례가 왔을 때 감사한 일을 이야기하고, 브레인스토밍할 때도 똑같이 의견을 내고, 다수결로 정할 때도 한 표를 행사합니다. 중간에 개입하고 싶은 욕구가 올라올 때도 자기 차례에 말하는 것이 학생들에게 모범이 됩니다.

회의 방향이 누군가를 비난하거나 탓하고 처벌하려 할 때, 바람직하게 흘러가지 않거나 학급회의의 목적과 가이드라인에 맞지 않게 가려 할 때는, 중간에 개입할 수 있습니다. 이는 교사의 책임과 관련되기 때문입니다. 학생들에게 되돌아보는 질문을 함으로써 다시 학급회의의 목적에 맞게 학급회의가 진행되도록 이끕니다.

문제를 해결하는 여러 방안이 나왔을 때, 나온 해결 방안들을 더해 모두가 동의하는 방법으로 정리하거나, 결정 과정에서 조율하는 역할도 할 수 있습니다.

**Q.** 학생들이 자기 의견이나 생각을 좀 더 적극적으로 표현하게 하고 싶어요.

'감사 나누기'는 공동체를 서로 연결하고 격려하기 때문에 모두가 꼭 참여하는 것이 좋습니다. 반면 브레인스토밍은 할 말을 미처 준비하지 못했을 때는 '패스'할 수 있습니다. 때로는 친구들의 의견과 똑같은 의견을 내어도 좋으니, 친구들의 의견을 듣고 자기 생각을 덧붙여 말해 보도록 권합니다. 모두 앞에서 말하기 전에 짝꿍과 함께 이야기 나누며 자기 생각을 정리해 보는 것도 도움이 됩니다. 그렇게 한 번 이야기하며 정리하고 나면 좀 더 말하기가 쉽습니다. 학급회의 안건을 며칠 전이나, 하루 이틀 전에 미리 정해 알려 주는 것도 좋습니다. 안건과 관련한 자신의 의견을 미리 준비해 올 수 있으니까요.

학급회의에서 편안하게 말해도 된다고 느끼는 데는 학생마다 시간 차가 있습니다. 그 시간을 기다려 주면 편안하게 말할 준비가 되었을 때, 용기를 내 말을 합니다.

**Q.** 학급회의 시간으로 어느 정도가 적당한가요? 어떻게 하면 정해진 시간에 끝낼 수 있나요?

처음 학급회의 절차에 맞게 활동을 하나씩 가르치며 진행하다 보면, 40분이 꼬박 다 걸릴 수 있지만, 절차에 익숙해지면 30분 안팎에 마칠 수 있습니다. 학생들의 집중도를 생각했을 때, 저학년의 경우는 20분 안팎, 고학년의 경우에는 30분 안팎이 적당합니다.

학급회의 역할 가운데 '시간 지킴이' 친구는 종료 10분 전부터 5분, 1분 전에 남은 시간을 "10분 남았습니다"와 같이 말해 줍니다. 정해진 시간에 마쳐야 하며, 못 나눈 의견은 다음 회의 시간에 의논하자고 남겨 둡니다. 물론 학생들이 좀 더 의논하기를 바란다면 모두의 동의를 구한 다음 몇 분 더 진행할 수도 있습니다.

중요한 것은, 약속한 시각에 일관성 있게 회의를 마치는 것입니다. 학생들도 정해진 시간 동안 모두가 의견을 말할 수 있도록, 학급회의 시간에 집중하게 됩니다. 학급회의를 마치면, 5분~10분 정도 공동체 놀이나 활동을 할 수 있습니다. 회의를 마치고 즐거운 활동을 하는 것을 루틴으로 정해 놓는 것도 도움이 됩니다. 마지막 교시가 끝나면 하교해야 하므로 마지막 시간에 학급회의 시간을 배정하는 것도 제시간에 마치게 하는 데 도움이 됩니다.

Q. 학급회의 할 때 모든 절차를 다 따라야 하나요?

절차마다 나름의 의미가 있으므로 꼭 지키시기를 권합니다. PDC 학급회의는 수평적인 관점에서 서로 마음을 나누며 긍정의 분위기를 만든 후, 각자가 역할을 맡아 학급회의 목적에 맞게 회의가 진행되도록 설계되어 있습니다. 상황에 따라 어떤 단계는 약간씩 축소시킬 수는 있지만, 모든 단계를 충실히 밟으시길 바랍니다. 익숙해지다 보면 단계의 개수가 큰 의미가 없고 다 연결되어 자연스럽게 진행됨을 느낄 수 있습니다.

Q. 꼭 원으로 자리를 만들어 앉아 회의해야 하나요?

'원 대형'은 온전하게 모두를 바라볼 수 있고, 동등하게 의견을 말하며 경청하는 공동체의 의미를 담고 있습니다. 또한 대형을 바꾼다는 것은 지금까지와는 다른 분위기로 환기시킵니다. 원의 의미와 가치를 담는 활동을 하겠다는 무언의 의지가 담겨 있는 것이지요. 의자 옮기기가 불편하다면, 모든 책걸상을 밀고 교실 바닥에 둥글게 둘러앉기도 합니다. '조용하며, 안전하고, 빠르게' 함께 원을 만드는 과정에서 협력도 일어납니다.

학급회의 시간이 넉넉하지 않을 때는 학생들에게 상황을 이야기하고, 지금 앉은 자리에서 짧게 회의해야 한다고 말하고 시작합니다. 단, 학급회의 절차가 주는 효과가 줄어들 수 있다는 점은 기억해야 합니다. 가능하다면 'ㄷ' 대형으로 책상을 배치해서 회의할 수도 있습니다. 다만, 'ㄷ'자 대형일 때 두 줄로 앉아서 앞 친구 뒷모습을 바라보아서는 안 됩니다.

Q. 학급회의를 어느 정도 주기로 하시나요?

주 1회 정기적으로 하는 것이 좋습니다. 그래야 학생들도 자신들이 낸 안건이 언제 다뤄진다는 것을 알고, 적극적으로 의견을 표현합니다. 학급회의에 올라온 안건이 없다면, 한 주 지내면서 '감사 나누기'나 한 주 보내면서 '좋았던 일'이나 '기억에 남았던 일', 또는 '친구들에게 속상했거나 부탁하고 싶은 일' 등을 돌아가며 이야기할 수도 있습니다. 중요한 것은 이 시간을 통해 서로의 마음을 충

분히 나누고, 이해하며 소통하는 과정입니다. 서로 소통하지 않고 불통하면 오해가 커지고, 오해가 커지면 갈등이 생깁니다.

제인 넬슨은 초등학생의 경우 더 자주 학급회의를 해 보길 권합니다. 날마다 짧은 시간을 내어 학급회의를 할 수도 있습니다. 아침에 하루를 열며 서로 인사를 나누고, 서로의 마음을 나누는 시간을 갖는 것, 하루를 마무리하며 몇 분 정도 가장 행복했던 순간이나 속상했던 순간을 나누는 것도 좋습니다.

Q. 마음 나누기의 다양한 적용 사례나 마음 나누기를 효과적으로 할 수 있는 방법이 있을까요?

감사할 점을 찾아내고 표현하는 것도 습관입니다. '감사 게시판'을 만들어 평소 고마운 일이 생겼을 때 바로 적어 붙이게 하면 감사의 순간을 포착해서 공유하는 습관 형성에 도움이 됩니다. 마음 나누기 시간에 때로는 '미안한 점'이나 '사과하고 싶은 것'을 말하는 시간으로 진행할 수도 있습니다. 또는 일주일을 보내며 자신에게 '가장 인상 깊었던 순간'을 나누기도 합니다. 자신에 관한 정보를 나누는 것도 재미있습니다. 자신의 취미를 나누거나 자신이 좋아하는 음식이나 운동은 무엇인지, 이번 주말에는 무엇을 하며 시간을 보낼 건지 나누기도 합니다. 서로에 대해 더 알아 가며 연결될 기회가 된다면 어떤 주제든 좋습니다.

'마니또' 활동도 있습니다. 한 주를 시작할 때 내가 뽑은 '마니또' 친구를 한 주 동안 관찰하며 그 친구에 관해 새로 알게 된 점, 그 친구의 강점이나 그 친구로부터 배운 점을 돌아가며 말하게 해도 좋습니다. 이 활동을 통해 서로를 긍정적인 관점으로 보게 되고, 친구들의 강점을 알게 되며, 발표를 듣는 친구들은 격려를 받습니다. 이와 같은 마음 나누기를 자주 하면, 자기 삶뿐만이 아니라 다른 사람들의 삶에도 관심을 가지게 됩니다.

> **Q.** 수업을 방해하는 학생이 있어서 학급회의와 연계해서 해결책을 찾고 실천해 보고자 노력한 적이 있었는데 쉽지 않았습니다. 학급회의를 생활지도와 연계해서 하려면 어떻게 하면 좋을까요?

교과 전담 시간에 수업 방해를 하고, 전담 선생님께 함부로 하는 모습을 보이는 행동에 관해 학생들이 안건으로 낸 적이 있습니다. 이 기회를 통해서 학생들은 자기 행동을 돌아보게 되었고, 전담 선생님의 마음을 헤아려 볼 수 있었습니다. 또한 그 상황에서 학급 다른 친구들의 마음이 어땠는지도 이야기 나누었습니다. 어긋난 행동을 했던 친구들은 자신들의 행동이 큰 잘못이라는 것을 알아차리고 인정했으며, 전담 선생님께 사과 편지를 쓰자는 해결책도 찾았습니다.

'수업 평화 지킴이' 역할을 정해, 전담 시간에 수업 태도에 관해 점검하고 체크하는 일도 했고, 수업 방해하는 친구들이 있을 때는 그러지 말도록 알려 주고, 장난하거나 떠들 때는 반응하지 않도록 하는 약속을 정해 실천하면서 나아진 경우가 있습니다.

중요한 것은 학생들을 통제하려는 수단으로 학급회의를 이용하려는 것은 경계해야 한다는 점입니다. 다만 교사도 학급 구성원의 한 사람으로서 어려움이 있을 때 '학급회의 안건'으로 올려 함께 해결해 보자고 도움을 요청하면 됩니다.

Q. 한 아이의 행동을 공개적으로 문제 삼는 것이 안 좋을 것 같아서 의도적으로 피하게 됩니다. 한 학생의 문제 행동으로 인해 발생하는 학급의 문제를 학급회의 안건으로 올려도 될까요?

PDC 학급회의는 학급회의 안건을 올릴 때 안건을 제안한 사람의 이름은 적지만, 누구의 문제 때문인지 이름을 쓰지 않습니다. 누군가의 어떤 '행동' 때문에 어려움을 겪고 있다고만 적습니다. 학급회의의 목적이 누군가를 비난하고 탓하는 데 있지 않고, 서로의 마음을 헤아리며 해결하는 데 목적이 있기 때문입니다.

안건을 제안한 친구나 학급의 다른 구성원들은 어떤 행동 때문에 이렇게 불편하다고 표현할 기회가 필요합니다. 불편함을 그저 참는 것은 자신을 존중하는 태도가 아니기 때문입니다. 다만 안건 제안자가 자신이 불편한 것에 대해 말할 때는 해당 학생을 바라보며 말하는 것이 아니라 담임 선생님 또는 원 중앙을 바라보며, '나 전달법'으로 말합니다.

특정 행동에 대한 불편함에 서로가 공감하고, 그 행동이 친구들에게 어떤 영향을 끼치는지, 친구들이 바라는 것이 무엇인지 알아차리기만 해도 행동 변화에 큰 도움이 될 것입니다. 게다가 문제 해결을 위해 여러 아이디어가 나온다면 해당 학생은 더 나은 행동을 선택할 기회를 얻는 셈입니다.

단, 이 모든 과정이 서로를 귀하게 여기고 존중하는 분위기여야 합니다. 만약 해당 학생이 느끼기에 자신이 표적이 되어 비난받고 있다고 느낀다면 이 회의는 하지 않는 편이 낫습니다. 해당 학생이 크게 상처를 입을 수 있기 때문입니다.

학급회의가 결코 개인의 행위를 재판하거나 정죄하는 자리가 되어서는 안 됩니다. 하지만 우리는 사회에 살면서 사법적 정의에 익숙해 있다 보니 잘못한 사람은 벌을 받아야 속이 시원한 심리를 누구나 가지고 있습니다. 그러므로 학급회의에서 그런 심리들이 충분히 드러날 수 있습니다. 상호 존중하고 협력적인 학급 분위기와 구조가 형성되지 않은 상태에서 학급회의를 시작하면 그런 현상이 더 쉽게 나타납니다. 그래서 안건을 본격적으로 다루기 전에 충분히 서로를 격려하고, 상호 존중과 협력을 배우는 활동들로 관계 형성을 돈독히 해야 합니다. 학급회의 2단계인 마음 나누기에서 서로에게 고마움을 전하고 서로를 칭찬하며 학급회의를 시작하고, 4단계에서 매번 회의의 목적을 낭독하는 이유는 바로 존중하고 격려하는 분위기에서 문제를 다루어야 안전하기 때문입니다.

어긋난 행동을 하는 친구는 자신도 잘 알아차리지 못하는 좌절과 낙담을 느끼고 있습니다. 그런 친구를 비난하는 방식으로는 결코 문제를 해결할 수 없습니다. 어긋난 행동을 하는 친구의 신념이나 마음을 헤아려 보고 그 친구를 어떻게 격려하며 도울 수 있을지 함께 고민하고 방법을 찾아 다 같이 실천하는 것이 따뜻한 공동체입니다. 우리 학급이 이런 공동체라는 믿음이 있다면 누군가를 비난하는 데 목적을 두지 않고, 해결하고 돕는 데 집중하게 될 것입니다. 그렇게 서로 도우며 함께 성장해 가겠지요.

Q. 안건 해결 방법이 여러 가지가 나왔고, 모두 3R 1H 요건에 충족된다면 다 실천해야 하나요?

개인이 제안한 안건에 관한 해결 방법이라면, 제안한 사람에게 실천해 보고 싶은 해결 방법을 선택하도록 합니다. 학급 구성원 모두에 해당하는 안건이라면, 해결 방법들을 모두 선택해서 동의의 과정을 거친 뒤 실천해 보면 좋습니다. 한 가지 문제에 한 가지 해결책만 있는 것이 아니라 여러 가지 해결 방법이 있고, 이 모든 방법은 상호 도움이 됨을 경험할 수 있습니다. 여러 해결 방법 가운데 공통점이 있다면 한두 방법으로 통합하여 해결책을 정리해 볼 수도 있습니다.

Q. 학급회의에서 결정한 사항을 잘 실천할 수 있는 분위기를 만들려면 어떻게 해야 할까요?

학급회의 절차 5단계에 '지난 회의 결정 사항 확인하기'가 있습니다. 함께 실천하기로 한 것을 전지에 기록하거나 인쇄를 해서 칠판이나 학급 게시판에 잘 보이게 붙여 둡니다. 그리고 날마다 하루를 시작하면서 지난 학급회의 때 결정한 것은 무엇인지 확인하게 합니다. 그렇게 실천 의지를 다지며 하루를 시작합니다. 하루를 마무리하면서도 해결책을 잘 지키려고 노력했는지 돌아보는 질문을 하며 엄지를 들어올려 자기를 평가해 보게 합니다.

이와 같은 방식으로 날마다 되돌아보기 질문을 하고, 노력해서 나아진 점을 서로 알아차려 표현하며 격려합니다. 친구들이 좀 더 노력했으면 하는 것도 말할 수 있습니다. 날마다 이렇게 되돌아보고, 자기 평가를 해 보도록 질문하고 나아진 점을 격려합니다. 이런 과정을 통해서 학생들은 조금씩 나아집니다.

학급회의 결정 내용은 우리 반의 새로운 약속으로 쌓여 갑니다. 시간이 지나서 지난번에 결정한 대로 지켜지지 않은 것이 있을 때는 "지난번에 이 문제와 관련해서 함께 정한 약속이 무엇이었지요?", "지금 우리는 어떻게 하고 있나요?", "어떻게 하는 것이 책임 있는 행동이지요?", "앞으로 어떻게 할까요?", "여러분이 말한 대로 다시 실천해 봅시다!" 이런 과정을 끊임없이 되풀이했을 때, 삶의 기술과 사회적 기술로 생활화되고, 체화되어 갈 것입니다.

"문제 해결을 위한 대화는 각자의 입장이 아닌,
공동체의 이익을 위해 이루어져야 한다."

# 4부

## 하나 되는 가을

# 1장
# 뻔해도 다시 한 번
2학기 학급 세우기

1년 차 선생님 : 선생님, 방학 잘 보내셨어요? 2학기 첫 주를 어떻게 보내야 하나 고민되네요.

9년 차 선생님 : 충전 잘했어요? 벌써 2학기라니! 저는 늘 하던 대로 방학 중 즐거웠던 일들 나누면서 친교의 시간을 잠시 가지려고요. 그다음에는 2학기를 위한 학급 세우기 활동을 하고요.

1년 차 선생님 : 어휴, 학급 세우기 활동을 2학기에 또 해야 할까요? 1학기에 학급 가이드라인도 세우고, 일과와 의미 있는 역할도 정했어요. 학기 초 PDC 활동 자체는 재미있게 할 수 있는데 별로 효과는 없는 것 같아서……. 거창하게 만들고 게시했지만, 실생활에는 별 소용이 없고, 의미 있는 역할도 의외로 아이들이 활발하게 활동하지 않더라고요. 시간은 많이 걸리고 아이들은 성장하는 것 같지도 않고, 저만 힘에 부치네요.

9년 차 선생님 : 맞아요. 활동은 열심히 하는데 애들 생활은 별로 달라지지 않는 것 같아요. 저도 처음 PDC를 시작했을 때 결과가 확 나타나지 않는 것이 힘들었어요. 그래도 장기적으로 학생들에게 도움이 되는 거라고 확신하니까 계속해 가는 거죠. 중요한 것은 무슨 활동을 하든지 꾸준하게 피드백하고 점검하는 과정인 것 같아요. 가이드라인과 일과를 만들고 나면 학생들이 잘 실천하고 있는지 되돌아보도록 계속해서 관심을 가지고 묻고 또 격려하는 시간을 정기적으로 가지니까 조금씩은 변화가 보이더라고요.

1년 차 선생님 : 아하! 제가 그걸 놓친 거군요. 한 번 활동으로 딱 정하고 나면 아이들이 잘 지켜 주겠지 기대했는데! 제 기대가 지나쳤네요. 그럼, 선생님은 아이들과 어떻게 학급 세우기 활동들을 되돌아보고 격려하시나요?

## 2학기도 야심 차게 다시 학급 세우기

교사에게 9월은 협력적 학급 세우기의 또 다른 기회입니다. 3월에 학생들과 함께 동의의 과정을 거쳐 '가이드라인', '학급 일과', '의미 있는 역할' 활동 등을 적용했다고 해서 우리 학급이 바로 협력하고 공헌하며 책임감을 갖춘 교실로 변하지 않습니다. 책에서 보거나 연수에서 해 봤던 것처럼 PDC 원칙이 우리 교실에서는 잘 작동하지 않는 것 같아 좌절하기도 합니다. '가이드라인'도 그럴 듯하게 만들어 게시판에 붙이고, '일과'도 정해 보고, '의미 있는 역할'도 만들어 활동했는데 왜 우리 반 아이들은 지키지 않는 것인지 답답하기만 합니다. 2학기가 되어서도 같은 일이 되풀이될 것 같은 두려움이 스멀스멀 커집니다. 그래서 1학기에 야심 차게 시도했던 PDC 활동들을 접어 버리고, 이전의 학급 운영 방식으로 다시 돌아가는 경우도 왕왕 있지요.

함께 합의한 것들을 지키고 주인의식을 가지고 서로 협력하는 교실은 어떻게 만들어질까요? 긍정훈육을 오래 실천한 교사라도 매년 학생들과 함께 실수하고 수없이 연습하며 살아갑니다. 잘 지켜지지 않을 때 이를 학급회의 안건으로 올려 수시로 수정하고 평가도 하고요. '동의와 가이드라인', '학급 일과', '의미 있는 역할' 등을 정했다고 해서 학생들이 이내 잘 실천할 것이라는 기대는 금물입니다. 학생들이 충분히 실수하고 연습하는 그 과정을 소중하게 여겨야 합니다. 그래서 잘 지켜지지 않는 순간에 주목하는 대신, 잘 지키도록 노력하는 모습을 포착하여 격려해야 하지요.

2학기의 첫 1~2주는 지난 3월에 세웠던 학급의 비전을 상기하고, 2학기에 새로 보완할 내용이 있는지, 학생들이 실천하기 어려웠다면 무엇이 어려웠는지, 어떻게 고치고 싶은지 서로 나눈 후 반영합니다. 학급의 주인이 학생 자신들임을 이런 활동을 통해 확인하며 새 학기의 첫 단추를 끼웁니다.

# 울타리와 같은 우리 반 가이드라인

'동의와 가이드라인'은 학급 구성원 전체가 동의해서 정한 것으로 구성원 모두의 행동 방식을 이끌어 주는 울타리와 같습니다. 학생들이 좋은 성품을 갖고 성장하도록 돕고 안전하게 생활할 수 있도록 지켜 주는 울타리 말입니다. 그래서 일부 교사들은 '우리가 함께 정한, 교실 속 우리 모두를 지켜 주는 경계'라는 뜻으로 '우리 반 울타리'라는 말로 바꿔 사용하기도 합니다.

'동의와 가이드라인' 혹은 '울타리'는 항목이 너무 많거나 복잡하면 기억하기 어렵습니다. 그래서 되도록 간단하게 만드는 것이 좋습니다. 무언가를 금지하는 표현보다는 행동을 이끌어 주는 긍정적인 언어로 표현하면 아이들이 바람직하게 행동하도록 돕는 데더 효과적입니다. 봄 편에서 제시한 것처럼, 가치(덕목)별로 여러 가이드라인을 만들 수도 있습니다. 또, 아래 사진과 같이 간단하게 하나의 표(통합 가이드라인)로도 가능합니다. 통합 가이드라인을 만들면 아이들이 기억하기 쉬워 생활 속에 적용이 잘되는 장점이 있습니다.

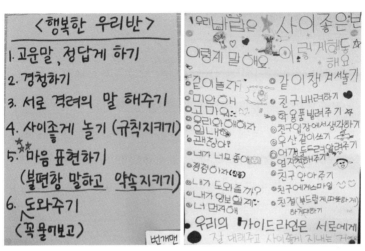

▲ 통합 가이드라인 예시

**활동**

### 통합 가이드라인 만들기

- 활동 목적 : 2학기 학급의 방향 세우기
- 활동 시간 : 80분
- 준비물 : 붙임쪽지(학생 수×2장), 4절지(모둠 수×3장+2장)
- 활동 방법

1) '내가 바라는 2학기 우리 반의 모습'을 주제로 브레인스토밍한
   다. 이때 붙임쪽지를 한 사람당 두 개씩 주고, 한 쪽지에 하나의
   내용이 들어가도록 적고 칠판에 붙인다. 예를 들어, 한 아이가 자
   신에게 주어진 쪽지에 각각 '싸우지 않는 반', '서로 도와주는 반'
   이라고 적고 칠판에 붙이고 모두가 붙일 때까지 기다린다.

2) 반 전체가 하나하나의 쪽지를 살피며 브레인스토밍한 내용을 분류한다. 나온 내용들을 포괄할 수 있는 두세 가지의 가치(덕목)로 유목화한다. 예를 들어, 붙임쪽지의 내용별로 분류하여 '존중'과 '협력'이라는 두 가지 큰 가치(덕목)로 통합한다.

3) 2에서 정한 가치(덕목)별로 템플릿을 다 같이 작성한다. 예를 들어 '존중'과 '협력'이 학급이 원하는 큰 가치라면, '존중하고 협력하는 우리 반'을 만들기 위해 어떻게 말하고 어떻게 행동할지 브레인스토밍한다.

4) 다 작성한 후 아이디어별로 3R 1H를 적용해 보고 최종 아이디어를 정리한다.

5) 엄지 투표로 모두가 동의하는지를 확인한 후 통합 가이드라인 용지에 서명한다.

6) 통합 가이드라인을 교실 한쪽에 게시한다.

가이드라인은 교실 앞쪽 게시판에 붙여 두고, 우리가 원하는 반을 만들기 위해 행하기로 약속한 것들을 살펴보고 실천합니다. 아침마다 모두가 큰소리로 가이드라인 읽기를 일과로 만들면 효과적입니다. 가이드라인을 친구들 앞에서 크게 읽는 읽어 주는 역할을 한 명 정해도 좋습니다.

실천한 친구를 격려하는 방식으로 '되돌아보기'를 할 수도 있습니다. 아침 시간에 전날 가이드라인을 잘 지킨 학생의 이야기를 들려줍니다.

"서율이가 어제 쉬는 시간에 주안이에게 '내가 칠판 지우는 거 도와줄까?'라고 말하면서 칠판 지우는 역할을 함께하는 걸 보았어요. 친구에게 도와줄 때도 동의를 구하는 모습이 보기 좋았습니다. 덕분에 우리 반이 존중하는 교실이 되었어요. 고마워요."

실천을 알아보아 주고, 감사를 표현하는 이러한 격려는 가이드라인이 학급에 단단하고 튼튼하게 자리 잡는 데 중요한 역할을 합니다.


## 되짚고 연습하는 학급 일과


특정 시간과 장소에서 학생들이 분명하게 지켜야 하는 것이 학급 일과입니다. 함께 정한 일과대로 이루어지지 않아 선생님이 잔소리를 하면, 모두가 피곤하고 재미없는 교실이 됩니다. 1학기에 함께 정한 학급 일과를 2학기 시작을 맞아 다시 한 번 점검하면서 상기시키는 과정이 필요합니다. 학생들이 학급 일과의 절차와 주의점에 공감하는 과정이 있다면, 긍정적인 분위기에서 일과를 반복 연습할 수 있습니다. 알아서 하기를 기대하기보다 명시적으로 가르치고 연습하는 것이 긍정훈육입니다.

특히 일과는 '역할극'을 해 보며 학생들에게 그 절차를 익히고 기억하도록 도우면 좋습니다. 역할극을 통해 습득하면 그 절차들이 왜 필요한지 피부에 와닿고 잘 기억하게 됩니다. 몸으로 익히고 친구가 하는 모습을 보며 모델링하고, 그 과정에서 깔깔거리며 웃고 즐기는 것은 덤입니다. '아이들은 기분 좋을 때 더 잘 배운다'라는 말처럼요.

역할극은 몇 번 정도 하면 좋을까요? 앞서 봄 편에서 다루었던 일과를 점검하는 5R의 마지막이 바로 '다시 해 보기'입니다. 그래서 필요한 상황마다 해 볼 수 있습니다. 학기 초 한 달은 해당 일과가 익숙해질 때까지 반복합니다. 연습 전에, 교실에 게시된 해당 일과를 모두 함께 큰 소리로 읽고 역할극으로 표현할 부분을 확인합니다. 역할극 발표를 마치면 '감상회의'를 통해 소감을 나눌 수 있습니다. 이때는 두 가지 질문을 합니다. "어떤 점을 멋지게 표현하였나요? 어떻게 보완하면 더 멋진 행동이 될까요?"

잘된 점을 먼저 보고 이야기한 후 보충하면 좋을 점을 말합니다. 잘되지 않은 점을 찾아 콕 짚어 가리키기보다는, 격려와 개선의 시각을 가지고 발표합니다. 선생님 역시 "와! 선생님도 감동했어! 어떻게 우유가 하나도 안 남도록 깔끔히 톡톡 털어 마시는 훌륭한 생각을 했어?"라고 격려해 줍니다. 아이들이 기발한 표현이 담긴 글을 쓰거나 어려운 수학 문제를 해결했을 때와 마찬가지로 큰 성취감을 느낄 수 있도록 말입니다. 조금 호들갑스러운 표현이 역할극으로 연습해 보인 아이에게는 가슴 뿌듯한 격려가 될 것입니다. 그리고 그런 격려를 받는 모습을 보는 아이들에게도 동기 부여가 될 것입니다. 역할극과 감상 회의를 하는 동안 아이들은 '5R과 격려'의 모든 단계를 거치게 됩니다. 지속적인 연습과 격려로 학생들은 점점 발전하며 놀랍도록 안정된 모습을 갖춰 갈 것입니다.

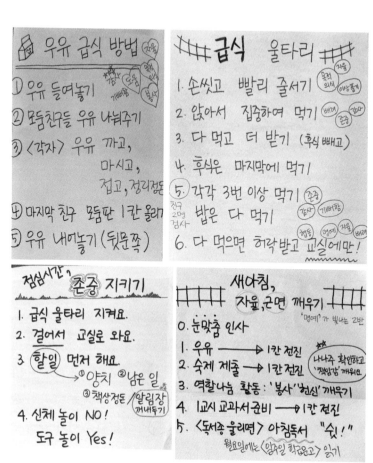

▲ 다양한 일과 포스터 예시

## 의미 있는 역할, 책임감을 키우기 위해

학급 구성원이 역할을 맡아 학급에 공헌할 기회를 얻으면 존재
감과 소속감이 생깁니다. 그렇게 각기 맡은 역할을 책임 있게 수행

함으로써 학급 운영은 잘 이루어집니다. 그렇기에 많은 선생님이 '의미 있는 역할' 활동의 가치를 알고 시도하지만 기대한 것처럼 잘 운영되지 않았다고 느끼고 효과가 없다고 합니다. 아래 두 가지 문제점이 있을 수 있습니다.

**첫째, 학생들이 자기가 해야 할 역할을 잊거나, 역할을 수행하는 방법을 잘 모른다.**

**둘째, 역할을 정할 때는 재미있지만, 막상 해 보니 귀찮거나 재미가 없어서 하지 않는다.**

첫 번째 경우가 의외로 많습니다. 선생님은 역할을 정해 두면 '아이들이 알아서 잘하겠지!'하고 믿지만, 믿기만 해서 될 일은 아닙니다. 앞선 두 활동처럼 의미 있는 역할 활동도 명시적으로 가르치고 훈련해야 합니다. 즉, 각자가 해야 할 역할과 방법을 분명하고 자세히 안내해야 하지요. 연습을 해야 하는 역할도 있습니다. 빗자루를 사용하는 것도 아이들에게는 익숙하지 않으니 배울 기회를 충분히 주어야 합니다. 이때 다음 쪽에 나오는 것과 같이 배움의 4단계로 가르쳐 주면 꽤 도움이 됩니다.

"아이들을 위한다면서 다 만들어진 것만 준다면
아이들은 스스로 생각하는 법을 결코 배울 수 없다."

| 1단계 | You do, Child watch. | 교사가 빗자루와 쓰레받기를 사용해 바닥을 쓸고 학생은 지켜본다. |
|---|---|---|
| 2단계 | You do, Child help. | 교사가 빗자루를 사용해 바닥을 쓸 때 학생은 쓰레받기를 대며 쓰레기 담는 것을 돕는다. |
| 3단계 | Child do, You help. | 학생이 빗자루와 쓰레받기를 사용해 바닥을 쓸 때 교사는 쓰레기를 날리지 않도록 비질하는 자세를 잡아 준다. |
| 4단계 | Child do, You watch. | 학생이 빗자루와 쓰레받기를 사용해 바닥을 쓸고 교사는 지켜본다. |

　1학기 때 의미 있는 역할 활동을 시작하면서 역할별 직업 안내문을 작성했지요? 그에 더해서 기존 역할자들이 자기 역할에 대한 설명서를 만들어 전달하면 다음 역할자가 역할을 수행하는 데 도움이 됩니다. 역할을 잘하는 요령을 다음 사람에게 안내하고 익숙해질 때까지 도움받을 수 있는 시간을 마련해 줍니다. 역할이 바뀌고 나서 일주일 정도의 기간 동안 '도와줘요, X맨!'과 같은 프로그램을 운영합니다. 먼저 역할을 맡았던 사람과 이번에 역할을 맡은 사람이 서로 만나서 역할에 대해 가르치고 배우며 연습하는 시간이지요. 활동 후, 역할을 잘 안내해 준 점, 새 역할을 정성껏 배우고 익혀 준 점에 대해 서로에게 고마움을 전하는 시간을 갖습니다.

　다음은 두 번째 경우입니다. 학급에서 하는 어떤 활동이든 지속적인 격려와 의미 부여가 있을 때 열심히 하려고 합니다. 이를 위해 의미 있는 역할에 대해 감사 나누기 시간을 공식적으로 갖습니다. 학급회의 중 '감사 나누기' 시간이나 하루를 여닫는 시간을 활용하면 좋겠지요. 특히 학기 말이나 새 학기 첫날에 지난 학기를 돌아보며 '의미 있는 역할'을 잘해 준 친구들에게 덕분에 잘 지냈다고 감사하는 마음을 전합니다. 이때 꼭 챙겨야 할 것이 있는데요, 역할 수행 시 어려웠던 점이나 친구들의 도움이 필요한 점을 공유하는 것입니다.

학생들이 '의미 있는 역할'에 적극적으로 참여하지 않아 걱정되는 선생님께 이런 방법을 제안해 봅니다. 바로, **두 사람이 짝을 지어 의미 있는 역할 활동**을 하는 것입니다. 먼저 학급의 의미 있는 역할의 수를 줄인 다음 두 사람이 역할을 함께하면서 서로 역할을 제때, 제대로 할 수 있도록 돕고, 모자라거나 부족한 점은 서로 협력하며 활동할 수 있게 합니다. 또 역할을 잘하지 못하는 아이들은 좀 더 능숙하게 역할을 해내는 친구와 짝을 이루어서 하다 보면, 자연스럽게 멘티-멘토 관계가 만들어집니다. 가르쳐 주는 학생은 뿌듯하고, 배우는 학생은 점점 잘 해내면서 자신감이 생기고 가르쳐 주는 친구에게 고마운 마음을 가지게 됩니다.

역할 수행은 교과 학습이 아닌 일상생활 영역이기에 편안하게 가르치고 배우면서 성장합니다. 이렇게 역할 수행을 함께하면서 서로의 장점을 더 잘 알아차리게 되고, 감사를 표현하고 격려하는 학급 문화가 형성됩니다.

# 기쁨과 감사로 함께하는 우리 반 역할 나눔

내가 우리 반에 도움이 될 수 있을 것 같은 역할은 무엇인가요?
무엇을 하면, 나도 기쁘고, 우리 반 모두를 기쁘게 할 수 있을까요?
내가 이 역할을 잘한다면 배울 수 있는 미덕은 무엇일까요?

| 역할 맡은 친구 | 역할 이름 | 필요 인원 | 역할 내용 (할 일) |
|---|---|---|---|
| 지안, 석현 | 자물쇠 | 2 | 교실 비울 때 불 끄고, 문 닫기 |
| 서연, 서현 | BBQ | 2 | 학습 결과물(숙제, 공책 등) 나눠 주기 |
| 서하, 지윤 | 로켓배송 | 2 | 학습 자료 배달 |
| 재진, 민준 | e 알리미 | 2 | 친구들에게 격려해 주기<br>친구들이 교과서 꺼내도록 말하기<br>다정한 말, 격려의 말 해 주기 |
| 지율, 수아 | 번개맨 | 2 | 친구들에게 격려해 주기<br>친구들이 미덕을 깨울 수 있도록 수업 중에 크게 대답하고 빨리 행동해 주는 모범 보이기 |
| 가원, 서아 | 와이퍼 | 2 | 칠판 지우고, 칠판틀 닦기, 칠판 용품 정리 정돈 |
| 혜란, 보빈 | 디아루가 | 2 | 매일 칠판 시간표 바꾸기<br>칠판 용품 정리 정돈 도우미 |
| 연준, 지호 | 캡틴코리아 | 2 | 금요일(또는 필요시) 폐휴지통 관리 / 비우기 |
| 하윤, 재윤 | 깨끗한나라 | 2 | 금요일(또는 필요시) 쓰레기통 관리 / 비우기 |
| 재원, 유찬 | 아이쿠 | 2 | 우리반 울타리 큰 소리로 읽어 주기<br>(안전 울타리, 급식 울타리, 학급회의 정한 내용) |
| 동하, 태량 | 루기아 | 2 | 교실 등교하자마자 환기<br>하교할 때 창문 모두 닫고 가기 |
| 연우, 주안 | 티라노맨 | 2 | 학급문고와 어울 놀이터 정리 정돈 |
|  | (계) | 24 |  |

▲ 의미 있는 역할 나눔 예시

아이들은 가이드라인을 재정비하는 시간을 통해 민주적 과정을 경험할 것입니다. 학급 일과와 의미 있는 역할을 스스로 수행하며 소속감과 책임감이 조금씩 자라나고 있을 것입니다. 이러한 활동을 처음 실천하는 교사도 긍정훈육의 원칙을 신뢰하고 꾸준히 적용하다 보면 학생들의 사회적 성장을 체감하고 교사로서 유능함을 느끼게 되겠지요.

아이들에게 가이드라인, 학급 일과, 의미 있는 역할 활동을 가르치며 학급 세우기를 잘하는 것은 중요합니다. 그러나 아침마다 아이들을 웃으며 맞이해 주는 것, 따스한 말 한마디 건네는 것, 일과를 마치고 집으로 돌아가는 아이에게 하루 중 관찰했던 긍정적인 행동을 말하며 격려해 주는 것은 더 중요하고 가치 있습니다. 교사의 관심과 배려로 학생들과 긍정적인 관계를 지속하는 것을 잊지 마세요. 선생님의 여유 있는 시작, 2학기를 응원합니다!

| Tip | 활용하면 좋은 그림책 |
| --- | --- |

「**돌멩이 국**」(존 J. 무스, 달리) 학기 초, 동의와 가이드라인을 작성하고 수정하기 전에 활동의 의미를 되새기는 데 활용하길 권한다.

「**착해야 하나요?**」(로렌 차일드, 책읽는곰) 2학기가 되어 새롭게 의미 있는 역할을 정하며 마음을 다잡기 전에 그 의미를 되새기며 읽기에 좋다.

# 2장
# 우리는 한 팀입니다

학생-학부모-교사 격려 간담회

1반 선생님 : 벌써 다음 다음주가 2학기 학부모 상담 기간이네요.

4반 선생님 : 그러게요. 1학기에도 상담했는데, 2학기 학부모 상담 기간에는 어떻게 진행할지, 무슨 말을 할지 마음에 부담되네요.

1반 선생님 : 그래도 이번에는 꼭 오셨으면 하는 부모님들은 상담 신청하시면 좋겠어요.

4반 선생님 : 맞아요. 이번에 우리 반 세호 부모님은 꼭 오셨으면 좋겠어요. 세호가 학교생활 어떻게 하는지도 들으시고, 부모님께서 신경을 써 주실 부분도 아셔야 하는데…….

1반 선생님 : 그런 이야기를 할 때, 인정하시고 잘 받아들이셔야 할 텐데요. 그런 이야기에 어떤 반응을 보이실지 걱정도 되시겠어요.

4반 선생님 : 맞아요. 세호가 성장하도록 함께 격려하며 도울 방법이 없을까요?

# PDC 학생-학부모-교사 격려 간담회

학생-학부모-교사 격려 간담회란, 부모와 교사, 학생이 참여하는 상담 형식입니다. 간담회의 목적은 학생에게 용기를 주고, 격려하고 돕기 위해 협력하는 것입니다. 그러므로 상담 주인공인 학생이 함께해야 하지요. 학생의 성장을 돕기 위한 방법을 함께 찾고 계획을 공유하면서 교사와 학부모 역시 동반자로서 서로 연결되었다고 느낄 수 있습니다.

학생의 강점이나 그동안 노력하여 향상된 점을 찾아 격려합니다. 학생이 스스로 느낀 약점이나 개선할 점을 이야기하면 교사와 학부모는 어떤 도움이 필요한지 물어봅니다. 학생은 이 과정을 통해 부모님과 선생님이 자신의 강점에 집중하고 있으며, 자신과 한편이고 잘되기를 응원하며 도움을 주는 사람들이라는 것을 깨닫게 됩니다.

---

### 격려 간담회 진행 과정

1. 학부모 상담 주간에 격려 간담회 형식으로 진행됨을 안내하고, 신청 받는다.
2. 만남 며칠 전에 격려 간담회 활동지를 집으로 보내 미리 작성해 오게 한다.
3. 간담회 날 참석한 사람들이 서로 마주 볼 수 있게 자리를 배치한다.
4. 마음을 열 수 있는 간단한 놀이를 한 가지 해 볼 수 있다.
5. 격려 간담회 활동지에 적힌 내용을 바탕으로 학생, 학부모 순서로 질문

---

하고 각자의 대답을 듣는다. 대답을 들은 후 선생님은 의견을 말한다.
6. 마지막에는 간담회에 참가한 소감을 나누고, 참여한 것에 감사를 표현하며 마무리한다.

다음은 격려 간담회 안내장에 담을 메시지 예시입니다.

우리 반은 가능하면 학생-학부모-교사가 함께하는 간담회 형식으로 학부모 상담을 진행하면 좋겠습니다. 이 간담회는 자녀를 격려하며 어떤 도움이 필요한지 알고 성장을 돕는 데 목적이 있습니다. 자녀에게 의미 있는 시간이 될 수 있기를 바라며 될 수 있으면 모든 부모님을 만나 뵙고 이야기 나누고 싶습니다.

간담회 시간은 25분 안팎으로 진행하고자 합니다. 시작 시각을 지켜 주시면 보다 원활한 상담이 가능합니다. 간담회와 관련하여 몇 가지 질문이 적힌 활동지를 보내드립니다. 궁금해서 질문하실 것들, 자녀에 관해 하시고 싶은 말씀을 생각해 보시고 작성하셔서 간담회 전에 학생 편에 보내 주시기를 바랍니다.

## 격려 간담회 활동지

간담회 관련 안내를 한 후, 아래 질문이 적힌 활동지를 만들어 가정으로 보내 미리 작성하도록 합니다. 학생들은 학교에서 다 함께 기록해 보면 좋습니다. 가정에서 작성한 활동지를 회신받은 담임 교사는 작성 내용을 확인하며, 어떤 추가 질문과 대화를 나눌지 구상해 봅니다. 간담회 때에는 작성한 활동지를 참고해서 답하실 수 있도록 다시 나눠 드립니다. 격려 간담회 활동지에 담을 질문 예시입니다.

| 격려 간담회 학생용 질문 | 격려 간담회 학부모용 질문 |
| --- | --- |
| 1. 내가 잘하는 것, 강점, 성장하고 있는 것은 무엇 무엇인가요? | 1. 자녀가 잘하는 것, 강점과 성장하고 있는 점은 무엇 무엇인가요? |
| 2. 내가 잘하는 것을, 꾸준히 잘하도록 격려와 지원이 필요한 부분은 무엇인가요? | 2. 자녀가 잘하는 것을, 꾸준히 잘할 수 있도록, 어떻게 격려하고 지원하실 계획인가요? |
| 3. 나는 더 성장하기 위해 어떤 부분을 개선하고 노력하는 것이 도움이 될까요? | 3. 자녀가 더 성장하기 위해 어떤 부분을 개선하는 것이 도움이 될까요? |
| 4. 개선할 점이나, 노력해야 하는 점이 나아지도록 어떻게 도움을 주고, 격려하기를 바라나요? | 4. 자녀가 개선할 점이나, 노력해야 하는 점이 나아지도록 어떻게 도움 주실 계획인가요? |

교사가 질문하고, 학부모의 질문에 답하고, 학생에게 질문하는 등 격려 간담회를 역할극으로 해 보듯이 시나리오를 구성하였습니다.

격려 간담회 장면 시나리오

👩 : 세호와 어머님, 바쁜 시간을 내어 간담회에 와 주셔서 고맙습니다. 차도 한 잔 드시면서 이야기 나누겠습니다. 이야기를 시작하기에 앞서 간단한 놀이 한 가지 해도 될까요?

교사와 학생, 학부모가 모두 참여하는 간담회를 의미 있고, 효과적인 시간으로 만들려면 격려의 과정이 필요합니다.

우선 교사, 학부모, 학생이 삼각 대형으로 마주 보고 앉습니다. 처음에는 부모님, 학생 모두가 함께하는 상담이 낯선 경험이기에 조금 긴장하는 마음으로 올 때가 많습니다. 그래서 먼저 참석한 것에 대한 감사 표현도 하고, 부모님과 학생을 위해 마실 수 있는 차를 준비해서 냅니다. 긴장을 풀기 위해 교실에서 학생들과 함께했던 간단한 놀이 활동을 학부모와 학생이 해 보도록 제안하기도 합니다.

(놀이 예시 : 한 손의 손등을 허리에 댄 후 다른 한 손으로는 상대방의 등 뒤에 있는 손바닥을 먼저 치는 놀이, 부모님과 학생이 서로 마주 잡은 손으로 풍선을 쳐 보는 놀이, 팔씨름 한판 등)

:눈을 잠시 감아 볼게요. 천천히 숨을 쉬면서 요즘 서로에게 고맙게 생각한 점이나 평소 고맙게 생각했는데, 그동안 전하지 못했던 말이 있다면 잠시 떠올려 봅니다. 몇 가지 떠올렸다면 눈을 떠도 좋습니다. 지금부터 한 사람씩 서로의 눈을 바라보며, 무엇 때문에 고맙다고 느꼈는지, 번갈아 가며 말을 해 보겠습니다. 상대방이 말을 하면, "그렇게 말해 줘서 고마워!"라고 대답해 주세요. 준비 시작!

서로 고마운 점을 떠올리고 말해 보게 하면, 할수록 서로의 행동이나 말에 대한 고마움보다는 서로의 존재에 대한 고마움을 표현하며 애틋해집니다. 마지막에 서로가 고마운 만큼 안아 주거나, 손을 잡아 달라고 하며 스킨십으로 마음을 전하게 할 수도 있습니다. 학부모와 학생이 잠깐의 놀이를 통해 서로 함께하며, 서로에 대한 마음을 표현합니다. 부모님과 자녀가 가벼운 놀이를 함께 하며 긴장도 풀리고, 긍정적 감정으로 이야기하고 싶어집니다. 또한 놀이 장면을 통해 학부모와 자녀 사이의 관계 및 관계에서의 주도성을 관찰할 수도 있습니다. 그런 다음, 본격적으로 간담회를 시작합니다.

👤 : 서로에게 고마운 만큼 한번 안아 주시거나, 서로의 손을 한번 꼭 잡아 주실래요? 평소에도 오늘처럼 서로에게 소중한 사람이라는 것을 기억하고, 고마운 마음을 종종 표현하셨으면 좋겠습니다. 지금부터 간담회를 본격적으로 시작하겠습니다. 이 간담회의 목적은 서로를 격려하고, 자녀의 성장을 돕기 위해 함께 의논하는 데 있습니다. 간담회를 시작해도 될까요?

간담회를 시작할 때 학부모와 학생이 작성했던 격려 간담회 활동지도 각자의 책상 위에 올려 둡니다. 질문은 항상 학생에게 먼저 합니다. 학생이 대답하고, 그다음 부모님이 말합니다. 그리고 마지막에 선생님이 학생과 부모님께 들은 내용에 대해 피드백하거나, 추가 질문을 할 수 있습니다. 또한 학교에서 관찰하고 기록한 내용을 덧붙여 말할 수 있습니다. 질문할 때 교사는 애정 어린 태도로 질문하고, 학생과 학부모가 말할 때는 바라보며 반영적 경청 및 공감을 표현하며 듣습니다.

🧑‍🦰 : 세호야, 네가 잘하고 있는 것이나 올해 성장한 점은 무엇이라고 생각해? (질문 1)

👦 : 전에는 친구가 다가오기만을 기다렸는데, 이제는 친구에게 먼저 다가가서 말을 걸 수 있게 되었고, 친구들과 문제가 생겼을 때는 제가 잘못한 점에 대해 사과해요. 그리고 친구들에게 함부로 하지 않고 친절하게 대하게 되었어요. 또 제가 해야 하는 일을 꾸준히 하려고 노력했어요.

🧑‍🦰 : 그래, 처음에는 친구들에게 다가가는 것을 쑥스러워하더니 이제는 용기도 많이 내고 있고, 잘 어울려 지내고 있구나! 어머니께서는 세호가 잘하고 있는 것, 성장한 점은 무엇이라 생각하시나요? (질문 1)

👩 : 친구들과 사이좋게 지내고, 학교를 즐겁게 다니고 있어요. 전에는 학교 수업 마치고 집에 오면 집에 혼자 있을 때가 많았는데, 이제는 밖에서 친구들과 어울려 놀기도 하고, 친구를 집에 초대해서 함께 시간을 보내기도 해요. 또 학교 과제도 스스로 알아서 하고요, 피아노를 배우고 있는데 열심히 치고 있습니다.

🧑‍🦰 : 와, 세호는 요새 어떤 곡을 연습하고 있니? 나중에 선생님도 네 연주 한번 들어 보고 싶네.

🧑‍🦰 : 세호가 잘하고 있는 것을 꾸준히 잘할 수 있도록 어떻게 도와주셨으면 좋겠어? (질문 2)

🧒 : 제가 힘들어할 때는 옆에서 응원과 격려를 해 주시고, "더 열심히 해 봐!"라고 말해 주시면 좋겠어요. 그리고 놀 때도 노는 시간을 지켜 가며 놀 수 있도록 제가 계획 세우는 것을 도와주시면 좋겠어요. (어머니는 들으시며 고개를 끄덕입니다.)

👩 : 부모님께서는 어떻게 지원하실 계획인가요? (질문 2)

👨 : 친구들과 논다고 하면, 어울려서 놀 기회를 많이 주고 싶어요. 또 요새 세호가 스스로 학습계획을 세워 공부하고 있는데, 하루에 공부하는 양을 적절하게 정해 보도록 돕고 싶어요. 요즘은 피아노 콩쿠르를 준비하며 스트레스를 조금 받고 있는데, 결과와 상관없이 열심히 노력하고 있는 모습을 응원해 주고 싶습니다.

👩 : 세호가 더 성장하기 위해 개선해야 하거나 노력해야 하는 점이 있다면 어떤 점이라 생각해? (질문 3)

🧒 : 요새 친구들과 어울려 놀다 보면, 노는 시간을 못 지킬 때가 종종 있어요. 반 친구들과 요새 더 친해지고 있는데, 함께 노는 시간도 적절하게 가지면서 친구 관계가 무너지지 않도록 제가 더 노력해야겠어요.

👩 : 부모님이 어떻게 돕기를 바라니? (질문 4)

🧒 : 제가 노는 시간을 못 지킬 때는 혼내지 않고, 친절하게 알려 주시면 좋겠어요. 그리고 제가 잘 못할 때도 기분이 좋아지는 말을 해 주시면 좋겠고, 늘 응원해 주시면 좋겠어요.

🧑‍🦰 : 어머니, 그렇게 해 주실 수 있을까요?

👤 : 네, 저도 세호에게 잔소리하지 않고 격려하도록 노력하겠습니다.

🧑‍🦰 : 어머니께서는 세호가 노력했으면 하는 부분은 무엇이라 생각하나요? (질문 3)

👤 : 요새 해야 할 일과 하고 싶은 일에 대해 계속 대화하고 있는데, 하고 싶은 일에만 시간을 쓰려고 하니 부모로서 답답할 때도 있고, 걱정이 되기도 해요. 자기에게 주어진 시간을 효율적으로 관리했으면 좋겠어요. 또 태블릿으로 영상을 보거나 게임을 하는 시간 약속이 잘 지켜지지 않아서 갈등이 생겨서 고민이에요.

🧑‍🦰 : 이런 점들이 나아지도록 어떻게 도움 주시고, 관심을 두실 계획이신가요? (질문 4)

👤 : 그날 해야 하는 공부, 방 정리, 학교 갈 준비를 먼저 하고 나서 관심 있는 영상을 보거나 게임을 했으면 좋겠기에, 계속 함께 의논하고 약속을 지킬 수 있도록 할 생각입니다. 약속을 잘 지키면 세호가 좋아하는 것으로 보상해야 하나 고민 중이기도 합니다. 세호가 스스로 약속대로 할 수 있는 힘이 생겼으면 좋겠습니다.

🧑‍🦰 : 아, 세호가 학교에서는 수업 시간에 준비나 집중도 잘하고, 발표할 기회가 주어졌을 때는 용기 내 잘 말하고 해야 할 과제도 제때 잘하는 편입니다. 가정에서 시간 관리와 관련한

어려움이 있네요. 시간 계획을 세울 때 세호가 하고 싶은 일과 해야 하는 일을 골고루 할 수 있도록 도움 주시고, 약속한 시각이 잘 지켜지는지 정기적으로 살펴주세요. 지켜지지 않을 때는, 시간을 지키는 데 어떤 어려움이 있는지 한번 물어봐 주시고, 세호의 앞으로의 계획은 무엇인지 이야기 들어 주세요. 무언가를 잘 해내고 자기 능력으로 만드는 데에는 충분한 시간이 필요한 것 같습니다.

> 선생님은 간담회 하는 동안 알게 된 학생에 관한 정보나 살펴야 할 것들을 기록해 두고, 어떻게 지켜지고 있는지 정기적으로 물어보거나 살펴 도울 수 있습니다. 또한 교사 처지에서도 학생, 학부모님께 부탁하고 싶은 말이 있다면 덧붙일 수 있습니다.
>
> 이렇게 개선이 필요한 부분에 관해 학생이 스스로 알아차리고 생각한 부분을 먼저 말했을 때, 무언가 이야기 나누는 자리에 학생을 참여시켰을 때 자기가 말한 것을 책임감 있게 지키려고 합니다. 이런 자리를 통해 서로의 처지를 깊이 이해하고 받아들이게 되며, 학생도 자신의 성장을 위해 애쓰려고 합니다.

🧑‍🦰 : 오늘 간담회에 참가하면서 어떤 생각, 어떤 느낌이 들었나요?

🧑 : 엄마랑 이렇게 학교에 와서 선생님과 이야기 나눠 본 적이 없었는데, 오늘 이야기해 보니까 엄마가 저에 대해 어떤 생각을 하고 계시는지 들어 볼 수 있어서 좋았어요. 저도 엄마

가 걱정하는 부분이 나아지도록 노력해야겠어요.

👨 : 세호가 올해 좀 더 사회성이 좋아지고 있는 것 같아요. 그리고 자기가 노력해야 하는 점도 잘 알고 노력하고 있으니까, 잔소리는 줄이고 응원해 보려고 합니다. 이런 시간 만들어 주셔서 고맙습니다.

👩 : 오늘 세호와 함께 이야기 나눴던 순간을 기억하며, 자녀가 잘하고 있고 노력하고 있는 점을 알아주시고 자주 표현하며, 또 세호가 어려움이 있을 때는 무엇 때문에 힘이 드는지, 해결하기 위해 어떤 계획을 하고 있는지, 필요한 도움은 무엇인지 물어보며 서로에게 힘이 되어 주었으면 합니다. 오늘 세호와 어머니 모두 간담회에 참석해 주셔서 고맙습니다.

> 마지막에는 학생과 학부모의 소감을 듣는 시간을 갖습니다. 자녀와 부모님이 함께 간담회에 참가한 특별한 시간을 '사진'으로 찍어 드려도 되겠느냐고 동의를 구한 뒤, 사진을 찍어 드릴 수도 있습니다. 찍은 사진을 메시지로 보내 드려도 좋습니다. 간담회에 참석해 주신 것에 대해 고마움을 표현하며 간담회를 마무리합니다.

"우리는 약점이 아니라 오직 강점 위에서만 해낼 수 있다."

# 격려 간담회의 의미

격려 간담회 시간은 그리 길지는 않지만 참여한 학부모와 학생, 교사가 서로의 마음을 헤아리고 격려를 주고받기에는 충분합니다. 격려 간담회를 통해 학부모, 학생, 선생님 서로에게 의미 있는 도움을 주고받을 수 있는 협력 관계가 만들어집니다. 이런 관계와 신뢰를 바탕으로, 앞으로 학교에서 학생이 어려움을 겪을 때, 학생의 성장을 위해 부모님의 도움이 필요할 때 교사가 즉각 가정과 소통하고 도움을 요청할 수 있게 됩니다.

또한 학부모는 내 자녀의 약점에 집중하는 대신, 내 아이가 잘하고 있고 노력하는 것에 집중해 보도록 관점을 바꾸려는 노력을 하게 됩니다. 자녀는 부모가 결과보다는 노력하고 있는 과정을 알아차려 주고, 무엇을 잘하든 못하든 상관없이 존재 자체에 고마움을 자주 표현할 때 용기를 얻습니다.

격려 간담회에 참가한 학생은 부모님과 선생님이 자신의 성장을 위해 한 팀이 되어 애쓴다는 것을 알게 됩니다. 그러면 학생은 더 자신감이 생기고, 이 용기를 바탕으로 더 행복하게 자기 삶을 개척해 가려고 합니다. 학생은 누군가가 나를 믿어 주고 격려해 주는 사람을 통해 성장합니다. 그렇게 격려받으며 성장한 학생은 앞으로도 누군가에게 의미 있는 영향을 주며 살아갈 것입니다.

# 3장
# 너 도대체 왜 그러니?

어긋난 목표 행동 이해하고 격려하기

### 늘 관심받고 싶어 하는 2학년 동준이

2학년 동준이는 수업 시간 중에 벌떡 일어나 선생님을 큰 소리로 부르며 질문하거나 하고 싶은 말을 합니다. "선생님, 가위가 없어요", "선생님 어떻게 해요?", "이거 형이 했던 건데요". 때로는 화장실 간다며 일어서더니 갑자기 교실이 떠나가라 노래를 부르기도 합니다.

### 힘을 과하게 사용하는 5학년 연주

5학년 연주는 리더십이 있고 친구들에게 인기가 많습니다. 그런 연주가 우리 반 말썽꾸러기 친구에게 공개적으로 심한 말을 하거나 따돌림을 주도한다는 얘기가 들려옵니다. 연주를 불러 타이르니, 인정하기보다는 교사에게 불만 섞인 말을 합니다.

4학년 도빈이는 친구들과 자주 다툽니다. 다른 친구들의 가방을 뒤져 과자와 돈을 훔치고 거짓말도 자주 합니다. 친구의 장난감이 없어졌는데 도빈이가 가져가는 걸 본 것 같다는 친구가 있었습니다. 그 친구가 도빈이의 가방을 열어 봐 훔친 사실이 밝혀지니 도빈이는 도리어 "남의 가방을 왜 허락도 없이 열어 봐? 나도 네 것 열어 볼 거야!"라며 화를 내고 가방을 던져 버립니다.

3학년 아경이는 수업 시간에 거의 모든 활동에 참여하지 않습니다. 학기 초부터 "그거 못해요, 하기 싫어요!"라는 말을 입에 달고 지냈습니다. 배운 것을 확인하는 질문을 하면 입을 꾹 닫아 버리고 엎드립니다. 몇 번 더 질문하면 울음을 터뜨리곤 합니다.

대부분의 교사는 동준, 연주, 도빈, 아경이와 같은 학생을 매년 만납니다. 훨씬 힘든 상황의 학생들을 만났을지도 모르고요. 이런 아이들을 만나면 도대체 어떻게 해야 할지 모르겠고 막막하다는 생각이 들 때가 많습니다. 행동 자체를 지도하고 도움을 주려다가 학생과의 관계가 더 나빠지기도 합니다. 학생들의 소속감과 존재감을 높이기 위한 일반적인 PDC 활동만으로는 작정하며 어긋난 행동을 하는 학생들을 지도하기에는 부족합니다.

드라이커스는 어긋난 행동을 지속하는 아이를 낙담한 아이(용기를 잃은 아이)로 보고, 어긋난 행동의 목적을 '지나친 관심 끌기, 힘의 오용, 보복, 무기력'으로 제시하였습니다.(256-257 그림 참고) 자기 나름대로 소속감과 존재감을 느끼고 싶어 위와 같은 어긋난 목적과 행동을 선택한 셈이지요. 어긋난 행동을 불러일으키는, 보이지 않는 어긋난 신념과 목적에 주목할 필요가 있습니다.

교사 역할을 하며 길을 잃은 듯할 때 이 '어긋난 목표 행동'에 대한 이해는 길을 비추어 주는 등불이 될 수 있습니다. 겉으로 보이는 어긋난 행동 때문에 화가 나고 학생이 미워질 때가 있습니다. 이때 학생에 대한 안쓰러움이 동시에 생기기도 합니다. 불편한 행동들을 접하며 여전히 '화', '짜증', '힘듦' 같은 감정을 느끼겠지만 어긋난 신념이 만들어 낸 행동이기에 용기를 북돋아 주며 학생이 조금 더 나은 행동을 선택하도록 도울 힘을 줍니다. 이 장을 통해 선생님이 이 아이들의 성장을 돕는 길잡이 역할을 할 수 있었으면 합니다. 그리고 학생들이 어긋난 행동을 보일 때, 선생님들의 마음이 조금이라도 평안해지는 데 도움이 되길 바랍니다.

## 빙산 아래 숨겨진 어긋난 신념

아들러는 인간의 모든 행동에는 목적이 있다고 말합니다. 교실에서 보이는 학생의 어긋난 행동은 어쩔 수 없이 한 행동이 아니라 본인이 인지했든지 하지 못했든지 나름의 의도와 목적이 있다는 것이지요. 어긋난 행동을 억제하거나 고치려 하기 전에 숨겨진 의도와 신념을 헤아려 보아야 합니다. 그래야 그 학생이 자기 행동을 나은 방식으로 선택하도록 이끌어 줄 수 있습니다.

행동 자체는 빙산의 일각일 뿐 빙산 아래쪽에는 '나 자신', '다른 사람', '세상'에 대한 자기 나름의 거대한 신념이 자리 잡고 있습니다. 우리는 객관적인 세계를 함께 공유하며 사는 것처럼 여겨지지만, 실은 개인의 경험과 해석을 바탕으로 각자 주관적인 세계를 살고 있습니다. 예를 들어, 5학년 한 여학생이 친구와 3시에 놀이터에서 만나기로 했는데 그 친구가 연락도 없이 10분 정도 늦을 때, '지금 오고 있겠지, 오면서 무슨 일이 생겼나?'라고 생각할 수도 있고, '연락도 없이 늦네. 나를 무시하는 건가?'라고 생각하기도 하고, '이렇게 기다리느니 나도 다음에는 좀 늦게 와야겠다'라고 생각할 수도 있습니다. 같은 상황이지만 그 상황을 인식하고 해석하는 바는 개인의 사적인 논리에 따라 다릅니다. 사람이 주변 사람과 상황이 바뀌어도 비슷한 패턴으로 생각하고 행동하는 까닭은 바로 이 사적 논리의 작용 때문이겠지요.

그렇다면 우리가 교실에서 만나는 어긋난 행동을 반복하는 아이들은 어떠한 신념을 가지고 있을까요? 어린 시절 부정적인 경험과 그에 대한 피드백의 영향으로 주관적인 해석도 부정적이었을 가능성이 큽니다. 그 해석은 자신에 대해, 타인에 대해, 그리고 세상에 대해 어긋난 신념으로 자리잡혀 행동으로 드러납니다.

다음에 나오는 빙산 그림 속에는 각각 어긋난 목표 행동별로 감춰진 '신념'과 학생이 진심으로 바라는 '숨겨진 메시지'가 담겨 있습니다. '지나친 관심 끌기'를 어긋난 목적으로 가진 학생의 경우 '나 때문에 당신이 분주해지면 나도 중요한 사람이 된 것 같아'라는 어긋난 신념을 가지고 있습니다. 이때 교사가 학생의 부정적인 행동에 매번 반응한다면 학생이 의도한 목적이 달성되어 그 어긋난 행동은 더욱 강화됩니다. '친구들과 나도 함께하고 싶어요'라는 숨겨진 메시지를 알아차린 교사는 상황과 타인을 존중할 수 있는 방향으로 그 학생이 소속감을 충분히 느끼도록 도울 수 있습니다.

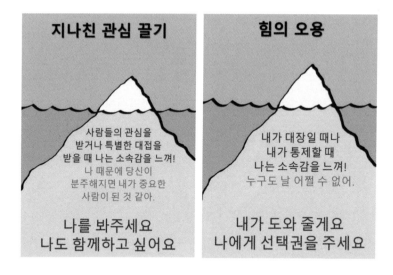

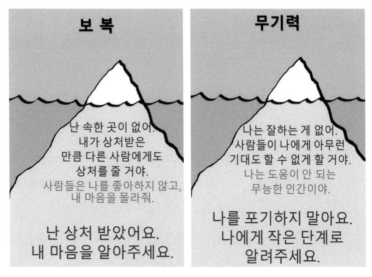

▲ 어긋난 목표별 빙산 이미지

## 어긋난 목적을 알아차릴 수 있는 단서

아이의 어긋난 목표를 알아차리는 데 도움이 되는 몇 가지 단서를 소개합니다. 먼저 선생님의 감정적인 반응입니다. 네 가지 어긋난 목표에서 나오는 행동을 마주치는 순간, 선생님이 느끼는 감정이 중요합니다. 이는 아이가 어떤 어긋난 목표를 가졌는지를 추측하는 데 가장 큰 단서가 됩니다.

'어긋난 목표 차트'(260-263쪽)의 두 번째 열에서 교사의 감정을 찾아볼 때 '귀찮고 짜증이 난다'에 가깝다면 이 학생의 어긋난 목표는 '지나친 관심 끌기'일 가능성이 큽니다. 교사가 '화가 난다'라고 느끼면 '힘의 오용'이 어긋난 목표일 수 있고, 교사가 '상처받거나 되갚아 주고 싶다'라면 '보복'이 목적일 수 있습니다. 교사가 그 아이를 보면서 '절망적이거나 포기하고 싶다'는 감정을 느낀다면 '무기력'을 어긋난 목적으로 한다고 추측해 볼 수 있습니다. 즉 '친구에게 욕하기, 이상한 소리내기, 고집 부르기, 교실 바닥에 눕기'와 같이 똑같은 행동일지라도 교사가 느끼는 감정에 따라 학생의 어긋난 목표는 다를 수 있습니다.

다음으로, 학생에게 주의를 주었을 때 보이는 학생의 반응입니다. '지나친 관심 끌기' 학생은 잠시 부정적인 행동을 멈추지만, 곧바로 같은 행동을 반복합니다. 관심을 끌 수 있는 또 다른 행동을 찾는 것입니다. 힘을 부정적인 방법으로 사용하는 '힘의 오용' 학생은 교사의 주의와 훈계에도 계속해서 부정적인 행동을 합니다. 공공연히 거부의 뜻을 밝히고, 교사의 말에 반항합니다. '보복'을 행동 목적으로 하는 학생은 도둑질, 욕설과 같은 파괴적인 행동을 일삼거나 교사와 주변 친구에게 상처를 입히는 말로 복수하려 합니다. 보복의 악순환이 일어나는 것이지요. 무능력을 가장한 '무기력' 학생은 선생님이 자신을 포기하고 내버려 두기를 바랍니다. 때때로 이상한 행동을 보이거나 아무런 반응을 보이지 않기도 합니다.

학생의 어긋난 목적을 확인하는 또 다른 방법으로 '숨겨진 이유 기법'을 사용할 수 있습니다. 다음과 같이 학생에게 직접 교사가 추측한 행동 목적에 관해 묻는 것입니다. 언어는 생각을 명료하게 해 줍니다. 이러한 직접적인 질문으로 학생은 자신의 숨은 신념을 알아차리고 긍정적인 행동 변화에 도움을 얻기도 합니다.

"네가 ○○○ 행동을 한 이유를 알고 있니?
선생님의 생각을 너에게 말해 봐도 될까?"

지나친 관심 끌기 : 혹시 너는 선생님이 너에게 별로 관심이 없다고 생각하는 걸까?

혹시 너는 선생님이나 친구들과 더 많은 시간을 함께 보내고 싶은 걸까?

힘의 오용 : 혹시 너는 네가 원하는 것을 모두 할 수 있고, 아무도 너를 막을 수 없다는 것을 보여 주고 싶은 걸까?

보복 : 혹시 너는 (네가 상처받은 만큼) 선생님과 친구들에게 상처를 주고 싶은 것이 아닐까?

무기력 : 혹시 네가 능력이 부족하다고 생각하니?

혹시 너는 혼자 있고 싶고 아무것도 하고 싶지 않은 거니?

"아이는 내면의 동기에 따라 행동하고, 시행착오를 거쳐 배움을 얻는다."

# 어긋난 목표 차트
## (Mistaken Goals)

| 아이의 목표 | 교사/<br>부모의 감정 | 교사/부모의 반응 |
|---|---|---|
| 지나친<br>관심 끌기<br>(다른 사람의 지속적인<br>도움과 관심을 얻으려 함) | 성가시다<br>짜증난다<br>걱정된다<br>죄책감을<br>느낀다 | 알아차리게 한다<br><br>아이를 타이른다<br><br>나 자신을 위한 일을 아이를 위해 한다. |
| 힘의 오용<br>(보스처럼 행동함) | 화난다<br>불안하다<br>도전받는<br>느낌이다<br>위협을 느낀다<br>패배감을<br>느낀다 | 싸운다<br><br>포기한다<br><br>'너는 벌 받아야 해' 또는 '본때를 보여 주<br>겠어'라고 생각한다<br><br>바로잡아 주려 애쓴다 |
| 보복<br>(똑같이 되돌려 줌) | 상처받는다<br>처벌하고<br>싶다<br>실망스럽다<br>의심스럽다<br>혐오스럽다 | 보복한다<br><br>받은 만큼 갚아 준다<br><br>창피함을 느낀다<br><br>'네가 나한테 어떻게 이럴 수 있지?'라고<br>생각한다 |
| 무기력<br>(포기하고 혼자가 됨) | 체념한다<br>절망적이다<br>어쩔 수 없다<br>무력감을 느낀다 | 포기한다<br><br>지나치게 많이 도와준다 |

| 아이의 반응 | 아이 행동 이면의 어긋난 신념 | 숨겨진 메시지 |
| --- | --- | --- |
| • 순간적으로 행동을 멈추지만 같은 행동을 반복하거나 다른 방법으로 방해한다. | '내가 사람들의 관심을 받을 때 또는 특별한 대접을 받을 때 나는 소속감을 느껴.'<br><br>'당신이 나로 인해 분주할 때 내가 중요한 사람이 된 것 같아.' | 나를 봐 주세요<br><br>나도 함께하고 싶어요 |
| • 더 심한 행동을 한다<br>• 명령에 반항한다<br>• 부모나 교사가 화내는 모습을 보고 승리감을 느낀다<br>• '네'라고 말하고 따르지 않는다 | '내가 대장일 때 또는 내가 통제할 때 나는 소속감을 느껴.'<br><br>'누구도 나를 어쩔 수 없어.' | 도움을 주고 싶어요<br><br>나에게 선택권을 주세요 |
| • 보복한다<br>• 다른 사람에게 상처를 준다<br>• 더 심하게 행동하거나 다른 방법을 찾는다 | '난 어디에도 속해 있지 않아. 그래서 내가 상처받은 만큼 다른 사람들한테도 상처를 줄 거야.'<br><br>'사람들이 나를 좋아하지 않아.' | 나는 상처받고 있어요<br><br>내 마음을 알아주세요 |
| • 더욱 움츠러든다.<br>• 수동적이 된다.<br>• 더 나아지려는 생각이 없다.<br>• 아무런 반응을 보이지 않는다. | '나는 잘하는 게 없어. 그래서 어디에도 소속할 수가 없어. 사람들이 나한테 아무런 기대도 할 수 없게 할 거야.'<br><br>'나는 도움이 안 되는 무능한 인간이야.' | 나를 포기하지 말아 줘요<br><br>나에게 조금씩만 과제를 주세요 |

| 긍정훈육법 (아이에게 필요한 것과 격려하는 방법) | | |
|---|---|---|
| 아이<br>의<br>목표 | **지나친 관심 끌기**<br>(다른 사람의 지속적인<br>도움과 관심을 얻으려 함) | **힘의 오용**<br>(보스처럼 행동함) |
| | 아이가 주의를 끌 수 있는 다른 유용한 일을 하게 한다.<br>"나는 너를 사랑해. 나중에 함께 시간을 보낼 수 있을 거야."<br>특별한 무언가를 해 주지 않는다.<br>특별한 시간을 계획한다.<br>아이들이 일정표를 짜도록 도와준다.<br>문제 해결 과정에 참여시킨다.<br>가족회의 또는 학급회의를 활용한다.<br>비언어적 신호를 정한다.<br>말없이 안아 준다. | 아이가 긍정적 힘을 사용할 수 있도록 도움을 요청한다.<br>싸우지도 말고 포기하지도 않는다.<br>갈등에서 한발 물러나 냉각기를 갖는다.<br>부드러우면서도 단호하게 행동한다.<br>무엇을 할지는 당신이 결정한다.<br>규칙이나 일정표를 따르게 한다.<br>힘겨루기를 하지 말고 침착하게 대한다. (이기려고 하지 마라)<br>상호 존중하는 태도로 대한다.<br>'끝까지 관철하기' 기술을 친절하고 단호하게 사용하는 연습을 한다.<br>가족회의 또는 학급회의를 활용한다.<br>아동이 아닌 아동의 행동에 초점을 둔다.<br>실제적인 책임을 부여한다.<br>(선택권을 주고 의사 결정에 참여하기) |

| 보복<br>(똑같이 되돌려 줌) | 무기력<br>(포기하고 혼자가 됨) |
|---|---|
| 상처받은 감정을 토닥여 준다.<br>감정에 상처를 주지 않는다.<br>처벌이나 보복을 하지 않는다. (앙갚음하기,<br>굴욕감 주기를 멈추기)<br>신뢰를 쌓는다.<br>경청한다.<br>배려와 기다림을 보여 준다.<br>당신의 감정을 표현하고 나눈다.<br>아동의 긍정적인 측면을 찾아 격려한다.<br>어느 한쪽 편을 들지 않는다.<br>가족회의 또는 학급회의를 활용한다.<br>작은 규칙 위반에 초점을 맞추지 않는다.<br>다른 사람을 도울 기회를 제공한다. (공헌) | 할 일을 작은 단계로 나누어 준다.<br>작은 노력이나 향상도 알아차린다.<br>비난하는 것을 멈춘다.<br>시도한 것 자체를 격려한다.<br>아이의 가능성에 믿음을 보인다.<br>동정하지 않는다.<br>포기하지 않는다.<br>성공할 기회를 제공한다.<br>기술을 가르치고 시범을 보인다.<br>대신해 주지는 않는다.<br>아이가 어떤 것에 관심을 두는지 살펴<br>본다.<br>아이와 즐거운 시간을 갖는다.<br>아이가 좋아하는 것을 찾도록 도와준다.<br>가족회의 또는 학급회의를 활용한다.<br>긍정적인 자기 대화를 가르친다.<br>('나는 할 수 없어, 나는 어리석어'라고 말하지 않기) |

# 지나친 관심 끌기

동준이는 누구에게든 관심받고 싶어 하는 2학년 학생입니다. 물론 아이들은 누구나 관심을 받고 싶어 합니다. 하지만 '지나친 관심 끌기'는 선생님과 주변 친구들을 불편하게 만듭니다.

동준이의 어긋난 신념은 '**내가 사람들의 관심을 받을 때 또는 특별한 대접을 받을 때 나는 소속감을 느껴.**' '**당신이 나로 인해 분주할 때 내가 중요한 사람이 된 것 같아**'입니다. 이 신념의 숨은 메시지는 '**나를 봐주세요. 나도 함께하고 싶어요**'이지요. 함께하고 싶어 하는 마음에 주목하되 수업 중 발언권을 얻지 않고 말하는 행동에는 반응하지 않기로 교사는 결심합니다. 손을 들고 발표를 기다려 말할 기회를 얻었을 때 명확하게 관심을 보이고 경청합니다. (**적절한 행동을 할 때 관심 보이기**)

학급 친구들에게 유익한 행동에 관심을 돌리게끔 격려합니다. 동준이는 관심을 많이 필요로 하는 친구인 만큼 수업 시간에 발표하기를 꽤 좋아합니다. 처음에는 그냥 답을 말해 버리곤 했지만, 어느 순간부터는 손을 번쩍번쩍 들고 기다린 다음 발표할 수 있게 됩니다. 그런 동준이에게 "동준아, 친구들에게 꼭 필요한 예시를 들어 발표해 줘서 고마워!"라고 격려의 말을 건넵니다. (**주의를 끌 수 있는 다른 유용한 일을 하게 하기**)

친구들 사이에서 관심을 끌려고 과하게 행동하다 보면 서로 감정을 상하게 하거나, 친구들을 때리게 되는 경우도 종종 있습니다.

'약속 확인서'를 작성하도록 돕고 나서, 그 약속이 잘 지켜지는지 며칠간 살펴봅니다. 약속이 잘 지켜진 날에는 "오늘은 동준이 기분 나쁜 일이 있었는데도 참았구나. 노력했네"라고 격려합니다. 약속이 잘 지켜지지 않은 날에는 "그래도 앞으로는 동준이가 약속한 것처럼 조절할 수 있을 거라고 믿어. 파이팅!" 하고 격려합니다. 문제 행동이 많이 줄어든 이후, "행동을 고치는 게 쉬운 일이 아닌데, 동준이가 애를 많이 썼구나!"라고 격려합니다. **(문제 해결 과정에 참여시키고 격려하기)**

자주 장난을 주고받던 여자아이와 사귀게 되면서 수업 중에 애정을 자랑하기도 합니다. 그럴 때 바로 행동을 언급하면 이목이 쏠리므로 관심 끌기 행동이 강화될 수 있어 동준이와 따로 만나 비언어적 신호를 정합니다. "동준이와 영지가 수업 중에 장난칠 때마다 선생님도 친구들도 좀 불편해. 너도 주의하겠지만 혹시 자기도 모르게 행동이 나올 때 선생님이 우리만의 신호를 줄게. 그때 눈치채고 행동을 좀 멈춰 줄래?"

동준이는 이렇게 배운 비언어적 소통 방법을 급식 시간에 심하게 장난치는 친구들에게 사용합니다. 어깨를 톡톡 치면서 함께 행동을 조절하자는 의사 표현을 하며 긍정적인 영향을 끼치는 아이로 성장하게 되었습니다. **(비언어적 신호 정하기)**

# 힘의 오용

연주는 리더십이 있고 친구들 사이에서 인기 있는 5학년 학생입니다. 연주의 어긋난 신념은 '**내가 대장일 때 또는 내가 통제할 때 나는 소속감을 느껴**', '**누구도 나를 어쩔 수 없어**'이며, 숨은 메시지는 "**도와줄게요. 선택권을 주세요**"입니다. 연주는 반에서 유행을 주도하기도 합니다. 여자아이들은 대부분 연주와 함께하는 것을 좋아하므로 친구들 안에서 나름의 통제권을 가지고 있습니다. 그러나 도움이 필요한 전학생이 자기 마음에 들지 않는다고 해서 자기 힘을 과시하여 다른 친구들과 함께 그 친구를 따돌리며 교우관계를 조종하는 것은 분명한 힘의 오용입니다.

힘 자체는 나쁜 것이 아니기에 건설적인 방향으로 사용할 수 있다면 힘과 유능함을 가지는 것은 누구나 바라는 바입니다. 연주의 힘을 긍정적이고 바른 방향으로 돌려야겠다고 판단하며, 협력을 구하는 대화를 나눕니다. 분명 연주의 행동이 잘못되었지만, 그 행동을 지적하고 나무라면 교사에게 반항적으로 반응할 것이기에 부드러우면서도 단호하게 도움을 요청하기로 합니다.

교사 : 범수가 친구들과 선생님을 힘들게 해서 화나지?

연주 : 네, 너무 화나요.

교사 : 너도 알겠지만, 선생님도 화가 날 때가 많아. 그런 행동을 하는 범수가 얄미울 때도 많고.

연주 : 네, 그러실 것 같아요.

교사 : 네가 느끼는 감정을 선생님한테 솔직히 말해 줄 수 있겠니? **(상호 존중하는 태도로 대하기)**

연주 : 솔직히 범수가 너무 미워요. 우리가 왜 계속 범수 때문에 피해를 봐야 하는지 모르겠어요. 수업 방해하고, 옆에서 귀찮게 하고. 너무 짜증이 나요.

교사 : 당연히 그렇게 생각할 만해. 보고 있는 선생님도 너희가 안쓰러울 때가 있어. 그래도 지켜야 할 선이라는 게 있어. 그 친구에 대해 불편한 마음을 가지고 있는 것과 그 친구와 같이 놀지 말자고 교우관계를 주도하는 것은 분명 달라. 선생님은 그 부분에서 연주가 좀 걱정이 되네. **(부드러우면서도 단호하게 말하기)**

연주 : 아, 제가 선을 넘은 것일 수도 있겠네요.

교사 : 그렇지. 연주는 친구들이 좋아하고 인기가 많은 매력적인 아이야. 알고 있지? 그런 너의 능력을 범수가 우리 학급에 잘 적응할 수 있도록 도와주는 데 사용해 주면 어때? 어떤 방법이 있을까? **(아이가 긍정적 힘을 사용할 수 있도록 도움을 요청하기)**

연주 : 친구들과 함께 이야기 나눠보고 방법을 한번 찾아볼게요.

교사 : 그래. 함께 방법 찾아본다고 해 주어서 정말 고마워. 선생님 마음이 든든해진다!

연주 : 뭘요. 도움이 필요하시면 언제든지 말씀하세요. 제가 도와 볼게요.

교사 : 정말 고마워. 가자!

# 보복

자꾸 남에게 상처 주는 말을 하는 4학년 도빈이의 어긋난 신념은 **'나는 어디에도 속해 있지 않아. 그래서 내가 상처받은 만큼 다른 사람들한테도 상처를 줄 거야', '사람들이 나를 좋아하지 않아'**이며, 숨은 메시지는 **'난 상처받고 있어요. 내 마음을 알아주세요'**입니다.

피해를 입으면 되갚아 주고 싶다고 생각하기 쉽습니다. 그래서 보복은 보복을 부르지요. 학생의 행동에 상처받지 않기 위해 한발 물러서서 그 아이가 그런 신념을 갖게 된 배경을 짐작해 봅니다. 진심으로 외치고 있는 말은 '저도 힘들게 살아요. 내 마음을 알아주세요'라는 것을 기억하면서요. 그러면 어떻게 접근해서 도울지에 집중할 수 있습니다.

한 남자아이가 와서는 방과 후에 먹으려고 가방에 넣어 온 간식이 계속 없어진다고 말했습니다. 그 아이가 가방에 자물쇠를 달자, 가위로 가방 밑을 찢어서 간식을 훔쳐 갔더군요. 몇몇 아이들은 돈이 사라졌다고도 했고요. 일단 학교에 잃어버리면 안 되는 중요한 물건, 돈을 가져오지 말자는 안내를 했습니다.

금요일 점심시간, 그날따라 밥을 좀 빨리 먹어 산책 좀 하고 교실로 돌아가려는데 도빈이가 저보다 먼저 먹고 나가고 있었습니다. 따라가 교실 문을 여는데 도빈이가 옆자리 친구 가방을 뒤지고 있다가 화들짝 놀랐습니다. 일단 문제가 더 생기는 것도 막고, 머릿속의 여러 생각들을 정리할 겸, 도빈이를 자리에 앉아 있게 했습니다. 시간이 조금 지나, 어떻게 접근할지 생각 정리가 되어 도빈이와 함께 학년 연구실로 향했습니다. **(감정에 상처 주지 않기)**

교사 : 도빈아, 과자 가져가고 가방 찢은 것도 혹시 너니?

도빈 : 네.

교사 : 보통 이렇게 점심 먹고 나서, 교실에 아무도 없을 때 가져갔니?

도빈 : 네.

교사 : 왜 그렇게 한 거야?

도빈 : 잘 모르겠어요.

교사 : 어떻게 하는 게 네가 다른 친구 물건을 가져가는 걸 멈추는 데 도움이 될까? **(해결책에 집중하기)**

도빈 : …….

교사 : 아무도 없는 빈 교실에 들어오면 뭔가 습관적으로 가져가고 싶은 마음이 드는 거야?

도빈 : 네.

교사 : 계속 그런 습관이 지속될까 봐 선생님이 걱정된다. 선생님이 도와줘도 될까? 앞으로 선생님 밥 다 먹을 때까지 기다렸다가 선생님과 같이 교실로 오는 거야. 어때? **(교사의 감정 표현하고 나누기)**

도빈 : 좋아요.

교사 : 그래. 이제 가서 놀아! **(처벌이나 보복하지 않기)**

그다음에는 뭔가 없어졌다는 소식이 들려오지 않았습니다. 가끔 도빈이랑 밥 먹고 나서 함께 급식실을 나설 때가 있으면, 함께 조리사 분들께 감사 인사를 하거나 "도빈아, 오늘 점심은 뭐가 맛있었어?" 등의 간단한 대화를 하기도 했습니다.

며칠 후 점심시간, 도빈이를 잠시 불러 과자 가져가고 가방 찢은 일을 사과하고 싶은 생각이 있는지 물어봤습니다. 도빈이는 사과하고 싶다고 하더군요. 도빈이의 사과 연습을 도와주고 둘 사이의 자리를 만들어 주었습니다. **(배려와 기다림을 보여 주기)**

## 무기력

자신이 무능력하다고 생각하는 3학년 아경이의 어긋난 신념은 **'나는 잘하는 게 없어. 그래서 어디에도 속할 수가 없어. 사람들이 나한테 아무런 기대도 할 수 없게 할 거야'**, **'난 도움이 안 되는 무능한 인간이야'**이며, 숨은 메시지는 **'날 포기하지 말아 주세요. 나에게 조금씩만 과제를 주세요'**입니다.

학생들에게 이런 질문을 해 봅니다. "먹기만 하면 바로 영어를 원어민 선생님처럼 할 수 있는 알약이 있어요. 먹을 건가요?"

딴지를 걸고 싶거나 특별한 관심을 끌고 싶은 아이가 아니라면 백이면 백 "네!"라는 답이 나옵니다. 아이들은 누구나 성장하고 싶어 합니다. 모든 아이는 다 잘하고 싶어 합니다. 다만 성장에 필요한 고통은 겪고 싶어 하지 않을 뿐이지요. 누구도 무능력한 채로 있거나 포기하기를 원하는 것은 아니지만, 자포자기할 만큼 낙담이 된 상태가 바로 무기력입니다.

아경이는 여러 과목에 다 자신감을 잃고 어떤 수업 시간에서든 무기력한 태도를 보입니다. 다 못한다고 하고 시도하는 것 자체를 두려워합니다. 그림 그리는 것도, 국어 시간에 문장을 쓰는 것도, 수학 문제를 푸는 것도 다 막막해합니다.

"처음부터 잘하는 사람은 없고, 하다 보면 잘하게 된다"라고 거듭 말을 건넵니다. 어렸을 때는 잘못하던 것도 연습하다 보니 잘하게 된 경험을 종종 나누기도 합니다. 친구들이 계속 연습해서 잘하게 된 경험도 나누었고요. "하다 보면?"이라고 교사가 외치면 학생들이 "잘하게 된다!"를 외치면서 계속해 갑니다. (아이의 가능성에 믿음을 보이기)

아경이가 반 아이들과 학습 격차가 있어 일단 주에 한 번 보충 수업을 하기로 했습니다. 아무것도 하지 않으려는 아경이에게는 할 만하다고 느끼게 하는 것이 우선이라 여겨 처음에 A4 절반 크기 종이에 딱 두 문제만 적어 주었습니다. 내용도 일단 잘하는 쉬운 덧셈부터 내주었고 점차 난도를 높여 갔습니다. (할 일을 작은 단계로 나누어 주기)

보충 수업을 하다가 잘 안 되면 울어 버릴 때도 많았습니다. 아경이가 울음을 터뜨릴 때 교사는 제자리에 가서 할 일을 했습니다. 다시 뭔가 시작한 것 같으면 "선생님 도움이 필요하니?"라고 말한 뒤,

도와 달라고 요청할 때만 도우러 갔습니다. (동정하지 않기)

나눗셈을 어려워하며 이건 진짜 안 하겠다고 징징댈 때 나무라고 싶은 마음을 다스리고, 공감하고 격려하는 말을 합니다. "어렵지? 다른 아이들도 대부분 나눗셈 어려워하더라. 같이 연습해 볼래?" (비난하기를 멈추기) 좀 어려운 문제를 혼자 생각해서 풀었을 때는, "오~~~!"라고 진심으로 놀라워하고 기뻐하는 모습을 보여 줍니다. (성공할 기회를 제공하고 격려하기)

그렇게 꾸준히 작은 단계로 과제를 주고, 격려하고 응원하며 아경이의 잃어버린 용기를 되찾아 주는 일 년을 보냈습니다. 수학은 물론 다른 교과에서도 못하겠다고 뒷걸음치지 않고 일단은 시도해 보려고 합니다. 무기력한 마음을 극복하는 과정은 더디고 쉽지 않았지만, 꾸준히 연습하고 시도하다 보면 좋은 열매를 거둘 수 있다는 것을 교사도 학생도 모두 느낄 수 있는 시간이었습니다.

## 긍정 목적으로 바꾸는 네 가지 요인 충족하기

『아들러 심리학 기반 학급 만들기』[Lew and Bettner]에서 드라이커스가 제안한 어긋난 목적 행동을 네 가지 삶의 필수 보호 요인[The Crucial 4Cs]과 연계하여 학생을 효과적으로 지도하는 전략들을 소개합니다. 아래 표와 같이 어긋난 목적을 가진 학생을 격려하고 자존감을 높여 주어 관계[Connection], 능력[Capability], 중요함[Counting], 용기

272

<sup>Courage</sup>가 충족되면, 학생들은 협력, 자기 신뢰, 공헌, 회복탄력성을 발휘하여 잘 성장할 수 있습니다.

'관계'에서 유대감을 느끼지 못한 학생은 불안과 고립감을 느껴 관심 끌기를 통해 자신이 소속되어 있음을 증명하고자 합니다. '능력'이 없다고 여기는 학생은 다른 사람들을 통제하고 힘겨루기를 통해 자신의 우월함을 확인하려고 합니다. 자신이 '중요'하지 않다고 여기는 학생은 다른 사람을 처벌하고 복수하는 행동을 보임으로써 상처받은 만큼 상처를 주려고 합니다. '용기'가 없는 학생은 자주 열등감을 느끼고 자신이 무능하다고 여기며 배우고 시도하는 것을 포기하고 무기력을 선택합니다.

어긋난 목적 행동을 보이는 학생들에게는 관계, 능력, 중요함, 용기가 충족되도록 돕는 어른들의 역할이 필요합니다. 학생이 긍정 목적을 가지고 행동할 수 있도록 아래 표에 담긴 교사의 말을 사용해 꾸준히 격려해 주어야 합니다. 그런 격려를 통해 '지나친 관심 끌기' 학생의 목적이 '협력'으로 바뀌고, 힘의 오용 학생의 목적이 '자기 신뢰'로 바뀐다면 행동도 긍정적인 방향으로 변화될 것입니다.

▶ 긍정 목적으로 이끄는 필수 보호 요인 교사의 말

| 어긋난 목적 | 필수 보호 요인 | 긍정 목적 (신념) | 긍정 목적으로 이끄는 교사의 말 |
|---|---|---|---|
| 지나친 관심 끌기 | 관계<br>건설적인 방법으로 관계를 맺는가? | 협력<br>(나는 소속 되어 있다) | • 너에게 늘 관심을 두고 있어. 그래도 지금은 안 되겠구나.<br>• 이것들 좀 나누어 주겠니?<br>• 쉬는 시간에 이야기하는 게 어때?<br>• 국어 시간에 꼭 필요한 질문만 해 줘서 정말 고마워. (수업 후 쉬는 시간에 표현하기) |
| 힘의 오용 | 능력<br>자신이 능력이 있다고 믿는가? | 자기 신뢰<br>(나는 할 수 있다) | • 네가 좀 도와줬으면 좋겠어. 이 문제를 어떻게 해결해야 할까?<br>• 그렇게 생각하는구나. 내 생각은 조금 다른데. 들어 볼래?<br>• 내 의견에 동의하지 않아도 괜찮아. 우선은 들어 보렴.<br>• 너는 콧노래를 부르기를 원하고, 나머지 친구들은 공부하길 원해. 어떻게 했으면 좋겠니?<br>• (협력한 순간 포착하며) 네가 도와주어서 선생과 친구들이 훨씬 빨리 끝낼 수 있었어. 고마워.<br>• (말대꾸, 반항할 때) 선생님은 너와 싸우고 싶은 생각이 없는데! |
| 보복 | 중요<br>긍정적인 방법으로 자신이 중요하다고 믿는가? | 공헌<br>(나는 중요한 사람이며, 영향을 미칠 수 있다.) | • 네 마음이 상한 것 같구나. 우선 마음을 가라앉히고 다시 이야기하는 게 어때?<br>• 오늘 힘든 일이 있었니? 함께 걸으면서 이야기 좀 할까?<br>• 다른 사람의 마음에 상처를 줄 때 너는 어떤 느낌이 드니?<br>• 이 상황에서 우리가 무엇을 해야 하는지 생각해 보자. |
| 무기력 | 용기<br>용기가 있는가? | 회복 탄력성<br>(나는 나에게 오는 어떤 것도 다룰 수 있다.) | • 함께해 보자. 쉬운 단계부터 해 볼까?<br>• 실수해도 괜찮아.<br>• 다 완성하지 못해도 괜찮아.<br>• 내가 첫 번째 문장을 쓸게. 다음은 네가 써 봐.<br>• 글쓰기 숙제를 해와서 고마워. |

## 학생 내면의 동기를 이해하고 격려하기

'빙산 이론'과 '어긋난 목표 차트'를 통해 학생이 교실에서 보이는 어긋난 행동보다는 그 행동 이면에 감추어진 어긋난 신념과 숨겨진 메시지에 주목해야 한다는 것을 알게 되었습니다. 학생들이 어긋난 행동을 하는 세세한 이유까지 다 알 수는 없지만, 각 학생에게 맞는 긍정훈육으로 대해 줄 수는 있습니다. 교사의 긍정적인 피드백과 격려가 쌓이면 학생의 신념이 긍정적으로 변화하면서, 교사와 학생 모두 상처받지 않고 협력하게 될 것입니다.

'보복'을 추구하는 학생이 그동안 얼마나 고통을 겪었는지 헤아리기 어려운 상태에서는 그 학생을 돕기 힘듭니다. 또한 '무기력'을 보이는 학생은 주변의 압박과 비난을 피하고 싶어 하며 자신이 실패할 것이라고 확신하기에 교사가 가장 대처하기 어렵지요. 보복과 무기력의 학생처럼 교사가 직접적으로 돕기 어려운 학생이 보인다면 Wee 클래스 상담 선생님이나 주변 상담 센터에 적극적으로 지원을 요청하는 것도 교사의 몫입니다.

교사의 적절한 관심과 대처로 이 학생들이 닫힌 마음의 문을 열고 조금씩 성장해 나갈 수 있다면 얼마나 보람 있을까요? "격려는 당신이 학생들에게 줄 수 있는 가장 가치 있는 선물이다"라는 말처럼 어긋한 행동을 선택한 학생들에게는 교사의 격려가 가장 필요합니다.

# 4장

# 이번 일은 그냥 넘어가지 않으려고요

학부모 민원 시, 친절하며 단호한 대화의 기술

(지훈이 학보모에게서 전화가 옴)

학부모 : 선생님, 선생님이 저희 아이를 여러 명 앞에서 야단을 쳤다
고 하던데요. 맞나요?

교사 : 안녕하세요, 어머니. 지훈이가 뭐라고 말하던가요? (정중하게)

학부모 : 선생님이 여러 명 앞에서 혼내서 기분이 안 좋다고 하던데요.

교사 : 혹시 지훈이가 저에게 어떤 이야기를 들었다고 하던가요?

학부모 : 선생님이 수업 시간에 돌아다니지 말라고요. 근데 기분이
나빴다고요. 우리 애가 얼마나 상처가 됐겠어요?

교사 : 지훈이가 상처받았을까 봐 걱정되셨군요. 어머니가 생각하시
는 상처는 무슨 의미일까요? (정중하게)

학부모 : 친구들 앞에서 야단맞고 지적받았는데 그게 다 상처죠. 괜
히 위축될까 걱정도 되지 않겠어요. 그러니 앞으로는 아이
혼내지 말아 주세요.

교사 : 저도 지훈이가 상처받지 않고 건강하게 자랐으면 좋겠어요. 그런데 아이에게 진짜 상처는 아이가 규칙을 지키지 못하고, 그래서 주위로부터 환영받지 못할 때 생겨요. 지금 당장은 기분이 나쁠 수 있지만, 훗날 사람들에게 환영받고 자신을 괜찮게 생각할 수 있는 것이 더 중요해요. 배우는 과정에서 마음의 어려움이나 불편한 감정은 누구나 경험할 수 있고요. 이 마음의 불편함과 어려움을 넘어서야 마음의 근육이 단단해지겠지요. 아이가 주위에 피해를 주는 행동을 방치하는 것이 아이에게 오히려 더 큰 상처가 된답니다.

학부모 : 그래도 앞으로는 조금 부드럽게 말해 주셨으면 좋겠습니다.

교사 : 네. 지훈이를 만날 때, 또 노력이 필요하다고 말할 때 부드럽고 따뜻하게 대하겠습니다. 다만, 주변과 자신에게 피해를 주는 행동을 할 때는 단호함으로 사랑을 전하겠습니다.


## 친절하고 단호한 대화를 위한 기술


대화의 기본은 서로를 존중하는 것입니다. 상대를 존중한다면 친절함이 묻어나고, 나 자신을 존중하고 상황의 필요성을 존중한다면 단호함이 유지됩니다. 상대의 말이나 요구를 전적으로 수용하며 맞추는 것은 과잉 친절일 수 있으며, 이는 나 자신과 상황을 존중하지 못하는 것이 되어 결과적으로 문제 상황을 더 악화시키기도 합니다.

전화를 건 학부모는 걱정, 불안, 두려움 등의 감정을 품고 있습니다. 때론 그런 감정을 그대로 표출하기도 합니다. 그런 감정을 맞닥뜨릴 때면 교사 또한 불안하고, 짜증 나고, 화가 나기도 하지요. 이때, 부모가 놓치는 부분이 있습니다. 아이는 자신에게 유리한 이야기만 하거나 과장 또는 왜곡하기도 한다는 점입니다. 하지만 많은 부모님이 아이의 이야기를 전적으로 신뢰합니다. 이런 상황에서 도움이 되는 몇 가지 대화 기술을 소개합니다.

## 1. 생략된 정보 찾기

상대가 이야기할 때 정보를 생략하는 경우가 많습니다. 특히, 흥분 상태일 때는 더더욱 그렇지요. 게다가 그런 상태에서 질문하는 것은 정말 궁금해서라기보다는 교사에게 따지며 탓하는 형태일 가능성이 큽니다. 이때 학부모가 물어보는 내용에 즉각적으로 반응하며 대답하면 상대의 이야기에 말리게 됩니다. 대신 차분하게 생략된 정보에 관해 물어봅니다. 앞의 이야기에서는 **"아이가 뭐라고 말하던가요?"**가 생략된 정보를 물어보는 질문입니다. 교사는 상대의 생략된 정보를 찾기 위해 구체적으로 **누가, 무엇을, 언제, 어디에서, 어떻게** 등의 질문을 하며 상황을 명확하게 정리해 갑니다. 다만 '왜'라는 질문은 하지 않습니다. '왜'라는 질문은 보통 비난으로 느껴지고, 정보를 찾기보다는 변명할 가능성이 높기 때문입니다.

## 2. 다른 의미 확인하기 & 이끌어 주기

'상처'라는 단어를 사용할 때, '상처'에 대해 서로 다른 의미가 있을 수 있음을 확인합니다. 학부모가 생각하는 '상처'는 '누군가에게 지적받을 때 받는 마음의 상처'라는 것을 확인했다면, 교사는 교육학이나 심리학에서 이야기하는 상처에 대한 의미를 소개합니다. 교사는 교육 전문가이므로 교사 개인의 신념이 아닌 학문과 이론에 기초해서 대화를 이끌 수 있어야 합니다. 바로 설명하기보다는 질문으로 **"어머니께서 생각하는 상처는 어떤 의미일까요?"**라고 물으며 상대가 생각하는 의미를 전해 듣습니다. 그러고 나서 교육적인 가치를 설명할 수 있는 이론이나 심리학적 이유 등을 밝히는 내용을 제시하며 학부모를 새로운 생각으로 이끌어 줍니다.

최근 '기분 상해죄'라는 표현이 교사 커뮤니티에 자주 등장하며 논쟁거리가 되었습니다. 자기 자녀의 기분을 상하게 한 것 자체가 교사의 잘못이고 민원의 소지가 된다는 표현입니다. 이에 따라 정당한 교육 활동과 생활지도를 하는 교사들이 위축되었고, 학생들은 옳고 그름을 분별하는 능력과 사회적 기술을 익힐 기회를 놓치는 경우가 많아졌습니다. 배움의 과정에서 겪는 마음의 불편함이나 심리적 부담마저 부모가 개입해 제거하려고 한다면, 아이는 단단한 성인으로 성장해 가기 어렵습니다.

정신의학과 교수 조선미 박사는 아동기에 '좌절 내구력'을 키우는 일이 가장 중요하다고 했습니다. '좌절 내구력'이란 절망스러운 상황을 잘 버티는 힘이며, 좀 싫어도 수용할 수 있는 능력을 말합니다. 이 능력은 단지 하고 싶은 걸 참는 것만이 아니라, 말과 행동을 때와 장소에 맞게 하는 사회인으로 성장하는 데 꼭 필요합니다. 조금만 불편해도 힘들어하는 마음이 약한 아이, 사소한 불만도 참지 못하는 아이가 되지 않도록 교사가 책임감을 느끼고 지도할 때 지지와 응원을 받는 것은 당연합니다. 학부모에게 교육 전문가로서 정중하고 단호하게 알려 주며 같은 방향으로 함께 자녀를 지도하자고 용기를 내 협력을 요청하면 좋겠습니다.

### 3. What & How 질문이 가진 힘

질문을 하면 이야기 주도권을 가지게 됩니다. 이야기를 어디로 끌고 갈지 내가 결정하는 것입니다. 반대로 상대가 주장한 것에 반박하거나 질문한 것에 반응하면 주도권을 상대에게 주게 됩니다. 다시 이야기로 돌아가서, 어머니가 "우리 아이가 상처받았는데요"라고 말할 때, "저는 상처를 주지 않았습니다"라고 반박하거나 "아이가 잘못해서 어쩔 수 없었습니다"처럼 정당화하는 것은 상대의 이야기에 끌려가는 것입니다. 이런 대화는 결국 언쟁으로 가기 쉽습니다. 마치 게임이 시작되었고 게임에서 이겨야 하는 상황과 같습니다.

반대로 교사가 대화를 주도하면 교사가 대화의 기술과 교육에 관한 지식을 바탕으로 상대를 이끌 수 있게 됩니다. 비록 말은 상대가 많이 하게 되지만 어떤 방향으로 대화를 이끌지는 교사가 쥐고 있습니다. 그 비법은 결국 질문입니다.

"어떤 것이 상처라고 생각하시나요?", "지금 마음은 어떠신가요?", "이번 일을 기회로 아이가 배웠으면 하는 점은 무엇인가요?"는 'What'으로 시작하는 질문이며, 생각을 깊고 넓게 그리고 명확하게 만듭니다. "어떻게 이 문제를 해결할까요?"는 'How'로 시작하는 질문입니다. 문제를 과거에서 미래로 나아가게 만들지요. 또 해결책을 찾는 데 집중하게 합니다. What으로 시작하여 How로 끝나는 질문은 힘을 가지고 대화를 주도하며 문제를 해결하는 좋은 기술입니다.

### 4. 교사 자신을 존중하는 힘, 단호함

학부모는 민원을 통해 이런저런 요구를 합니다. 이때 그 요구가 부당하다면 부드럽게 거절할 필요가 있습니다. 때로는 '거절하면 문제가 복잡해지지 않을까?', '화를 내지는 않을까?'라고 걱정하며 '네'라고만 답하며 맞추어 주기 쉽습니다. 에피소드 마지막 문장에 **"네. 지훈이를 만날 때, 또 노력이 필요하다고 말할 때 부드럽고 따뜻하게 대하겠습니다. 다만, 주변과 자신에게 피해를 주는 행동을 할 때는, 단호함으로 사랑을 전하겠습니다"**는 부모님의 이야기를 존중하면서도 적절하게 거절하는 표현입니다. 만약 내 생각과 다르게 **"네, 앞으로는 다정하게 대하겠습니다"**라고 말한다면, 결국 자신을 존중하지 못했다는 생각에 만족스럽지 않을 것입니다. 당장 문제는 없더라도, 관계가 건강해지기 어렵습니다. 교사 자신과의 관계도, 학부모와의 관계도 말입니다.

# 학교폭력으로 접수하고 싶어요

초등학교에서는 평소 아이들끼리 있을 만한 사소한 갈등이나, 아이들끼리 해결할 수 있는 문제도 '학교폭력 사안'으로 접수되기도 합니다. 이때 담임 교사 또는 학교폭력 책임 교사가 학부모와 나눌 수 있는 대화법을 에피소드와 함께 소개합니다.

**교사 :** 안녕하세요. 어머니, 지훈이에게 있었던 일로 연락을 주셨다고 들었습니다.

**학부모 :** 네, 이번 일은 그냥 넘어가지 않으려고요.

**교사 :** 무슨 일이 있었을까요?

**엄마 :** 민재라는 아이가 우리 아이에게 심한 장난을 지속해서 했고, 특히 이번에는 친구들이 보는 앞에서 패륜적 농담을 했다고 하더라고요.

**교사 :** 안 그래도 민재와 지훈이를 불러 이야기를 들어 보았습니다. 지훈이도 그 일로 기분이 매우 나쁘고, 10점에 9점 정도로 화가 났다고 이야기하더군요.

(여기까지는 조금 빠른 속도로 말합니다. 학부모의 감정이 불편한 감정이라면, 그것에 맞게 조금 빠르게 말하는 것이 효과적입니다.)

(지금부터는 조금 천천히 여유를 가지고 말합니다. 감정에 관한 대화에서 이성에 관한 대화로 전환이 되기 때문입니다.)

교사 : 서로 사이좋게 지내면 좋을 텐데, 지훈이와 민재가 요즘 다툼이 잦아서, 저도 방법을 찾고 있었답니다. 어머님은 민재가 벌을 받았으면 하시나요? 아니면 지훈이가 안전하게 학교생활을 하길 원하시나요?

엄마 : 그야 저도 자식 키우는 엄마 마음인데, 그 아이가 벌을 받기보다는 우리 지훈이가 안전하게 학교생활을 하고, 이런 일이 다시는 일어나지 않았으면 하는 바람이죠.

교사 : 저도 어머니 마음과 같습니다. 아이들이 잘못한 것을 진심으로 사과하고 행동을 고칠 수 있도록 가르치는 것이 저의 역할입니다. 그래서 지도하고, 서로 약속한 대로 잘 지키는지 살피려 합니다. 어머니께서도 지훈이가 갈등 상황에서 어떻게 행동하면 좋을지, 가정에서 함께 이야기해 보면 어떨까요?

"상대에 반응하지 말고 이끌어라."

# 5장
# 문제를 모르는 것이 문제입니다

성장으로 이끄는 학생 및 학부모와의 대화(예방적 생활교육)


## 학생 문제 해결을 위한
## 학생-학부모-교사 간담회(예방적 생활교육)

담임교사를 하다 보면, 어떤 해에는 정말 힘든 학생이 있습니다. 시도 때도 없이 다투고, 교사의 지시도 따르지 않습니다. 개별 상담을 하고, 구슬려도 보고, 화도 내 보지만 별 소용이 없습니다. 이럴 때는 학생을 가장 잘 아는 부모와 교사, 그리고 학교가 상호 협력하여 문제를 해결할 수 있습니다. 학생과 가장 가까운 거리에 있는 부모와 교사가 서로 협력하고 건강하게 대화하는 모습을 보면서 학생은 좋은 영향을 받습니다.

학생의 문제를 해결하고, 학생의 성장을 바라는 것은 부모와 교사 모두 한마음일 것입니다. 부모와 학생, 교사가 만났을 때 '해결 방법에 집중'해 대화하는 절차가 있다면 문제를 해결하는 데 도움이 됩니다. 이런 과정을 경험하며 학교와 가정이 서로 연결되는 것을 바탕으로 학생의 문제를 일차적으로 해결할 수 있도록 도울 수 있습니다.

| 문제 해결을 위한 학생-학부모-교사 간담회 절차 | | | |
|---|---|---|---|
| 날짜 | | 대상 | |
| 단계 | | | |
| 진정하기와 격려 하기 | 상담 방향을 안내하고, 학생의 장점이나 격려할 점을 이야기한다. (말하는 차례는 학생 → 학부모 → 교사) <br> 학생 : <br> 부모 : <br> 교사 : | | |
| 문제 확인 | 불편한 점이나 해결하고 싶은 문제를 생각해 보라고 합니다. 그리고 학생, 학부모, 교사 순서로 이야기합니다. | | |
| 문제 설정 | 만약 학생, 학부모, 교사가 서로 해결하고 싶은 문제가 다르다면, 학생이 해결하고 싶은 문제로 먼저 이야기를 진행합니다. <br> 문제를 설정할 때는 '잘못된 버릇'처럼 한두 단어나 한 문장 정도로 설정합니다. 문제를 여러 개로 설정하는 것은 효과적이지 않습니다. | | |
| 문제 견디기 또는 해결책 찾기 | 문제를 해결할지, 아니면 그 상황을 견딜지 생각합니다. <br> 해결책을 찾을 때도 학생, 학부모, 교사 차례로 이야기합니다. <br> 해결책 : <br> (정한 해결책으로 그 자리에서 역할극을 해 봅니다.) | | |
| 작은 실천 (일주일 실천하고 확인하기) | • 학생이 실천할 수 있는 해결책 한 가지를 정합니다. <br> • 학부모가 실천할 수 있는 해결책 한 가지를 정합니다. <br> • 교사가 실천할 수 있는 해결책 한 가지를 정합니다. <br> (교사가 실천할 사항으로는 검사를 위한 점검표 만들기를 추천합니다.) | | |
| | 학생 실천 사항 | 학부모 실천 사항 | 교사 실천 사항 |
| | 예) 친구와 다투지 않고 선생님께 도장 받기 | 예) 아이와 5분 대화 나누기 | 예) 학생에게 검사 도장 찍어 주기 |

285쪽에 제시한 양식지는 '긍정훈육'과 '격려 상담'에 기반하여 만든 것입니다. 학생의 문제에 따라 조금씩 변형을 하여 사용할 수 있습니다. 반복적으로 물건을 훔치는 학생, 교사의 지시를 어기고 교실을 나가는 학생, 주변 정리가 심하게 안 되는 학생, 선생님에게 반항적으로 행동하는 학생 등 다양한 학생들과 이 양식지를 활용하여 간담회를 진행하였습니다. 문제 해결을 위한 학생-학부모-교사 간담회의 예시 대본 및 간담회 진행할 때 유의점도 덧붙입니다.

## 문제 해결을 위한 학생-학부모-교사 간담회 예시

생활부장 : 안녕하세요. 함께 자리해 주셔서 고맙습니다. 이 자리의 목적은 지훈이를 격려하고 지훈이가 가진 문제를 해결할 수 있도록 함께 돕는 것입니다. 오늘 진행하는 차례를 미리 준비하였습니다. 앞에 있는 유인물을 참고해 주시고, 진행은 준비된 차례대로 할까 하는데, 괜찮겠지요?
운동을 하기 전, 준비운동을 하듯이 문제를 해결하기에 앞서 마음의 준비운동을 할까 합니다. 학부모님께서 지훈이를 바라보며 용기를 주는 말, 격려의 말을 해 주셨으면 합니다. 지훈이의 장점이나 격려하고 싶

은 것은 무엇이 있나요?

학부모 : 지훈이는 평소 가족의 일을 잘 돕습니다.

생활부장 : 담임 선생님도 지훈이에게 용기를 주는 말, 격려 또
는 장점을 이야기 나눠 주세요.

담임 교사 : 지훈아, 집안일을 잘 돕는구나. 선생님도 네가 우리
반 일을 많이 도와주어 고마웠어.

생활부장 : 지훈이도 자신의 장점이나 자신을 격려하고 싶은 것
이야기해 볼까?

지훈 : 잘 모르겠어요.

생활부장 : 이제, 지훈이가 성장하는 데 필요한 것에 관해 이야
기해 보겠습니다. 지훈이는 어떤 점을 해결해야 한다
고 생각해?

지훈 : 저는 잘못된 습관을 고치고 싶어요. 화가 나면 친구들을
공격하고 싶어지거든요.

생활부장 : 그렇구나. 부모님 생각은 어떠세요?

학부모 : 저는 지훈이가 제 말을 잘 들었으면 좋겠어요.

생활부장 : 담임 선생님은 어떠신가요?

담임 교사 : 저는 지훈이가 수업 시간에 돌아다니지 않았으면 좋
겠어요.

생활부장 : 그럼, 먼저 지훈이가 이야기한 잘못된 습관인 '화가
나면 친구들에게 공격하고 싶어지는 것'을 해결하는
시간을 갖겠습니다. 지훈이는 어떤 순간에 화가 나

니? 화가 났던 순간을 떠올려 보고 두 가지만 이야기
해 볼까?

지훈 : 어제는 민재가 제 물건을 허락 없이 가져가서 화가 났어
요. 그리고 저녁에는 동생이 제가 만든 장난감을 망가뜨
려서 화가 났고요.

생활부장 : 두 가지 이야기에서 혹시 공통된 상황이 있을까요?

학부모 : 뭔가 빼앗길 때 화가 나는 것 같아요.

지훈 : 맞아요. 저는 무언가 빼앗길 때 화가 나요.

생활부장 : 그런 감정이 들 수 있어. 하지만 그렇다고 친구를 공
격해서는 안 되지. 앞으로 화가 났을 때 친구를 공격
하는 방법 말고 다른 방법을 알아볼까?

(『제라드의 우주 쉼터』, 『소피아의 화를 푸는 방법』을 참고하
며, 화가 났을 때 어떻게 행동할지 정해서 지켜 보게 합니다.)

생활부장 : 지훈아, 이제 화가 났을 때 어떻게 행동할지 정해 볼래?

지훈 : 앞으로 화가 나면 '내가 화가 나는 것은 ~이다'라고 말할
거예요.

생활부장 : 부모님께서도 지훈이가 약속을 지킬 수 있도록 한 가
지 노력을 하면 좋겠습니다.

학부모 : 저도 아이에게 화를 내지 않도록 노력하고, 화가 나면
지훈이처럼 '내가 화가 나는 것은 무엇인지' 차분하게
말해 보겠습니다.

생활부장 : 저는 아이가 화를 잘 조절할 때 격려하여 긍정적인

피드백을 하겠습니다. 오늘 간담회에 참가하신 소감 나누면서 이야기를 마치겠습니다. 함께 자리해 주셔서 고맙습니다.

> 위 이야기는 경기도 한 초등학교의 사례이며 생활부장, 담임 교사, 학부모, 학생 외에도 교감과 상담 교사, 학년부장 교사가 아이를 지원하기 위해 함께 간담회에 참석하기도 하였습니다. 이렇게 많은 사람이 협력하여 아이의 문제를 지원하는 것이 예방적 생활교육이며, 생활부장은 위에 있는 절차에 따라 진행하는 역할을 하였습니다. 상담 교사는 학생을 관찰한 결과를 공유하고, 교감은 학생을 지원하거나 반복적으로 잘못된 행동을 했을 때 학교 규정을 안내합니다.
> 진행자는 생활부장이 될 수도 있고, 관리자가 될 수도 있습니다. 담임 교사가 어떤 학생의 문제로 정말 힘들 때, 너무 늦지 않게 학교가 지원하는 이런 문화가 대한민국 초등학교에 널리 퍼지길 바랍니다.

### 간담회 진행 시 유의점

1. 간담회의 목적은 아이의 문제를 해결하는 것이 아니라, 아이가 문제를 해결할 수 있도록 돕는 것입니다. '문제를 해결하는 것'과 '문제 해결을 돕는 것'은 다릅니다. 문제를 해결한다는 것은 '문제'에 관심을 두는 태도입니다. 반면, 문제 해결을 돕는 것은 '아이에게' 관심을 두는 태도입니다. 그리고 어디까지나 문제 해결의 과제는 아이에게 있다는 것을 존중하는 태도

입니다. 문제 해결에 집중하는 단기적인 관점이 아니라 교사와 부모가 아이의 문제에 협력하고 존중하는 모습을 보일 때, 장기적인 관점으로 접근할 때 아이는 정서적으로 안정감을 느끼고 문제의 심각성을 받아들이게 됩니다.

2. 학생, 교사, 학부모 간담회를 확장하여, 관리자와 상담 교사, 부장 교사가 함께하는 것도 효과적입니다. 이렇게 확대해서 진행할 때는 위 양식지를 나누어 주고 이 차례대로 진행이 된다는 것을 안내합니다. 그리고 진행을 누가 할지도 미리 정해야 합니다.

만약 절차에 맞게 이야기가 진행되지 않으면, 다음과 같이 말하고 단계에 맞게 진행합니다.

"그것은 이후에 해결책 단계에서 이야기해 주시면 좋겠습니다."

"그 이야기는 진행 단계에 맞지 않아서요."

3. 아이들은 문제를 해결하며 성장합니다. 학생-학부모-교사 간담회를 진행하다 보면 교사가 해결하고 싶은 문제와 부모가 해결하고 싶은 문제, 그리고 아이가 해결하고 싶은 문제가 다른 경우가 많습니다. 이때 아이가 해결하고 싶은 문제가 더욱 근본적일 때가 많습니다. 예를 들어, 부모는 자녀가 방 청소를 하지 않는 것을 해결하고 싶고, 교사는 수업 시간에 집중하지 않는 것을 해결하고 싶고, 아이는 친구 관계를 해결하고 싶어 한다면, 어떤 것을 우선 해결하고 싶은가요? 아마 아이

의 친구 관계가 좋아지고, 자신을 사랑하게 된다면 다른 문제들은 실타래처럼 풀릴 수 있습니다. 그래서 '핵심 문제'가 무엇인지 파악하는 것이 중요합니다. 아이의 핵심 문제는 주로 소속감 및 자존감과 관련이 있습니다.

4. 해결책은 아이가 실천할 수 있는 구체적이고 작은 단계여야 합니다. 교사와 부모는 구체적으로 언제까지 실천할지를 약속하고 점검하며 도와줍니다.

5. 고학년의 아이라면, 내기도 효과적입니다. 내기는 보상과는 다릅니다. 보상은 '네가 잘하면 뭘 해 줄게'처럼 수직적 관계에서 일어나는 대화라면, 내기는 "너는 친구와 다투지 않고, 아빠는 일주일 동안 2kg을 빼고. 누가 이기나 내기해 볼까?"처럼 수평적인 관계에서 이루어지는 대화입니다.

*"과정을 신뢰하라."*

# 5부

## 성장하는 겨울

# 1장
# 서로의 용기가 쌓여!

격려하고 감사하며 서로 응원하기

교사 : 올해 많은 일들이 있었죠. 가장 기억에 남는 일은 무엇인가요?

지후 : 반 대항 축구 경기에서 우승한 거요!

주아 : 저는 모둠 친구들과 함께 리코더를 연습해서 연주했던 게 제
       일 좋았어요.

교사 : 모두 열심히 함께 노력한 덕분에 좋은 결과와 추억을 얻었네
       요. 그럼, 반대로 조금 아쉬웠던 일은 없었나요?

유진 : 저는 발표할 때마다 좀 떨려서 하고 싶은 말을 제대로 다 못한
       게 아쉬웠어요.

교사 : 발표하는 게 쉽지는 않지요. 하지만 갈수록 목소리도 커지고
       발표를 계속해 보려고 시도한 것은 정말 멋졌어요.

교사 : 혹시 아쉬운 마음이 들거나 친구들과 선생님께 격려받고 싶
       은 일이 있나요? 서로를 격려하고 응원하며 한 해를 돌아보며
       마무리해 봐요.

학생들이 하교한 후 빈 교실에 앉아서 하루를 돌아보고 함께한 1년을 되돌아봅니다. 교사로서 학생들에게 힘이 되고 용기를 북돋는 말을 얼마나 했나 생각해 봅니다. 같은 교실 안에서 생활하면서 교사와 학생이 서로에게 건넸던 격려의 말은 학급 집단의 역동에 어떤 영향을 미칠까요?

아들러 심리학은 '용기의 심리학'이라고 불립니다. 격려는 다른 사람에게 용기를 불어넣어 주는 과정으로, 용기는 학생들이 심리 사회적으로 건강한 삶을 살아가는 데 꼭 필요합니다. 요즘 아이들은 친구 사이에 서로 상처 주는 말, 권위적인 어른에 의한 무시, 지나친 선행학습으로 인한 결과 중심의 학업 성취도 비교 등으로 낙담을 경험하는 일이 점점 더 많아지고 있습니다. 격려가 '용기를 불어넣는 것'이라면 낙담은 '용기를 꺾는 것'입니다. 이처럼 용기를 잃은 아이들은 교실 현장에 점점 더 많아지고, 이 아이들은 부적응 행동으로 다양한 문제를 일으킵니다.


## 칭찬과 다른 '격려'


학생들의 강점을 찾아 주고 인정해 주는 말로 우리는 '칭찬'을 자주 사용합니다. '칭찬은 고래도 춤추게 한다'는 말처럼 학교와 가정에서 수많은 칭찬의 말에 익숙해져 있지요. 칭찬은 능력이 있는 사람이 능력이 없는 사람에게 내리는 다소 수직적인 말로, 칭찬받는 학생은 교사보다 열등하다는 전제하에 사용됩니다. '좋았어, 잘했어, 최고야, 훌륭하다'와 같이 탁월한 것에 대한 찬사를 받으면 학생들의 인정 욕구는 충족되지요. 타인과 비교하였을 때 더 잘했는지, 얼마나 돋보이는지에 더 주목하게 만드는 것이 칭찬입니다.

그런데 칭찬이 외적 보상으로 사용되면 칭찬받을 때만 자신이 스스로 가치 있다고 여기는 부작용을 낳을 수 있고, 자꾸만 타인의 칭찬을 갈구하게 됩니다. 남에게 칭찬받기 위해 어떤 행동을 하는 것은 결코 자기 주도적일 수 없고, 타인에게 인정받지 못하게 되었을 경우 자존감에 타격을 입기 쉽습니다. 아들러는 문제 행동의 전 단계로 칭찬에 대한 갈구를 이야기하기도 하였습니다.

그렇기에 학생들에게 칭찬 대신 격려의 말을 건네기를 권합니다. 격려는 외적 동기가 아닌 내적 동기에 의미를 두며, 개인의 장기적인 성장에 놀라운 힘을 발휘합니다. 격려는 잘했을 때도, 못 했을 때도 건넬 수 있는 말이며 친구가 친구에게 건네는 듯한 표현입니다. 상급자가 하급자에 주는 듯한 평가어가 아니기에 수평적 관점을 가지고 있고, 그래서 격려의 말을 들었을 때 있는 그대로 존중받는 느낌이 듭니다.

학생을 있는 그대로 수용해 주는 말, 학생의 능력을 신뢰하고 믿음을 보여 주는 말, 결과보다는 과정과 노력을 알아봐 주는 말, 실수를 배움의 기회로 삼을 수 있도록 이끌어 주는 말, 협력과 공헌에 대한 감사의 말들이 모두 격려의 말이라고 볼 수 있습니다.

칭찬이 필요한 순간, 건네기 좋은 격려 표현을 세 가지로 소개합니다. 먼저 '묘사형' 격려입니다. "선생님은 네가 ~한 것을 봤어. 네가 애쓰고 있는 거 알고 있어"라고 아이가 한 행동을 인지하고 있음을 묘사하듯 들려주는 것이지요.

다음으로는 '감사형' 격려입니다. "네가 ~해 줘서 고마워. 네가 ~해 준 덕분이야"라고 고마운 마음을 표현해 주면, 스스로 공헌감을 느끼며 격려가 됩니다.

마지막으로 '감탄형' 격려입니다. "와! 얼마나 기쁠까! 선생님도 이렇게 좋은데 너 스스로는 얼마나 기쁘고 뿌듯할까! 축하해!"와 같이 표현하며 격려해 줄 수 있습니다.

298쪽에 소개한 '격려 스노우볼' 활동은 학기 말뿐만 아니라 학기 중 언제든 적용해 보아도 좋습니다. 특히 낙담한 학생을 만났을 때, 교우관계에서 부정적인 친구의 모습보다 서로의 강점을 세워 주고 싶을 때, 학생들의 적은 노력이나 성공을 인정해 줄 필요가 있을 때, 지나친 경쟁보다 협력을 강조하여 긍정적인 학급 분위기를 만들고자 할 때 이러한 격려 활동과 격려 언어 나눔은 매우 가치가 있습니다.

> "식물에 물이 필요하듯 어린이들은 격려가 필요하다.
> 격려는, 건강하게 성장하고 발전하는 데 꼭 필요하다."

## 격려 스노우볼

- 활동 목적 : 자신에게 들려주고 싶은 격려의 말을 선택해 적고, 이를 다른 사람에게 전해 들으며 상호 격려의 시간을 갖는다.
- 활동 시간 : 30분
- 준비물 : A4 종이, 네임펜, 격려의 말 포스터
- 활동 방법

1) 둥글게 원으로 앉는다.
2) 종이를 한 장씩 받아 자신에게 들려주고 싶은 격려의 말을 적는다. 여러 문장을 사용해 구체적으로 쓸수록 좋다. ("○○"야 라고 자기 이름을 부르며 적으면 이후 읽어 주는 사람에게 직접 격려의 말을 전해 들을 수 있다.)
3) 다 적은 사람은 종이를 구겨 둥근 스노우볼처럼 만들어 원 중앙 빈 바닥에 던진다.
4) 모두가 다 적어서 스노우볼을 만들어 던진 것을 확인한 후, 바닥에 있는 것 가운데 하나의 스노우볼을 줍게 한다. (만약 자기가 쓴 것을 주웠다면 다시 내려놓고 다른 사람의 것을 가져간다.)
5) 가져온 종이를 펼치고 돌아가며 한 사람씩 격려의 말들을 읽는다. 쓴 대상이 적혀 있으면 그 친구를 바라보며 읽어 준다.
6) 모든 친구가 격려의 말을 마친 후 종이를 모아 하나의 큰 스노우볼로 만든다.
7) 희망하는 친구에게 큰 스노우볼을 건네면서 소감을 말한다. 몇 차례 돌리고 마친다.

아이들은 어른들이 보지 못하는 더 많은 모습을 포착하기도 합니다. 또한 격려를 통해 용기를 얻은 경험이 있는 학생일수록 마음을 다해 타인을 격려합니다. 격려하는 기쁨은 어느새 학급에 긍정 바이러스처럼 번지지요. '격려 샤워' 활동은 특히 용기가 필요한 친구가 있을 때 유용합니다. 모둠별 또는 학급 전체 친구들이 한 친구에게 격려의 말이나 행동을 전하는 활동입니다.

## 자기 격려를 위한 격려 도넛

'격려 도넛' 활동은 자신을 바라보는 관점을 전환하는 데 도움을 줍니다. 자신의 강점보다는 단점에 집중하는 경우 자기 격려보다는 낙담을 경험하게 되지요. '격려 도넛'은 친구들의 도움으로 나의 단점을 강점으로 바꾸어 주는 활동입니다.

예를 들어 "나는 집중력이 안 좋고 유머가 부족해"라고 여기는 친구에게 "너는 여러 방면에 호기심이 많고, 다른 사람에게 진지하며 솔직한 모습으로 대해"라고 바꾸어 말해 주는 것이지요. 자신의 단점이라고 생각했던 것이 다른 사람이 봤을 때는 강점일 수도 있고, 부러움의 대상이 되기도 합니다. 이를 통해 자기 모습을 있는 그대로 수용하고, 보다 용기를 가지고 긍정적으로 살아갈 힘을 얻는 것입니다.

이 활동은, 시작할 때 교사가 자신의 단점을 개방하여 두세 가지를 말하고, 단점을 장점으로 바꾸어 보는 시범을 보이면 좋습니다. 도넛 활동을 처음 접한 학생들은 관점을 전환하는 것을 매우 어려워하기도 합니다. 이런 경우, 친구의 단점 두세 가지 가운데 한두 가지 문장만 바꾸어 적을 수도 있습니다.

**활동**

## 격려 도넛

- **활동 목적** : 자신이 가진 단점에 매몰되지 않고 긍정적인 방향으로 인식하도록 격려한다.
- **활동 시간** : 30분
- **준비물** : 도넛 형태의 원이 그려진 종이, 네임펜
- **활동 방법**

1) 도넛 형태의 원이 그려진 종이를 받고 중앙 작은 원 안에 자신의 단점 두세 가지를 적는다.
2) 네 명이 한 팀이 되어 자신의 종이를 오른쪽으로 돌린다.
3) 받은 종이에 적힌 친구의 단점을 장점으로 바꾸어 적어 준다. 작은 원 바깥 부분에 적는다. (예 : 나는 게을러 → 나는 서두르지 않고 느긋하게 행동해)
4) 팀의 모든 친구의 종이를 받아 단점을 장점으로 바꾸어 적는다.
5) 자신의 종이가 돌아오면 친구들이 바꾸어 준 문장 중에서 가장 마음에 와닿는 것에 동그라미를 한다.
6) 팀 친구들에게 고른 문장을 공유하고 그 문장을 고른 이유를 말한다. 감사를 전한다.
7) 전체 친구들과 소감을 나눈다.

# 고민 해결 과정에서 공동체 의식 기르기

'격려 댓글의 벽'은 자신의 고민이나 자랑을 벽(게시판)에 붙이면 그걸 다른 아이들이 보면서 해결 방안이나 격려하는 말을 댓글로 써 주는 활동입니다. 이 활동을 통해서 개인 간의 문제에 대해서는 교사나 학생 중재자의 중재를 통해 해결할 수 있도록 도움을 줄 수 있습니다. 공통의 고민이 있다면 내년의 새로운 만남을 생각하면서 토론의 장으로, 띵커벨<sup>ThinkBell</sup>과 같은 협업 온라인 도구를 사용하면 좀 더 짧은 시간에 효율적인 활동이 가능합니다.

'격려 댓글의 벽' 활동은 학생들이 서로의 고민을 공유하고 해결 방안을 찾는 과정에서 공동체 의식을 길러 줍니다. 이와 함께 학생들은 서로에게 공감하고 지지하며, 함께 문제를 해결해 나가는 경험을 통해 '우리'라는 공동체의 일원임을 느낄 수 있습니다.

**활동**

### 격려 댓글의 벽

- 활동 목표 : 친구의 고민에 관심을 두고 댓글을 달면서 감사와 격려의 마음을 전한다.
- 활동 시간 : 40분
- 준비물 : 게시판, 붙임쪽지

1) **주제 선정** : 학생들이 고민을 나누고 싶어 하는 주제를 선정한다. 사전에 확인해 보고 고민이 적을 경우에는 자신이 1년간 성장한 점을 자랑하는 것으로 게시할 수 있다. 고민 해결이 주제일 경우 학년 말 활동으로 '1년 동안 우리 반에서 풀지 못한 고민'이라는 주제를 제시할 수 있다.

2) **게시하기** : 학생들은 자신의 고민을 적고, 이를 보드판이나 종이에 붙여서 교실 빈 벽에 쭉 붙인다. 교사는 이 고민을 확인하고 개인 간의 문제인지, 소집단이나 전체에 관한 문제인지 정리해 준다. (익명성을 높이고 싶다면 인터넷 포털 사이트 설문 양식을 이용해서 내용만 프린트해서 붙일 수도 있다. 이는 자랑을 게시할 때도 같은 방식을 쓸 수 있다.)

3) **의견 나눔** : 학생들은 벽에 붙어 있는 고민에 대해 모둠별로 의견을 나눈다. 더 좋은 의견을 도출하기 위해 깊이 생각해 보는 과정으로 꼭 필요한 과정이다. 이때 기존 자리가 아닌 고민에 따라 임시 모둠을 형성할 수도 있다. 교사는 이 과정에서 학생들의 의견을 이해하고 정리해 줄 수 있다.

4) **해결 방안 제시** : 해결 방안은 붙임쪽지에 적어 고민 옆에 붙인다. 책임감을 키우는 차원에서 해결 방안과 함께 자기 이름을 적어 넣을 수 있다. 자랑을 게시하면, 칭찬이나 격려하는 말을 써 준다.

5) **정리 & 공유** : 다른 친구들의 해결 방안을 읽고 좋은 방안에 스티커를 붙여 주는 식으로 공감대를 형성한다. 서로 활동한 소감을 나눈다.

# 우리는 서로 연결되어 있었어

따뜻한 차 한 잔의 여유를 갖고 한 해 동안의 여정을 돌아보아야할 겨울에도 교사는 정신없이 바쁩니다. 학생들은 다가오는 방학이나 졸업에 대한 기대, 그동안 쌓인 추억에 대한 만족감, 친한 친구들과 헤어져야 하는 아쉬움과 불안감, 미처 해결하지 못한 문제들에 대한 불만 같은 다양한 감정들을 함께 느낄 것입니다. 학급 구성원으로서 자기 모습을 돌아보면서 관계를 돈독히 하고 서로를 격려하면서 대단원의 막을 내리는 활동을 하나 소개합니다.

이 털실 공 활동은 친구들에게 마지막으로 꼭 전하고 싶은 말을 정리한 후 시작하면 좋습니다. 이야기를 시작한 친구부터 마치는 친구까지 털실 뭉치가 계속 돌면서 거미줄처럼 연결됩니다. 그동안 미처 하지 못했던 마음, 고마웠던 것들, 서로를 격려하고 응원하는 따뜻한 말들이 털실과 함께 전해지면서 그동안 우리가 꽤 끈끈하게 연결되어 있었다는 사실을 깨닫게 됩니다. 감동적인 시간을 가지며 올 한 해를 한 자락 추억으로 담을 수 있습니다.

## 털실 공 활동

- 활동 목적 : 학급 친구들과 소감을 나누고 감사와 격려를 전하며 한 해를 마무리한다.
- 활동 시간 : 40분
- 준비물 : 털실 한 뭉치, 가위

1) 둥글게 원으로 앉는다.

2) 교사가 먼저 털실 뭉치를 잡고 1년간 마음에 품고 있던 생각을 나눈다.

3) 고마운 점, 미안했던 점, 격려와 응원의 말 등을 하고 난 후, 털실의 한쪽 끝을 잡은 채로 반의 한 학생에게 털실 뭉치를 던진다.

4) 털실을 받은 친구는 털실을 잡은 상황에서 2)와 같은 방법으로 반 친구들에게 마음을 전한 후, 또 다른 친구에게 털실 뭉치를 보낸다.

5) 학생들이 모두 마음을 나누는 말을 마치면, 털실 뭉치를 교사가 다시 받는다.

6) 교사는 모두가 털실을 잘 잡고 있는지 확인한다.

7) 연결된 털실처럼 우리는 서로에게 많은 영향을 주고받았고 배움과 성장을 격려하는 소중한 존재였음에 감사한다.

8) 학생들은 털실을 계속 잡고 있고, 교사는 가위로 연결되어 있던 털실을 잘라 각자 한 가닥씩 가지도록 한다.

9) 털실 한 가닥을 연결의 흔적으로 간직하자고 약속하며 마친다.

학창 시절을 되돌아보면 기억에 남는 것은 나를 격려했던 선생님의 말씀과 따뜻한 시선이 아닐까 싶습니다. 교사가 학생들에게 한 격려의 말과 행동은 학생들의 성장에 많은 영향을 줄 수 있다는 것을 늘 잊지 않아야겠습니다.

"너는 그렇게 생각하는구나", "너는 어떻게 하고 싶어?", "다른 답은 또 뭐가 있을까?", "용기를 내주어서 고마워". 학생들이 교실에서 선생님과 친구들에게 존중받고 격려받고 있음을 느끼며 성장할 수 있도록 격려하기를 실천하며, 어려움이 있더라도 방법을 잘 찾아가실 수 있기를 응원합니다.

| Tip | 활용하면 좋은 그림책 |
|---|---|

『점』 (피터 H. 레이놀즈, 문학동네) 학기 초에 그림책을 읽어 주고, 책 속 선생님처럼 학생들을 격려하고 싶다고 전한다.

『아마도 너라면』 (코비 야마다, 상상의힘) 우리 안의 모든 가능성을 응원하는 이야기. 그림책 속 문구를 활용하여 학기 초 혹은 학기 말에 학생들에게 손 편지를 써 보기를 권한다.

『숲속 재봉사의 옷장』 (최향랑, 창비) 교사가 교실에서 지치고 또는 낙담하는 마음이 들 때, 살짝 펴서 읽어 보라. 매년 반복되는 교사로서의 삶에 용기를 얻는다.

『빛을 찾아 떠나는 별난 이야기』 (김성환, 아이스크림) 작품 속 인물들과 교감하고 학생들이(저학년, 중학년) 직접 격려 활동지를 작성해 자신의 선택을 기록할 수 있다.

『하루 한 장 격려 노트』 (격려상담연구회, 아이스크림) 고학년 학생들과 함께 다양한 격려하기 활동을 할 수 있다.

# 2장
# 와! 우리 많이 컸다.

성찰하며 마무리하기

교사 : 이번 시간에는 지난 1년 동안 우리 반이 얼마나 잘 살아왔고 또 성장했는지 이야기 나누어 보려고 해요. 우리 처음에 어떤 반을 바라며 가이드라인을 만들었죠?

지호 : '존중하는 반', '재미있는 반'이었어요.

교사 : 그렇죠. 우리가 그런 반이 되었나요? 나는 우리 반 가이드라인을 얼마나 실천했는지 이야기해 봅시다.

수진 : 저는 '이렇게 말해요'에서 "도와줄까?"라는 말을 자주 쓴 것 같아요. 저뿐 아니라 친구들이 자주 말해 주면서 잘 도와주고 물건도 빌려 주고 했어요.

서은 : 친구가 실수하면 "괜찮아"라고 말하기로 약속했는데 자꾸 뭐라고 하더라고요. 그건 좀 아쉬워요.

하린 : 제가 현우 수첩을 떨어뜨려서 표지가 더러워졌는데 그건 실수고, 그럴 수 있다고 괜찮다고 화내지 않고 친절하게 말해 줘서 정말 고마웠어요.

학기 초, 급식소에서 점심을 먹고 나면 항상 의자를 빼놓고 가던 아이가 어느 순간 의자를 정리하는 모습을 볼 때 참 대견합니다. 늘 자신의 이야기를 먼저 하던 아이가 친구가 말하는 것을 끝까지 들어 줄 때 참 기특합니다. 아이들은 날마다 조금씩 성장하지만 성장한 모습이 포착되는 것은 찰나의 순간입니다. 아이들은 자신의 변화와 성장을 쉽게 알아차리기 어렵기에 교사는 이런 순간들을 놓치지 않고 격려해야 합니다.

## 흔들리는 만큼 성장하는 아이들

아이들이 학교생활을 하면서 순간순간 보이는 '자신이 성장한 모습'을 성찰해 보는 활동을 소개합니다. 학기 말이나 학년 말에 지난 학교생활을 돌아보면서 마무리하는 활동으로 좋습니다.

이 활동은 크게 두 부분으로 이루어져 있습니다. 먼저 자신이 실패했던 경험이나 어려웠던 순간을 살펴보고, 자신이 성장했던 순간과 경험을 찾고 나누어 보는 것입니다. 힘든 순간을 극복했든, 극복하지 못했든 간에 그 순간을 지나온 자신을 격려하고 그런 과정을 거쳐 나름 성장한 자신을 자랑스러워하는 시간입니다.

단, 실패했던 경험을 나누는 것은 서로에게 부끄러운 마음이 들지 않아야 가능하므로 원치 않는 친구는 억지로 할 필요는 없습니다. '인생은 늘 공사 중'이라는 말로 격려하며 편안하게 나눌 수 있도록 분위기를 이끕니다.

실패했던 경험 대신 그 당시 자신에게 했던 말만 나누어도 좋습니다. 이 활동을 하고 나면 학생들은 힘들고 어려운 순간에 내가 나에게 해 줄 수 있는 말은 두 가지가 있다는 것을 알게 됩니다. 바로 나를 비난하는 말과 나를 격려하는 말이지요. 그중에서 어떤 것을 선택할지는 바로 자신이 결정한다는 것을 깨닫게 됩니다.

이제는 내가 성장한 순간들도 살펴봐야겠지요. 학생들과 '어렸을 때는 할 수 없었는데 지금은 쉽게 할 수 있는 것들'에 관해 이야기를 나눕니다. 아이들은 줄넘기하기, 수영하기, 자전거 타기, 종이접기 등 배우면서 할 수 있게 된 것부터, 손톱 깎기, 운동화 끈 묶기, 머리 묶기, 옷차림 코디하기 등 생활 면에서 부모님의 도움 없이 하게 된 것들을 찾아 즐겁게 발표합니다.

조금 더 범위를 좁혀서 작년이나 지난 학기에는 할 수 없었는데 지금은 할 수 있는 것들도 이야기 나눠 봅니다. 신체 능력과 관련된 것도 좋고, 인간관계나 삶의 지혜에 관한 이야기도 좋습니다. 예를 들어 "화날 때 친구를 때리지 않고 말로 하게 되었어요", "부탁을 거절할 때, 내 생각이나 감정을 잘 전달할 수 있게 되었어요", "놀이할 때 친구가 실수하면 다시 설명해 줄 수 있어요", "나와 다른 생각을 있는 그대로 존중하게 되었어요" 등 다양한 학생들의 성장 지점을 들을 수 있습니다. 학생들이 바로 찾기 어려워한다면, 이 장 맨 끝에 소개한 그림책을 활용하여 그림책 주인공들이 성장을 위해 노력한 점들을 함께 찾아봅니다.

## 어제의 한걸음, 내일의 한걸음

• 활동 목적 : 1년 동안의 자신의 생활을 되돌아보고 격려한다.

• 활동 시간 : 40분

• 준비물 : 편안한 음악, 활동지, 붙임쪽지, 네임펜

• 활동 방법

1) 원으로 둘러앉는다.

2) 내가 실패했던 것, 어려웠던 순간, 잘하지 못했던 것을 떠올려
   본다. (학생들이 힘들거나 실패한 이야기를 안전하게 말할 수 있는 학급 분
   위기가 조성되어야 하며, 억지로 이야기하지 않아도 된다. 잔잔한 배경 음악
   을 사용할 수 있다.)

3) 그때의 상황과 나에게 해 주었던 '말'을 떠올려 이야기해 본다.

4) 3)의 상황에서 나를 비난하는 말을 했다면, 지금은 나에게 힘이
   되는 말을 써 본다.

   3)의 상황에서 나를 비난하지 않았다면, 힘든 순간을 잘 지나온
   나를 응원하는 말을 써 본다.

5) 학생들이 작년 또는 지난 학기에는 할 수 없었는데 지금은 할 수
   있게 된 것을 생각해 보게 한다.

6) 서너 명의 친구들과 그룹 지어 이야기 나누어 본 후 친구들에게
   격려의 말을 써서 전달한다.

7) 나에게도 해 주고 싶은 격려의 말을 써 본다.

8) 더 성장하고 싶은 것과 해 볼 수 있는 작은 실천을 써서 발표한다.

9) 이 활동을 통해 배운 점, 느낀 점 등을 나눈다.

---

### 나의 성장 살펴보기

 초등학교 3학년 ( )반 ( )번 이름 ( )

1. 어렸을 때는 할 수 없었는데, 지금은 할 수 있게 된 것은 무엇이 있나요?

   태권도 1,2 걸음 잘 수있다.

2. 그림책 〈할 수 있어 클로버〉를 읽고 주인공이 성장한 점을 찾아봅시다.

   나비가 되는두려움을이겨냈다.

3. 작년에는 할 수 없었는데, 지금은 할 수 있게 된 것은 무엇이 있나요?

   짜증날 때 화를내지 않는다.

4. 친구들에게 받은 격려의 말을 붙여봅시다.

꾸준히 노력 했구나. 대단해.

네가 노력한 결과 아 축하해

앞으로 도움원 할게!

---

긍정훈육에서는 '완벽함이 아니라 성장을 격려하라'고 합니다.
내가 할 수 있게 된 것들을 이야기 나누는 것에서 멈추지 않고, 학
급 친구들과 축하와 격려를 나눕니다. 격려할 때는 '결과'보다 성장

310

5. 내가 듣고 싶은 격려의 말을 써 봅시다. (또는 스스로에게 해주고 싶은 말)

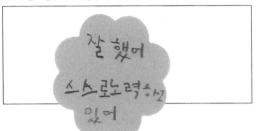

6. 남은 3학년 생활 동안 너 성장○┌ 싶은 것과 내가 해볼 수 있는 일을 써
봅시다.

| 내가 성장하고 싶은 것 | 내가 해볼 수 있는 작은 일 |
| --- | --- |
| 귀 꼬는것 | 줄 넘기 하기 (10번) |
| 친구들과 사이좋게 지내기 | 놀이 할때 화내지 않고, 참여 하기 |

하기 위해 그 친구가 얼마나 노력했을지 '과정'에 초점을 두어 격려
메시지를 써서 전달합니다. 친구들의 격려를 받은 후에는 성장한
나에게 스스로 격려 메시지를 써 봅니다. 이렇게 하면서 앞으로 어
떤 점에서 더 성장하고 싶은지 학생들이 스스로 찾게 됩니다.

학기 초에 자신의 이름표 만들기를 하면서 이름표 뒤에 올해 이
루고 싶은 목표 등을 기록합니다, 이것을 잘 기록해 두었다가 이 활

동과 연계해서 학기 초에 세웠던 목표를 살펴보고 내가 성장한 점을 기록해도 좋습니다. 저학년의 경우 활동을 시작하면서 그림책을 활용하여 그림책에 등장한 주인공이 성장한 점, 노력한 점을 찾아보고 활동을 시작하면 학생들이 흥미롭게 참여합니다.

## 학급 상장 수여식

1년간 살아오면서 알게 된 서로의 장점과 발전한 점들을 찾아 상장에 들어갈 내용들을 정리해 그것을 상장으로 만들어 수여하는 활동입니다.

학교의 상장 양식을 활용하고, 상장 맨 마지막에 수여하는 사람의 이름을 '○○초등학교 ○학년 ○반 일동'으로 하면 학급 전체가 함께했다는 의미를 더욱 선명하게 남길 수 있습니다. 상장 수여식은 일반적인 시상식처럼 절차를 따르기를 권합니다. 그러면 학생들은 이것을 학급의 공식적인 행사로 인식합니다. 교사와 학급 임원들이 역할을 나눠서 개회사, 국민의례, 시상과 소감 발표, 정리하는 말, 교가(반가) 제창, 폐회사와 같은 순서로 진행해 보면 좋습니다.

이렇게 1년 동안 자신이 노력했던 부분과 발전한 모습을 서로 격려하며 1년을 마무리하고, 다가올 새해도 더 희망차게 시작할 수 있도록 도움을 줍니다. 더불어 서로에 대한 관심을 통해 소속감과 연결을 더욱 느끼며 한 해를 마무리할 수 있을 것입니다.

## 학급 상장 수여식

- 활동 목표 : 서로의 장점과 발전한 모습을 찾고 나와 친구들을
  격려하는 시간을 갖는다.
- 활동 시간 : 80분
- 준비물 : 게시판, 붙임쪽지, 상장 용지
- 활동 방법

**1) 장점 찾기** : 내가 생각하는 나의 장점과 내가 생각하는 친구의
장점을 생각해서 수집한다. 이때 무조건 남보다 나은 점을 찾으
라고 하지 말고, 1학기 초를 회상하면서 많이 발전한 모습을 찾
아보라고 조언해 주는 것도 좋다. 그리고 자신의 장점을 찾을 때
는 남들보다 우월한 장점이 아닌 내 안에서 좀 더 나은 모습을
찾아보라고 조언한다.

**2) 선택하기** : 수집한 장점을 보고, 본인이 가장 마음에 드는 것
1~3가지를 고르게 한다. 이때 고른 내용에 대해 모두 상을 줄
수도 있지만, 학급 구성원 전체가 투표해 한 가지를 정한다면 좀
더 확실한 학급의 상이 된다.

**3) 이름 정하기** : 각자 고른 내용에 맞는 재미있는 상 이름을 친구
들에게 추천받는다. 예를 들면 평소 친구들에게 친절하게 대하
는 학생에게는 '자상', 첫 만남 때는 좀 어두웠다가 나중에 밝아
진 친구에게는 '첫인상'. 이렇게 '상' 자로 끝나는 말 중에서 좋은
의미로 쓸 수 있는 말을 골라 준다.

**4) 내용 정하기** : 상장 내용을 정할 때 모든 학생이 참여하기에는

시간적, 공간적 제약이 있으므로, 교사와 함께 추천받은 몇몇 학생들이 재미있지만, 의미 있는 상장 내용을 정한다.

5) 상장 수여식 : 완성한 상장을 출력해서 격식을 갖춰서 상장 수여식 행사를 진행한다.

(Tip) 기발하고 재미있는 상장 문구

**발상** ▶ 위 학생은 평소 자신의 창의적인 발상을 스스럼없이 드러내고 친구들에게 하는 대답 하나하나가 많은 웃음을 주어 이 상장을 드립니다.

**항상** ▶ 위 학생은 평소 생활이 조용하지만 운동을 하면 집중하여 재빠른 행동을 하는 면이 있고, 친구들의 이야기에 항상 웃어 주어 이 상장을 드립니다.

**일상** ▶ 위 학생은 일상생활에서 말을 거는 친구에게 친절하게 대답해 주고, 체육 활동에 적극적으로 참여하고 좋은 결과를 보여 주어 이 상장을 드립니다.

**놀라운 현상** ▶ 위 학생은 평소 당당한 성격으로 침울한 분위기에 서도 의기소침하지 않고 유머를 발휘하여 분위기를 전환하는 놀라운 현상을 보여 주어 이 상장을 드립니다.

**사실상** ▶ 위 학생은 평소 착하고 배려심이 많은 성격으로 친구와 잘 어울리고, 어려운 일이 있을 때 나서서 도와주는 사실상 학급에 꼭 필요한 존재가 되었기에 상장을 드립니다.

**구상** ▶ 위 학생은 평소 여학생들과 잘 지내고 좋은 질문을 하는 성격으로 어려운 물음에도 잘 구상하여 이해하기 쉽게 설명하였기에 이 상장을 드립니다.

**색상** ▶ 위 학생은 평소 친화력이 좋아서 잘 도와주는 성격으로 학교생활에서 색연필 세트처럼 다양한 색상을 보여 주었기에 이 상장을 드립니다.

**고상** ▶ 위 학생은 평소 책임감이 있고 좋은 친화력으로 학급 회장에 뽑힌 후에도 고상한 태도를 유지하며 자신의 책임을 다하였기에 이 상장을 드립니다.

제 202○-○호

# 상 　 장

발상

　　　　　　　　　　재 ○학년 ○반
　　　　　　　　　　성명 ○○○

　위 학생은 평소 자신의 창의적인 발상
을 스스럼없이 드러내고 친구들에게 하
는 대답 하나하나가 많은 웃음을 주어
이 상장을 드립니다.

　　　　202○년 ○월 ○일

○○○○초등학교 ○학년 ○반 활동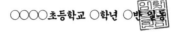

---

제 202○-○호

# 상 　 장

항상

　　　　　　　　　　재 ○학년 ○반
　　　　　　　　　　성명 ○○○

　위 학생은 평소 생활이 조용하지만 운
동을 하면 집중하여 재빠른 행동을 하는
면이 있고, 친구들의 이야기에 항상 웃어
주어 이 상장을 드립니다.

　　　　202○년 ○월 ○일

○○○○초등학교 ○학년 ○반 활동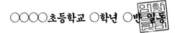

# 성장에 대한 기다림

지금껏 우리는 학생들의 삶의 기술을 꾸준하게 키워 주는 보물과 같은 시간을 보냈습니다. 학생들이 긍정훈육을 경험하며 보내는 모든 일상과 모든 순간이 다 성장의 기회였을 것입니다. 이러한 작은 성장들이 모이고 모여 학생들이 성인이 되었을 때 건강한 사회적 존재로 꽃 피울 것이라 생각합니다. 교사는 다만 금방 결과를 맛보려는 기대를 내려놓고 묵묵히 성장을 도와주고 기다릴 뿐이지요. 그 기다림을 잘하는 것이 어쩌면 교사가 계속 키워 나가야 할 능력이지 않을까 싶습니다.

| Tip | 활용하면 좋은 그림책 |
| --- | --- |

『나는 (　) 사람이에요』(수잔 베르데, 위즈덤하우스) 삶에서 만나는 여러 상황에서 우리는 서로 연결되어 있고, 저마다 '인간다움'을 지녔다는 내용. 한 걸음 내딛기 전 활동과 연계해서 활용해 보자.

『기다려요』(김영진, 길벗어린이) 주인공이 성장하고 노력한 부분을 찾아보는 데 도움이 된다. 나의 성장 브레인스토밍 활동 전후에 활용하는 것을 추천한다.

『할 수 있어 클로버』(홀리 휴즈, 교육과실천) 성장 살펴보기 활동을 다 마무리한 후 읽어 주면 좋다.

"용기, 열정, 자신감은 당신이 어려움과 반대에 맞서고,
새로운 에너지원을 시도하며, 당신에게 찾아오는
다양한 기회를 최대한 활용하게 만듭니다."

# 3장
# 나를 위한 여행 가방

방학 및 신년 계획 세우기

지윤 : 선생님, 내년에도 저희 반 담임 선생님 해 주세요!

교사 : 그렇게 말해 주니 선생님 기분이 정말 좋은걸. 두 달 뒤면 5학
년이 되는데, 지윤이는 5학년이 되면 하고 싶은 게 있어?

지윤 : 그러니까요. 벌써 5학년이라니! 엄마가 5학년 되면 영어랑 수
학 학원 다녀야 한다고 해서 벌써 걱정이에요.

교사 : 그렇구나. 그러면 엄마 생각 말고 지윤이가 하고 싶은 것은 뭐
야? 5학년 계획을 네가 직접 세워 보는 것은 어때?

지윤 : 좋은데요! 저 5학년 때 꼭 해 보고 싶은 것이 있어요.

학년이 바뀌기 전에 새 학년으로 가는 마음의 여행 가방에 우리 아이들과 함께 새로운 준비물을 담아 보면 어떨까요? 한 해를 정리하고 다음 학년을 준비하는 여행 가방에 무엇을 담을지 생각해 본다면 새 학년에 대한 기대감이 더욱 충만해질 것입니다. 이 활동들은 방학을 준비하거나, 2학기를 준비하는 활동으로 활용해도 좋습니다.

## 지금 나에게 필요한 목표를 찾아

자신을 위해 목표를 직접 결정해 본 경험은 능동적인 삶을 살아가는 데 도움이 됩니다. 행동의 방향을 선택하고 작은 실천을 할 때마다, 그 과정에서 생기는 문제를 스스로 해결하는 방법을 배울 때마다 잘할 수 있다는 믿음이 생깁니다. 그러면서 타인의 평가나 결과에 휘둘리기보다 자신을 있는 그대로 받아들이고, 자신에게 맞는 삶을 찾아 떠나는 여행이 얼마나 가치 있는지 배우게 됩니다. 선택과 책임이 반복되면서 아이들은 조금씩 성장하니까요.

하지만 막상 학생들에게 "너는 앞으로 하고 싶은 게 뭐야? 너는 어떤 목표를 가지고 있어?"라고 물으면 막연할 수밖에 없습니다. '나를 위한 여행 가방 채우기' 활동은 간단한 브레인스토밍 활동으로 반 전체 학생들의 목표를 공유할 수 있습니다. 올해 우리 반 전체가 조금이라도 이룬 목표와 앞으로 이루고 싶은 목표에 대해 다양한 생각을 나누고, 앞으로의 내 목표가 무엇인지 편안하게 생각해 볼 수 있습니다. 또한 한 명의 친구와 일대일로 만나 나에게 필요한 목표와 그 이유를 말로 설명하다 보면, 막연하던 목표들이 좀 더 명확해지거나 더 중요한 목표를 떠올리는 데 도움을 받기도 합니다.

**활동**

## 나를 위한 여행 가방 채우기

• 활동 목적 : 1년을 마무리하며 다음 해에 가져가고 싶은 나의 목표를 떠올려 여행 가방을 꾸민다.

• 활동 시간 : 40분

• 준비물 : 학생별 A4 용지 한 장, 스티커, 색연필, 가위, 풀

(선택 : 덕목 카드, 봄에 만들었던 한 장의 미래 차트, 가이드라인)

• 활동 방법

1) 학생들은 A4 용지에 나를 위한 여행 가방을 그린다.

(가방 도안을 주고 색칠만 해도 좋고 평면이나 입체로 직접 그려 봐도 좋다.)

2) 아래 예시 자료를 살펴보며 우리 반의 한해살이를 상기한다

(덕목 카드, 한 장의 미래 차트, 채우기 차트, 가이드라인 활용도 가능하다).

| 감사 | 배려 | 용기 | 지혜 | 노력 | 인내 | 도전 | 긍정 |
|------|------|------|------|------|------|------|------|
| 질서 | 규칙 | 안전 | 여유 | 이해 | 다정 | 정의 | 꾸준한 |
| 활력 있는 | 협동 하는 | 유머 있는 | 용서 | 정직 | 헌신 | 봉사 | 성장 |

3) 올해 우리 반에서 발견한 덕목이나 작게나마 이룬 목표를 한 단어로 브레인스토밍한다. (토킹 스틱을 두세 바퀴 돌리며 충분히 떠오른 생각들을 말하도록 기회를 준다.)

4) 학생들이 말한 단어를 자료에 표시한다. 자료에 없던 단어가 나오면 여백에 쓴다. (선생님도 이 브레인스토밍에 함께하며 떠오른 단어들을 언급할 수 있다.)

5) 우리 반 친구들이 다음 해 새로운 반으로 갈 때 가져가면 좋은 것들이 더 있다면 말하도록 한다.

6) 친구들의 여행 가방에 선물하고 싶은 단어를 스티커에 쓴다.

7) 두 명씩 만나 친구의 스티커 중 나에게 필요한 것 하나를 고른다. 고른 이유를 말하고 서로의 여행 가방에 붙인다.

(선물 가게 놀이로 바꿔도 재미있다. 홀수 번호는 앉아서 선물을 팔고 짝수 번호는 산다. 돈 내는 대신 선물이 필요한 이유를 말한다. 10분 뒤 교체해서 짝수 가게도 연다.)

8) 이 활동을 통해 배운 점과 느낀 점을 나눈다.

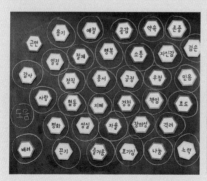 

▲ 나를 위한 여행 가방 채우기 활동 예시

# 1년 뒤 나의 모습 상상하며 지금 할 일 정하기

고학년은 '나를 위한 여행 가방 채우기' 활동에 이어 '내 발자국 펼치기' 활동을 연결하면 좋습니다. 교사가 이렇게 질문합니다.

"여행 가방에서 나에게 가장 중요한 한 가지를 꺼내 볼까요?"

학생들이 무엇을 꺼낼까 고민한다면, '요즘 무엇을 하며 시간을 보내는지' 생각해 보게 합니다. 지금 자신에게 가장 중요한 목표 한 가지가 무엇인지 찾는 데 많은 도움이 되거든요. 최근 수면 시간, 식사 시간, 학교 수업 시간 외에 어떤 활동을 많이 하는지 함께 브레인스토밍해 봅니다. 걸그룹 춤 따라 하기, 자전거 타기, 휴대전화 게임하기, 놀이터 돌아다니기, 동생과 놀기, 친구와 놀기' 등 편하게 이야기를 나눕니다. 들으면서 "나도 그래" 하고 아이들 스스로 평소에 무엇을 하며 살고 있었는지 발견합니다. 혹은 '저렇게 시간을 보내기도 하는구나' 하면서 다른 선택지를 고려해 보기도 합니다. 그리고 나서 각자가 가장 많은 시간을 보내는 순서대로 3~5가지 정도 순위를 매겨 봅니다. 그렇게 해서 지금 나에게 가장 중요한 목표가 무엇인지 확인하는 것이지요.

요즘 많은 시간을 보내고 있는 것들을 알아보았으니 이제 학생들은 여행 가방에 있던 목표 가운데 지금 가장 필요한 것을 하나 골라서 꺼낼 수 있습니다. 이왕 꺼냈으니 한 발자국 더 나아가 볼까요? 내가 꺼낸 목표가 이루어지는 1년 뒤의 모습을 상상해 보는 것입니다.

1년 동안 한 발자국씩 뚜벅뚜벅 걸어간 뒤의 모습을 각자 상상해서 어떻게 지내는지 간단하게 적어 봅니다. 아이들의 상상은 꽤 구체적입니다. 뜨개질에 푹 빠지게 된다거나 문제집 진도를 팍팍 나가서 다 풀었을 거라는 상상도 나오거든요. 어떤 상상도 괜찮습니다.

이번에는 1년 뒤 내 모습을 상상하며 현재 실천할 수 있는 것을 딱 한 가지만 떠올려 봅니다. 가족과 '사랑'을 나누고 싶다던 아현이는 '매일 사랑한다는 말 다섯 번 이상하기'를 실천 방법으로 정했습니다. 실천 방법 한 가지를 정했다면 다음은 그 실천을 도와줄 작은 단계의 실천 과제 세 가지를 생각해 보는 것입니다. 아현이는 '내가 사랑하는 것 생각하기, 잠들기 전에 가족과 서로 껴안으며 말하기, 나 자신에게 사랑한다고 말하기'라는 세 가지 작은 실천 과제를 생각해냈습니다. 아현이가 매일 사랑한다는 말을 다섯 번 못 하더라도 잠들기 전에 가족과 사랑을 나눌 기회는 많아지지 않았을까요?

"성장이라는 것은 외부 세계의 요구에 대한 끊임없는 적극적 적응이다."

## 내 발자국 펼치기

- 활동 목적 : 1년 뒤 내 모습을 상상하며 지금 실천할 과제를 세
  운다.
- 활동 시간 : 40분
- 준비물 : 학생별 A4 용지 한 장
- 활동 방법

1) 수면 시간, 식사 시간, 학교 수업 시간 외에 무엇을 하는지 브레
   인스토밍하고 칠판에 쓴다. (토킹 스틱을 두세 바퀴 돌리며 충분히 떠오
   른 생각들을 말하도록 기회를 준다.)

2) 각자 A4 용지 왼쪽에 가장 많은 시간을 보내는 순서대로 3~5가
   지를 적어 본다.

3) 종이 가운데에 발자국을 그리고 아래쪽 뒤꿈치 쪽에 나에게 필
   요한 목표 단어를 쓴다.

4) 목표대로 1년을 살았다고 가정하고 바뀐 점을 오른쪽에 쓴다.

5) 목표를 위해 실천할 수 있는 것 한 가지를 발자국 위쪽 앞꿈치 쪽
   에 쓴다.

6) 그 한 가지를 실천하기 위한 단계를 세 가지로 나누어 세 갈래
   길에 쓴다.

7) 6)의 내용을 친구들과 공유하면서 이 활동을 하고 배운 점과 느
   낀 점을 나눈다.

( Tip )  주기적으로 활동하면서 발가락 하나하나 색칠을 하면, 놀이처럼
**목표에 도달하는 신나는 경험이 될 수 있다.**

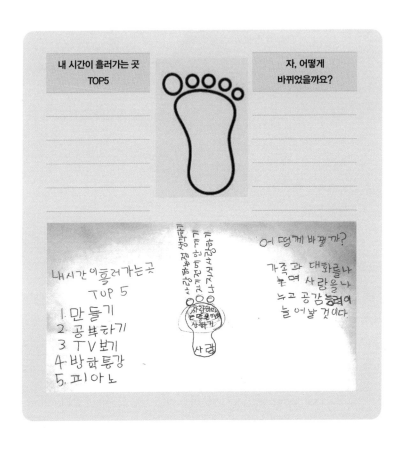

## 한 발자국 두 발자국, Small Stop

1년 뒤 아이들은 상상한 것처럼 성장하지 않을 수도 있습니다.

하지만 진짜 내가 바라는 모습이 무엇인지 성찰한 시간만큼 아이들은 성장했을 것입니다.

스몰 스텝으로 계획을 세우는 목표 세우기 활동은 학생뿐 아니라 교사에게도 매우 유용합니다. 교사로서의 삶은 때로 동료 교사로 인해 힘들고 지치기도 하고, 학생과 학부모에게 상처받는 일을 겪기도 합니다. 이럴 때 현재 내가 가장 많이 보내는 시간이나 활동들을 점검해 보세요. 삶에서 더욱 의미 있는 목표를 정하고 실천하다 보면 어느새 한층 더 안정되고 성장한 자기 모습을 만날 것입니다.

| Tip | 활용하면 좋은 그림책 |
| --- | --- |

『이까짓 게!』(박현주, 이야기꽃) 주인공처럼 가방 하나로 친구와 함께 용기를 내 보자고 말해 보면 어떨까?

『진짜 내 소원』(이선미 글·그림, 글로연) 부모님이나 주변에서 바라는 내 모습이 아닌 나 스스로가 원하는 것이 무엇인지 생각해 볼 때 필요하다.

| 저자 소개 |

강상희          대방초, PDC·PD 에듀케이터, Virtue Project FT

학교와 삶의 현장에서 다양한 사람들에게 교육 실천 사례를 공유하며 기쁨을 누리는 교사다. 아이들이 학교와 가정에서 가족, 친구, 세상과 건강하게 소통하고 연대하며 삶의 재미와 아름다움을 느낄 수 있도록 돕고 있다.

권보람       인천 문학초, PDC 퍼실리테이터, PD 에듀케이터

인천 생활교육자문단(초등 학급긍정훈육법 분과)에서 관계 중심 생활교육 강사로도 활동하며 교실 현장에서의 실천 사례를 함께 나누고 있다. 스스로 서고 더불어 살아가는 우리가 되기 위해 학생과 함께 성장하는 교육을 지향한다.

김민영         『하루 한 장 격려 노트』 공저, 서울 양재초,
PDC·PD 에듀케이터, EC 트레이너

함께 쓴 책으로 『하루 한 장 격려 노트』가 있다. 경기 신규교사 연수 및 1급 정교사 자격 연수 강사로 교육 현장에서의 실천 사례를 공유하고 있다. 'PDC와 격려 상담을 실천하며 나, 너, 우리가 자라는 교실'에서의 경험을 바탕으로 학교에서는 학생, 가정에서는 두 딸과 하루하루 성장하길 바라는 워킹맘이다.

김상우 　　　　　　『학급긍정훈육법 실천편』공저, 서울 화곡초,

　　　　　　　　　　　　PDC·PD·EC 트레이너

함께 쓴 책으로『학급긍정훈육법 실천편』,『하루 한 장 격려 노트』가 있
다. 서울, 경기, 전남 1급 정교사 자격 연수 강사로 교육 현장에서의 실천
사례를 공유하고 있다. 막막하고 두려웠던 교직 생활을 행복으로 바꿔 준
PDC를 통해, 학생들과 함께 민주적인 교실을 만들어 가기를 꿈꾼다.

김성환 　　　　　　양평초, PDC·PD 트레이너, EC 리드 트레이너,

　　　　　　　　　　　　(사)한국긍정훈육협회 이사장

2014년부터 학급긍정훈육법을 소개하고 실천하고 나누고 있다. 저서로
는『교사긍정일력』,『빛을 찾아 떠나는 별난 이야기』,『감격해 카드』등이
있고 역서로는『학급긍정훈육법』,『학급긍정훈육법 활동편』,『격려 수업』
등이 있다.

김지성 　　　　　　경포초, PDC·PD 에듀케이터, EC 컨설턴트

『초등 그림책 학급 운영』,『마음이 머무는 그림책 한 문장』,『교실 속 마음
챙김 카드』를 썼다. '격려와 존중으로 함께하는 쓰담쓰담 교실'을 운영하
고 있다. 강원 1급 정교사 생활교육 자격 연수 및 공감하고 성장하는 모두
를 위한 통합교육 원격연수 강사로 교육 현장에서의 학급 운영 실천 사례
를 공유하고 있다.

김하중 　　　　　　동두천신천초, PDC·PD 에듀케이터

되면 하는 얼렁뚱땅 교육가이자 두 딸의 아빠이다. 동두천양주 지역 PDC
연구회를 운영하면서 의정부와 구리, 남양주 지역 선생님들도 함께할 수

있도록 지원하고 있다. PDC를 꾸준히 실천하면서 민주적이고 즐거운 학급을 만들기 위해 노력하고 있다.

## 김해정

경기 초·중등 신규 교사 및 1급 정교사 자격 연수 강사이며, '오늘 더 좋은 사람', '1일 1 웃음과 재미'와 같은 의미 있고 즐거운 공동체를 만들고자 노력 중이다. 많은 선생님들과 각자의 우당탕탕 교실 이야기를 공유하며 용기를 얻는 '서울경기 PDC 교학상장 연구회'를 운영하고 있다.

## 김현경
언광초, PDC·PD 에듀케이터, EC 컨설턴트

제주 PDC 연수 및 1급 정교사 자격 연수 회복적 생활교육 FT로 교육 현장에서의 실천 사례를 공유하고 있다. 에듀케이터 선생님들과 함께 '제주 PDC 교사 모임'을 운영하고 있으며, 'PDC로 아이들과 함께 소통하는 교실'에서의 경험을 바탕으로 학생과 함께 성장하는 교육을 지향한다.

## 나미연
사창초, PDC·PD 에듀케이터, EC 컨설턴트

〈교사의 격려 언어가 초등학교 아동의 학교생활적응에 미치는 효과〉(2011, 석사학위 논문) / 전남긍정훈육연구회 운영, 전남 유·초등 1급 정교사 자격 연수 강사 / 수석교사로서 신규 및 저경력 교사의 생활 교육 컨설팅을 하며 배움을 나누고 있다. 아들러의 사회적 관심과 사회적 평등을 삶의 철학으로, 교육 현장에서 동료 교사 및 학생과 함께 행복함을 꾸려 나가는 교사이다.

## 박현웅
백송초, PDC·PD 에듀케이터, EC 트레이너

함께 쓴 책으로 『학급긍정훈육법 실천편』, 『하루 한 장 격려 노트』, 『나랑 너랑 우리랑』, 『놀이터 학교 만들기』, 『학교야 놀자』가 있다. 모두가 자기 삶의 주인이 되는 교실을 꿈꾸고, 아이들을 격려하며 아이들과 더불어 살아가려 애쓰고 있다.

## 방보경          대구 송현초, PDC·PD 에듀케이터, EC 컨설턴트

『마음속의 책 한 권』을 썼다. '대구 PDC 실천연구회' 퍼실리테이터로 선생님들과 함께 성장하고 있다. '존재만으로 모두 감사한 아이들'을 만나 매년 존중과 격려로 함께 배우려는 노력을 이어 가고 있다.

## 신수형          양평초, PDC 퍼실리테이터

경기 신규교사 연수 및 1급 정교사 자격 연수 강사로 교육 현장에서의 실천 사례를 공유하고 있다. 'PDC로 싹트는 행복한 교실'에서의 경험을 바탕으로 학생과 함께 성장하는 교육을 지향한다.

## 안미영      각화초, PDC·PD 트레이너, ECE 에듀케이터, EC 컨설턴트

함께 쓴 책으로 『극한직업, 선생님을 부탁해』, 역서로 『크리스천을 위한 긍정의 훈육』이 있다. 교실 안팎에서 아이들의 생명력 있는 삶을 후원하는 키다리 아줌마로 살아가려고 애쓴다. 연수 및 연구회 활동과 클래스 운영을 통해 훈육의 책임을 가지고 살아가는 여러 교사들, 부모들에게 배움과 실천을 꾸준히 나누고 있다.

## 예일희          대구 방촌초, PDC 에듀케이터, EC 컨설턴트

대구 학급긍정훈육법 직무연수 강사로서, 학급긍정훈육법 연수와 워크숍을 다수 진행하며 학급긍정훈육법과 학급에서 실천하는 내용을 안내하고 있다. PDC를 통해 학생들의 고유성을 존중하고 서로 협력하며 모두가 함께 성장하는 아름다운 학급을 만들어 가고 있다.

## 이선경 대구 이곡초, PDC·PD 에듀케이터, EC 컨설턴트

『그림책을 통한 생활지도 가이드북』, 『마음속의 책 한 권』, 『초등 그림책 수업』, 『그림책 인성놀이 50』, 『주제별 그림책 수업』을 함께 써서 펴냈다. 대구시교육청 수학교육지원단과 관계회복지원단 활동을 하고 있으며, 학생들에게는 개인 실록 편찬과 인생 계획 퍼실리테이터로 매일 기록하는 글쓰기와 교실 속 수학 토론을 통해 더불어 살아가고 함께 배우고 성장하는 PDC와 배움의 공동체 철학을 실천하고 있다.

## 정민재 태봉초, PDC 퍼실리테이터, EC 컨설턴트

'생애 초기가 중요하다'는 생각으로 주로 저학년을 맡는다. 사회 정서적 능력과 수학 교육에 관심이 많다. 연습과 성장을 믿으며 학생들과 함께 시간을 보내고 있다.

## 진선미 서울 강월초, PDC 에듀케이터

친절하고 단호한 교사가 되고 싶어 PDC를 만났고, PDC 교실 속에서 학생들과 함께 성장하는 기쁨을 해마다 발견 중이다. 존중과 격려의 학급을 꿈꾸는 선생님들과 함께 경험을 나누고 싶어서 학급 운영 및 생활 교육에 관한 직무연수와 자격 연수 강의를 하고 있다.

## |참고 문헌|

1. 김성환, 『하루 한 장 긍정의 학급 실천노트』, 아이스크림 미디어, 2020

2. 에이미 루 · 베티 루 베트너, 『아들러 심리학 기반 학급 만들기』, 학지사, 2018

3. 제인 넬슨 · 린 로트 · 스티븐 글렌, 『학급긍정훈육법. 친절하며 단호한 교사의 비법』, 에듀니티, 2014

4. 제인 넬슨 · 메리 휴스 · 마이크 브록, 『크리스천을 위한 긍정의 훈육』, 교육과실천, 2020

5. 제인 넬슨 · 셰릴 어윈, 『현명한 부모는 넘치게 사랑하고 부족하게 키운다』, 더블북, 2021

6. 제인 넬슨, 『교사와 부모를 위한 긍정훈육』, 더블북, 2022

7. 테레사 라살라 · 조디 맥티비 · 수잔 스미사, 『학급긍정훈육법 활동편』, 에듀니티, 2015

# 학급긍정훈육법

**초판 1쇄 인쇄** 2025년 2월 10일
**초판 1쇄 발행** 2025년 2월 21일

**지은이** 강상희, 권보람, 김민영, 김상우, 김성환, 김지성, 김하중, 김해정, 김현경
　　　　나미연, 박현웅, 방보경, 신수형, 안미영, 예일희, 이선경, 정민재, 진선미
**펴낸이** 하인숙

**기획총괄** 김현종
**책임편집** 이은숙
**마케팅** 최의범, 김미숙
**디자인 표지** | 스튜디오 허브 **본문** | d.purple

**펴낸곳** 더블북
**출판등록** 2009년 4월 13일 제2022-000052호
**주소** 서울시 양천구 목동서로 77 현대월드타워 1713호
**전화** 02-2061-0765 팩스 02-2061-0766
**블로그** https://blog.naver.com/doublebook
**인스타그램** @doublebook_pub
**포스트** post.naver.com/doublebook
**페이스북** www.facebook.com/doublebook1
**이메일** doublebook@naver.com

ⓒ 강상희 외, 2025
979-11-93153-56-7 (94370)
979-11-93153-53-6 (세트)